2026年度版

愛知県の

社会科

参 考 書

協同教育研究会 編

協同出版

はじめに～「参考書」シリーズ利用に際して～

　教育を取り巻く環境は変化しつつあり，日本の公教育そのものも，教員免許更新制の廃止やGIGAスクール構想の実現などの改革が進められています。また，現行の学習指導要領では「主体的・対話的で深い学び」を実現するため，指導方法や指導体制の工夫改善により，「個に応じた指導」の充実を図るとともに，コンピュータや情報通信ネットワーク等の情報手段を活用するために必要な環境を整えることが示されています。

　一方で，いじめや体罰，不登校，暴力行為など，教育現場の問題もあいかわらず取り沙汰されており，教員に求められるスキルは，今後さらに高いものになっていくことが予想されます。

　本書は，教員採用試験を受験する人が，より効率よく学習できるように構成されています。本書の基本構成としては，各自治体の過去問を徹底分析した上で，巻頭に，各自治体の出題傾向と学習法，出題例，類題等を作成・掲載しております。第1章以降では，各自治体の出題傾向に基づいて，頻出の項目を精選して掲載しております。ページ数やその他編集上の都合により，掲載しきれず，割愛している内容もありますので，あらかじめご了承ください。なお本書は，2024年度（2023年夏実施）の試験を基に編集しています。最新の情報につきましては，各自治体が公表している募集要項やWebサイト等をよくご確認ください。

　最後に，この「参考書」シリーズは，「過去問」シリーズとの併用を前提に編集されております。参考書で要点整理を行い，過去問で実力試しを行う，セットでの活用をおすすめいたします。

　みなさまが，この書籍を徹底的に活用し，難関試験である教員採用試験の合格を勝ち取って，教壇に立っていただければ，それはわたくしたちにとって最上の喜びです。

協同教育研究会

教員採用試験「参考書」シリーズ

愛知県の社会科 参考書

CONTENTS

愛知県の社会科
出題傾向と学習法

効率よく試験対策を進めるために

1 ポイントを確実に理解して例題を解く

　教員採用試験の専門教養の筆記試験対策として最重要なのは，受験する自治体の出題形式や傾向にあった学習法を知ることである。本書は，過去問を分析し頻出分野を中心に構成されている。各節の冒頭で学習のポイントを示し，例題を解きながら知識を身につけるようになっている。したがって，まず，各節のポイントを確実に理解するようにしよう。

　専門教養とはいえ，学習指導要領の内容から大きく離れた「難問」が出題されることはほとんどない。志望する学校種の問題レベルを把握し，十分に対応できるまでの知識を身につけることが求められる。試験対策としては，苦手な分野や触れたことのない内容を残さないようにすることも大切だが，まずは本書の例題や過去問などに積極的に取り組んで，頻出分野の知識を身につけてほしい。

2 出題傾向から効率よい学習法を導き出す

　愛知県の社会科では，従来第一次試験と第二次試験ともに専門教養(中学社会，地理歴史，公民)が課され，それぞれ教科専門ⅠとⅡに分けられていた。しかし，2022年度からは，筆記試験が第一次試験のみ実施となったため，第二次試験の筆記試験である教科専門Ⅱがなくなった。2024年度の出題の形式は，第一次試験は全問OCR方式で，記述問題はなかった。

　頻出分野は，中学地理では「地形」「産業・資源(農牧業・鉱工業)」「日本の地誌」「学習指導要領」。中学歴史では，「近代」「中国史」「中国以外のアジアの歴史」「ヨーロッパ史」「学習指導要領」。中学公民では，「日本国憲法」「日本の政治機構」「経済理論」などとなっている。

　一方，高校地理では，定番の「地図」「地形」「気候」に加え，「産業・資源(農牧業・鉱工業)」「世界の地誌(アジア)」「日本の地誌」。高校日本史では，「原始」から「近代」「現代」まで，高校世界史でも「先史・四大文明」から「ヨーロッパ史」「現代史」までと幅広く出題されている。

さらに, 高校政治経済では「国際政治」のほか, 消費者問題・環境問題などの「その他」が最頻出。高校倫理では,「哲学と宗教」「日本の思想(近代)」「現代の思想」などがよく出題されている。

いわば, これらの分野・内容が愛知県社会科の特徴といえる。こうした分野・内容については本書で学習し, 過去問等から類題を解き, 確実に得点できるようにしよう。

ここでは, 実際に出題された問題をいくつか示す(出題例参照)。

地理分野は, どの分野もまんべんなく学習する必要があるが, 図表・地形図の読み取りは毎年出題されている。また, 中高ともに気候についてもよく出題されるので, 十分な準備をして臨みたい。雨温図・ハイサーグラフについても, 地域ごとの特色を理解しておくことが必要である。また, 統計資料の読み取りも頻出であるため, 資料集を手元におき, 常にチェックしておきたい。

歴史分野では, 政治史の並べ替えが毎年出題されている。これに対しては, 一問一答の対策では不十分なので, 教科書を読み込んで流れを理解することが重要となる。

公民分野については, 教科書だけではカバーできない問題も多い。より細かい知識が問われる問題もあり, 新聞などで情報収集を地道に行うと同時に, 用語集等を用いて知識を蓄えておくこと。

3 過去問題集との併用等で実践力をつける

以上のように, 本書の使い方としては, 効率的に試験対策を進めるために頻出分野のポイントを押さえ, 例題を通して解法を理解していくことになる。本試験でその学習成果が発揮できるかどうかは, 実践的な問題をどれだけ解いているかが重要である。その対策として, 一通り基礎の確認ができたら時間を計って各年度の過去問を解くこと, 模試を活用するといったことが考えられる。そこで不正解だった問題については, 本書の該当箇所を参照して, 繰り返し学んでほしい。そうすることで, 出題傾向に合わせた実践的な力が身につくはずである。

まずは出題例を見ていこう！

本自治体の出題例：始めにチャレンジ！① (2024年度実施問題改)

　次の地図について説明した文として，誤っているものを一つ選び，番号で答えよ。

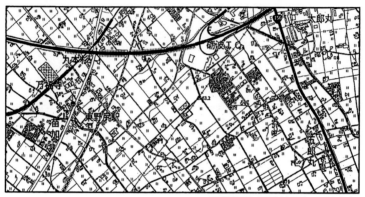

「地理院地図（電子国土Web）」により作成。

1　「東野尻駅」から「五郎丸」にかけての村落を散村という。アメリカ合衆国中西部のかつてタウンシップ制の土地区画がなされた地域にもみられる。

2　この地図のように農家が分散居住する利点としては，耕地までの距離が近いことや火災時の延焼を防止しやすいこと等があげられる。

3　地図中東側の「五郎丸」・「太郎丸」といった地名は，古代律令制度の条里制村落の名残と考えられる。

4　このあたりは「カイニョ」と呼ばれる屋敷林がある住居が多く，冬の季節風対策として玄関を東側に設け，他の三方を樹木で囲うのが一般的である。

解答：3

本自治体の出題例：始めにチャレンジ！② (2023年度実施問題改)

　次のグラフは19世紀後半から20世紀初頭にかけての綿糸の生産量・輸入量・輸出量のいずれかを示したものである。また，グラフ中のAはある出来事が起こった年である。Aの年に起こった出来事と，Bにあてはまるものの組合せとして正しいものを一つ選び，番号で答えよ。

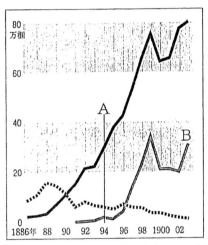

『詳説日本史　改訂版』(山川出版社)より引用。

1　A－日清戦争　　B－綿糸の生産量
2　A－日清戦争　　B－綿糸の輸入量
3　A－日清戦争　　B－綿糸の輸出量
4　A－日露戦争　　B－綿糸の生産量
5　A－日露戦争　　B－綿糸の輸入量
6　A－日露戦争　　B－綿糸の輸出量

解答：3

本自治体の出題例：始めにチャレンジ！ ③(2023年度実施問題改)

世界史に関する問いに答えなさい。

問1　イスラーム文明について説明した文として，誤っているものを一つ選び，番号で答えよ。

1　『アラビアン＝ナイト』(『千夜一夜物語』)には，各地の説話が収録されている。

2　イブン＝バットゥータは『世界史序説』を著し，独自の歴史理論を展開した。

3　イブン＝ルシュド(アヴェロエス)は，アリストテレスの著作に対する注釈を行った。

4　ウマル＝ハイヤームは，『四行詩集』(『ルバイヤート』)を著した。

5　ニザーミーヤ学院やアズハル学院など，多くの研究機関が存在した。

問2　ヨーロッパの文化について説明した文として，正しいものを一つ選び，番号で答えよ。

1　前15世紀には，エーゲ文明が繁栄しており，北ヨーロッパに遺跡が残っている。

2　2世紀には，ローマ帝国の皇帝の中にもストア派の哲学書を残す者が現れた。

3　13世紀には，イタリアでルネサンスが始まり，アフリカ探検が行われた。

4　17世紀には，自然科学が発展し，ケプラーが万有引力の法則を発見した。

5　19世紀には，ドラクロワの『印象・日の出』に代表される印象派絵画が描かれた。

問3　16〜18世紀におけるヨーロッパの君主について説明した文として，誤っているものを一つ選び，番号で答えよ。

1　エリザベス1世は，重商主義政策を行い，無敵艦隊(アルマダ)に勝利した。

2　カール5世(カルロス1世)は，神聖ローマ帝国皇帝とスペイン王を兼任した。

3　グスタフ＝アドルフはスウェーデン王であり，三十年戦争に参加
　した。

4　ピョートル1世(大帝)は，北方戦争に勝利し，ポーランド分割を
　行った。

5　ルイ14世は，スペイン継承戦争など数多くの対外戦争を行った。

解答：問1　2　　問2　2　　問3　4

本自治体の出題例：始めにチャレンジ！④(2023年度実施問題改)

次の文章を読み，問いに答えよ。

　国際機構による平和と安全という考えは，第二次世界大戦後，(a)国際連盟から国際連合へと受け継がれた。51か国を原加盟国として(b)国際連合は発足し，いまや地球上ほぼすべての独立国を網羅する普遍的平和機構となった。

　国際連合は，(c)国際平和と安全の維持，経済，社会，文化，そして人道などの面で，国際協調の促進と国際問題の解決を目的とする。そのために，総会，安全保障理事会，経済社会理事会，信託統治理事会，国際司法裁判所および事務局の主要機関がある。

問1　下線部(a)についての記述として正しいものを次から一つ選び，
　番号で答えよ。

1　総会と理事会の多数決制のため，有効な決定が困難であった。

2　侵略国に対して経済的措置にとどまらず，軍事的措置をとることができた。

3　提唱国であるアメリカは上院の反対で一貫して参加しなかった。

4　軍事力を均衡させる勢力均衡政策を採用した。

問2　下線部(b)に関して，国際連合に関わる事柄を古いものから順番
　に並べた場合，その順番として正しいものを次から一つ選び，番号
　で答えよ。

1　ダンバートン・オークス会議→サンフランシスコ会議→大西洋憲
　章

11

　2　ダンバートン・オークス会議→大西洋憲章→サンフランシスコ会議

　3　サンフランシスコ会議→大西洋憲章→ダンバートン・オークス会議

　4　サンフランシスコ会議→ダンバートン・オークス会議→大西洋憲章

　5　大西洋憲章→ダンバートン・オークス会議→サンフランシスコ会議

　6　大西洋憲章→サンフランシスコ会議→ダンバートン・オークス会議

問3　下線部(c)に関する記述として誤っているものを次から一つ選び，番号で答えよ。

　1　国連平和維持活動(PKO)は，国連憲章中に明文の根拠規定はない。

　2　朝鮮戦争時には国連憲章に基づいた国連軍が派遣された。

　3　兵力の引き離しや非武装地帯の確保にあたる国連平和維持軍(PKF)がある。

　4　湾岸戦争(1991年)では安全保障理事会の決議に基づき，多国籍軍が結成された。

解答：問1　3　　問2　5　　問3　2

本自治体の出題例：始めにチャレンジ！⑤（2024年度実施問題改）

次の文章を読み，問いに答えよ。

　戦争中から戦後の高度成長期にかけて企業は成長第一主義で(a)公害防止や安全の費用を節約した。政府も地域開発や公共事業によって都市化，工業化をすすめたが，有効な(b)公害対策をとらなかったため世界的にもまれにみる多様な公害が発生した。水俣病や(c)イタイイタイ病など裁判になった事件だけでなく，大都市や工業都市ではあらゆる公害が深刻化した。政府や地方自治体は公害批判の高まりを受けて，ようやく公害対策に本腰を入れて取り組むようになった。

ア　下線部(a)について，次のA～Cは日本の公害に関する記述である。その正誤の組合せとして正しいものを以下から一つ選び，番号で答えよ。

A　明治の半ばに起こった別子銅山煙害事件は日本の最初の公害の事例の一つであり，この事件での田中正造の闘いは，日本の反公害運動の出発点に位置づけられている。

B　公害健康被害補償法が制定され，裁判を待たなくても公害の被害者は療養費，障害補償費などの給付を受けることができると定められた。

C　国は公害や環境問題の新しい展開を踏まえて，公害対策基本法などの法律を発展的に解消し，1993年に環境基本法を制定した。

1　A－正　B－正　C－正　　　2　A－正　B－正　C－誤

3　A－正　B－誤　C－正　　　4　A－正　B－誤　C－誤

5　A－誤　B－正　C－正　　　6　A－誤　B－正　C－誤

7　A－誤　B－誤　C－正　　　8　A－誤　B－誤　C－誤

イ　下線部(b)に関する記述として正しいものを次から一つ選び，番号で答えよ。

1　1971年には，公害行政を一元化して行うために，環境省が設置された。

2　大気汚染防止法や水質汚濁法では，企業に過失がある場合に限り，賠償責任を負うという原則がとられている。

3　環境影響評価(環境アセスメント)は，多数の地方公共団体で先行して条例化され，国レベルでも1997年に環境影響評価(環境アセスメント)法が制定された。

4　有害物質の排出について，濃度規制は実施されているが，総量規制は実施されていない。

ウ　下線部(c)に関して，次の表は四大公害訴訟の一つであるイタイイタイ病についてまとめたものである。表中の空欄（　D　）～（　F　）内に適する語句の組合せとして正しいものを以下から一つ選び，番号で答えよ。

13

	発生地域		訴因など		判決内容	
	富山県(D)流域		亜鉛製錬副産物の(E)		原告(被害者側)が(F)	
1	D	阿賀野川	E	カドミウム	F	勝訴
2	D	阿賀野川	E	カドミウム	F	敗訴
3	D	阿賀野川	E	有機水銀	F	勝訴
4	D	阿賀野川	E	有機水銀	F	敗訴
5	D	神通川	E	カドミウム	F	勝訴
6	D	神通川	E	カドミウム	F	敗訴
7	D	神通川	E	有機水銀	F	勝訴
8	D	神通川	E	有機水銀	F	敗訴

解答：ア 5　イ 3　ウ 5

過去3カ年の出題傾向分析

　ここでは，過去3カ年で出題された科目と分類を表にまとめている。学習する前に，大まかな傾向をつかんでおこう。

年度	科目	分類
2024年度	中学地理	地形，人口，産業・資源(鉱工業)，日本の地誌，学習指導要領
	中学歴史	古代，近代，中国史，ヨーロッパ史，現代史，学習指導要領
	中学公民	日本国憲法，日本の政治機構，国際政治，貨幣・金融，財政・租税，労働，学習指導要領
	高校地理	地図，気候，産業・資源(農牧業)，産業・資源(鉱工業)，世界の地誌(アジア)，世界の地誌(アフリカ)，世界の地誌(オセアニア・南極)，日本の地誌
	高校日本史	古代(大和時代)，古代(飛鳥時代)，古代(平安時代)，中世(室町時代)，中世の文化，近世(江戸時代)，近代(明治時代)，近代(大正時代)，近代(昭和戦前期)，その他

年度	科目	分類
	高校世界史	中国史(周～唐), 中国史(五代～元), 中国史(明・清・中華民国), 東南アジア史, 南アジア史, 西アジア史, ヨーロッパ史(中世・近世), ヨーロッパ史(近代), 南北アメリカ史, 二度の大戦, その他の地域の歴史, 現代史, 宗教史, その他
	高校政経	日本国憲法, 国際政治, 戦後政治史, 貨幣・金融, その他
	高校現社	
	高校倫理	中国の思想, ヨーロッパの思想(～近代), 日本の仏教思想
	高校公共	
2023年度	中学地理	地形, 気候, 産業・資源(農牧業), 交通・通信, 世界の地誌(南北アメリカ), 日本の地誌, 学習指導要領
	中学歴史	古代, 中世, 近代の文化, 現代, 中国史, 中国以外のアジアの歴史, ヨーロッパ史, 学習指導要領
	中学公民	日本国憲法, 日本の政治機構, 経済理論, 現代社会の特質と課題, 学習指導要領
	高校地理	地図, 地形, 気候, 人口, 産業・資源(農牧業), 産業・資源(鉱工業), 産業・資源(第3次産業), 貿易, 国家・民族, 村落・都市, 世界の地誌(アジア), 世界の地誌(アフリカ), 日本の地誌, 環境問題
	高校日本史	原始, 古代(奈良時代), 古代(平安時代), 中世(鎌倉時代), 中世の文化, 近世(江戸時代), 近代(明治時代), 近代(昭和戦前期), 近代の経済, 近代の文化, 現代, その他
	高校世界史	先史・四大文明, 古代地中海世界, 中国史(周～唐), 中国史(五代～元), 南アジア史, 西アジア史, ヨーロッパ史(中世・近世), 二度の大戦, その他の地域の歴史, 現代史, 文化史, その他
	高校政経	地方自治, 日本の政治制度, 国際政治, 労働, 国際経済
	高校現社	
	高校倫理	古代ギリシアの思想, 日本の思想(近世), 日本の思想(近代), 現代の思想
	高校公共	
2022年度	中学地理	地形, 産業・資源(農牧業), 産業・資源(鉱工業), 国家・民族, 村落・都市, 日本の地誌, その他, 学習指導要領

15

年度	科目	分類
	中学歴史	古代の文化, 近世, 近代, 先史・四大文明, 中国以外のアジアの歴史, ヨーロッパ史, 学習指導要領
	中学公民	政治の基本原理, 日本の政治機構, 日本の政治制度, 国際政治, 経済理論, 地球環境, 哲学と宗教, 学習指導要領
	高校地理	地図, 地形, 気候, 人口, 産業・資源(農牧業), 産業・資源(鉱工業), 国家・民族, 村落・都市, 世界の地誌(アジア), 日本の地誌, その他
	高校日本史	原始, 古代(飛鳥時代), 古代(奈良時代), 古代(平安時代), 中世(室町時代), 中世(戦国時代), 中世の文化, 近世(江戸時代), 近世の文化, 近代(明治時代), 近代(大正時代), 近代(昭和戦前期), 現代
	高校世界史	先史・四大文明, 中国史(周～唐), 東南アジア史, 西アジア史, ヨーロッパ史(中世・近世), ヨーロッパ史(近代), 南北アメリカ史, 現代史, 宗教史, 文化史, その他
	高校政経	政治の基本原理, 地方自治, 国際政治, 経済理論, 資本主義経済, 国民経済, 戦後の日本経済, その他
	高校現社	人口問題, 環境問題
	高校倫理	哲学と宗教, ヨーロッパの思想(～近代), 日本人の思考様式, 日本の思想(近代), 現代の思想
	高校公共	人口問題, 環境問題

※「科目」「分類」は, 過去問シリーズに掲載されている出題傾向分析に該当する.

　次に, ここで紹介した分類の類題を掲載しておくので, 学習の第一歩としてほしい.

類題を解いてみよう！

類題で問題演習の幅を広げよう！①

次の地図は，縮尺が25,000分の1の地形図です。これを見て，問いに答えなさい。

地図

（国土地理院　平成28年発行25,000分の1地形図「松山北部」の一部を改変）

(1) Ａの地点からＢの地点までの直線距離は，地図上で約8cmあります。実際の直線距離として最も適切なものを，次の①～④から1つ選びなさい。

　① 約200m　　② 約2,000m　　③ 約2,500m　　④ 約3,125m

(2) 地図から読み取れることとして適切でないものを，次の①～④から1つ選びなさい。

　① 松山市駅 の北東には市役所がある。

17

② 地点[ア]と地点[イ]では，地点[ア]の標高の方が高い。

③ [御幸寺山]の西側には複数の寺院がある。

④ [C]で囲まれた範囲には，病院がある。

解答：(1) ②　　(2) ④

類題で問題演習の幅を広げよう！②

明治の政治について述べた次の各文のうち，正しいものを選びなさい。

① 明治十四年の政変により政府を去った板垣退助・後藤象二郎・江藤新平・副島種臣らは，士族の不満を背景に政府批判の運動を始め，後に愛国公党を結成した。

② 松方正義の財政政策により，米・繭などの下落が生じ，不況は全国におよんだ。農村の窮迫は，自由民権運動にも大きな影響を与え，大逆事件などがおこった。

③ 第2回総選挙では，内務大臣の品川弥二郎を中心に激しい選挙干渉が行われたが，民党の優勢はくつがえらなかったため，第三議会終了後，松方正義内閣は退陣した。

④ 日清戦争後は政府と政党の接近もみられ，第2次伊藤博文内閣では進歩党の大隈重信が入閣し，第2次松方正義内閣では自由党の板垣退助が入閣した。

⑤ 第2次西園寺公望内閣は，鉄道国有法を成立させるとともに地方改良運動を推進した。また，戊申詔書を発布して国民道徳の強化につとめた。

解答：③

18

類題で問題演習の幅を広げよう！③

世界史に関する問いに答えなさい。

問1　ヨーロッパの文化について述べた文として適当でないものを，①
〜⑤から一つ選びなさい。

① フランク王国のカール大帝はアルクインら学者をまねき，ラテン語による学芸の復興に努めた。

② ディドロやダランベールらにより，フランス啓蒙思想の集大成とされる『百科全書』が編集された。

③ アウグスティヌスは『神学大全』を著し，キリスト教神学とアリストテレス哲学との調和をはかった。

④ ニュートンは万有引力の法則をとなえ，『プリンキピア』を出版し，近代物理学の基礎をうちたてた。

⑤ 東ローマ帝国のユスティニアヌス帝は『ローマ法大全』を編纂させ，ローマ法を集大成した。

問2　①〜⑤の文は，東南アジア地域の歴史について述べたものである。これらを古い順に並べたとき3番目となるものを，一つ選びなさい。

① 元軍の干渉を退け，ヒンドゥー教王国であるマジャパヒト王国がジャワ島を中心に成立した。

② マレー半島南部を中心に成立したマラッカ王国は，鄭和の南海遠征における根拠地となった。

③ バタヴィアを拠点に香辛料貿易の実権を握ったオランダは，アンボイナ事件によりイギリス勢力を締め出した。

④ 海上交易で栄えるシュリーヴィジャヤには，唐僧の義浄がインドへの途上に立ち寄り滞在した。

⑤ オランダは，ジャワ島でコーヒーやさとうきびなどの作物を強制的に栽培させ，大きな利益をあげた。

問3　近代のイスラーム諸国の歴史について，A・Bの人物と，その人物の説明としてあてはまるア〜ウの文との組合せとして最も適当なものを，①〜⑥から一つ選びなさい。

〔人物〕　A　ウラービー（オラービー）
　　　　　B　ムスタファ・ケマル（ケマル・パシャ）
〔説明〕
ア　オスマン帝国の近代化のために，ヨーロッパの立憲思想をふまえてアジア最初の憲法を起草し，議会を開設した。
イ　トルコ共和国の建国を宣言して初代大統領に就任し，西欧をモデルとする近代国家の建設を進めた。
ウ　英仏による経済的支配に対して，「エジプト人のためのエジプト」をかかげる国民的な抵抗運動を指導した。

	①	②	③	④	⑤	⑥
A	ア	ア	イ	イ	ウ	ウ
B	イ	ウ	ア	ウ	ア	イ

解答：問1　③　　問2　②　　問3　⑥

類題で問題演習の幅を広げよう！④

次の文章を読み，問いに答えよ。

1951(昭和26)年9月，サンフランシスコで講和会議が開かれ，日本と48カ国とのあいだでサンフランシスコ平和条約が調印された。翌年4月，条約が発効して約7年間におよんだ占領は終結し，日本は独立国としての主権を回復した。

平和条約の調印と同じ日，[　X　]が調印され，独立後も日本国内にアメリカ軍が「極東の平和と安全」のために駐留を続け，日本の防衛に「寄与」することとされた。この条約にもとづいて翌1952(昭和27)年2月には[　Y　]が締結され，日本は駐留軍に基地(施設・区域)を提供し，駐留費用を分担することになった。

問1　下線部のサンフランシスコ講和会議及びサンフランシスコ平和条約に関して述べた文章A〜Cについて，その内容の正誤の組み合わせとして正しいものを，①〜⑥から一つ選び，記号で答えよ。

A　朝鮮の独立，台湾・南樺太・千島列島などの放棄が定められた。

B　ソ連は講和会議に出席して調印したが，インド・ビルマ(ミャンマー)などは条約案への不満から出席しなかった。

C　北緯29度以南の南西諸島，小笠原諸島は，アメリカの信託統治が予定されていたが，アメリカはこれを国際連合に提案せずに施政権下においた。

① A－誤　　B－誤　　C－正

② A－正　　B－正　　C－誤

③ A－正　　B－誤　　C－正

④ A－正　　B－誤　　C－誤

⑤ A－誤　　B－正　　C－正

⑥ A－誤　　B－正　　C－誤

問2　空欄[X]・[Y]にあてはまる語句の組み合わせとして正しいものを，①〜④から一つ選び，記号で答えよ。

① X－日米安全保障条約　　　　　　　　Y－MSA協定

② X－日米安全保障条約　　　　　　　　Y－日米行政協定

③ X－日米相互協力及び安全保障条約　　Y－MSA協定

④ X－日米相互協力及び安全保障条約　　Y－日米行政協定

解答：問1　③　　　問2　②

類題で問題演習の幅を広げよう！⑤

世界の思想について，問いに答えなさい。

問1　ベーコンが説くイドラの例として最も適当なものを，次の①〜④から一つ選びなさい。

①　個人的な印象や先入観で人を判断することを劇場のイドラと呼ぶ。

②　太陽と月の大きさは同じと思い込むことを種族のイドラと呼ぶ。

③　天動説を真実と思い込み，地動説を受け入れないことを市場のイドラと呼ぶ。

④　「ひかげ」という場合，「日陰」は日の当たらない所，「日影」な
　ら日の光を意味することを洞窟のイドラと呼ぶ。
問2　カントの思想として適当でないものを，次の①～④から一つ選び
　なさい。
①　絶対精神の本質は自由であり，自分自身を様々なものに変え，
　理性の狡知によって個人を利用したりしつつ，人類の自由を目覚
　めさせ実現していくとされる。
②　善意志は，行為がもたらした結果や，目的の達成のために役に
　立つかどうかには関わりなく，それ自体で善であり，動機が善で
　あることを重視した。
③　認識が成立するためには，物などからの刺激を受け取る感性と，
　思考する能力である悟性が必要であるとした。
④　全く経験がない状態でも働く純粋理性を考え，純粋理性が何を
　考え主張することができるか定めるべきであると主張した。

解答：問1　②　　問2　①

第1章

中学社会

中学地理　世界の国々と日本

ポイント

　「世界の国々と日本」では世界と日本に分けて述べたい。まず，世界については，アメリカ合衆国やヨーロッパ（ＥＵ）のような政治経済の面で重要な地域の割合がやや多いが，アフリカや中南米といった地域も決して頻度が少ないとは言えない。全ての地域にわたってまんべんなく学習することが必要となろう。また，内容的にも地形や気候などの自然地理や産業や都市を含む人文地理から全般的な出題がなされており，こちらの面でも抜かりのない学習が要求される。

　日本についても同じことが言える。偏りのない学習が必要な点では変わらないが，農業や漁業，工業や商業などの産業の分野からの出題が割と多くなっているのが特徴である。他には，諸外国との関係を絡めた出題も見られる。政治や経済などによって様々に相異なる局面を持つ国際関係の中で日本の立ち位置を把握したり，また二国間関係で見れば政治的または経済的にそれぞれ相手国とどのように結びついているのかを理解しておきたい。貿易立国である日本は食料や資源などを主にどこから輸入し，また自国の製品をどこへ輸出しているかを知っておくことも欠かせない。

　この項目でも地図や統計資料を用いた設問が多いので，学習の際には主な国々や都市の位置を目で把握し，統計上の基本的な数字を頭に入れておくようにしよう。特に日本については，都道府県や政令指定都市などが行う教員採用試験で，その地方色を反映した出題が見られるので，自分が受験する予定の地方自治体について予習をしておくことを勧める。

　また教員採用試験の常として，最新の学習指導要領に目を通しておくことや，様々な地理的事象について簡にして要を得た説明ができるように作文の技術を磨いておくことも怠らないようにしよう。

□日本の農業生産

※2023年(大豆は2022年)の統計, 対全国計比(%) 括弧内の数字は2022年概算の自給率

米 (99%)		小麦 (15%)		大豆 (6%)		採卵鶏 (97%)	
新潟	8.3	北海道	65.5	北海道	44.9	茨城	8.9
北海道	7.5	福岡	6.4	宮城	6.5	鹿児島	6.9
秋田	6.4	佐賀	4.7	秋田	4.7	広島	5.2
山形	5.0	愛知	3.1	滋賀	4.4	岡山	5.2
宮城	4.8	三重	2.4	福岡	4.0	千葉	4.8

(『日本国勢図会』2024/25より作成)

□**減反政策** 1960年代後半から2018年まで実施された米の生産制限政策。政府の古米在庫量の増加と食管会計の赤字を解消するために始められ, 休耕や転作に応じた農家には奨励金が給付された。

□**食糧管理制度** 1942年に制定された食糧管理法に基づく制度。主要食糧を国が買い上げて流通・消費を管理することで需給や価格の安定化を目指した。戦中や終戦直後の食糧難の時期に効果を発したが, いわゆる"米余り"の状況下では財政や農政の負担となった。また米の市場開放という外圧もあり, 1995年, 新食糧法の施行とともに食糧管理法は廃止された。

□日本の漁業生産(2022年)

漁港別水揚量 (千 t)	
銚子 (千葉県)	237
釧路 (北海道)	173
焼津 (静岡県)	116
石巻(宮城県)	102
境 (鳥取県)	100
広尾 (北海道)	90

(『日本国勢図会』2024/25より作成)

漁業専管水域…沿岸国だけに漁業利用が独占的に認められた水域。ここでは沿岸国の許可がなければ他国は操業ができず, 我が国の遠洋漁業は大打撃を受けた。現在, ほとんどの国が200**海里**(1海里≒1852m)に設定している。

□日本の工業地帯・工業地域

四大工業地帯	京浜工業地帯	東京都〜神奈川県。機械工業が盛んだが、印刷・出版業が強いのも特色。
	中京工業地帯	愛知県〜三重県。自動車工業が特に盛ん。繊維や陶磁器にも特色。全国第1位の出荷額。
	阪神工業地帯	大阪府〜兵庫県。重化学工業や食料品・雑貨の製造などで全国第2位の出荷額。中小工場が多い。
	北九州工業地帯	福岡県。かつては八幡製鉄所を中心とする鉄鋼業で栄えたが、相次ぐ炭田の閉鎖などで地位が低下。
関東内陸工業地域		栃木県・群馬県・埼玉県。機械工業が発達。全国3位の出荷額。
瀬戸内工業地域		瀬戸内海の沿岸県。化学工業・繊維工業が発達。
東海工業地域		静岡県。パルプや楽器、自動二輪など特色豊か。
京葉工業地域		千葉県。石油化学コンビナート・鉄鋼業が発達。

太平洋ベルト…四大工業地帯や各工業地域が立地する太平洋岸の帯状の地域。我が国の工業生産の中心を占めている。

□日本の発電量内訳

地熱発電…地下にある高温の蒸気や熱水を利用した発電。日本では東北地方や九州地方で盛んである。世界ではアメリカ合衆国が発電量の首位である。

□主要資源の輸入先

原油	(%)	石炭	(%)	液化天然ガス	(%)	鉄鉱石	(%)
サウジアラビア	39.5	オーストラリア	67.4	オーストラリア	43.0	オーストラリア	52.8
アラブ首長国連邦	37.7	インドネシア	13.8	マレーシア	15.2	ブラジル	32.4
クウェート	8.2	カナダ	6.1	パプアニューギニア	8.0	カナダ	7.3
カタール	7.2	ロシア	6.1	アメリカ合衆国	6.8		
エクアドル	1.8	アメリカ合衆国	4.4	カタール	5.8		

2022年，金額円による百分比〈『日本国勢図会』2024/25より作成〉

□ヨーロッパ

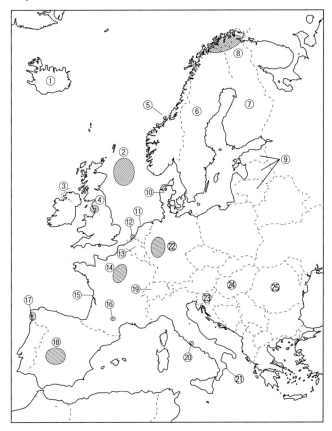

①－アイスランド：火山と温泉, ギャオ(大地の割れ目)
②－北海油田
③－北アイルランド問題
④－ランカシャー工業地域(産業革命の発祥地)
⑤－ノルウェー：フィヨルドと北海油田
⑥－スウェーデン：高負担高福祉の社会保障
⑦－フィンランド：森と湖の国「スオミ」・アジア系フィン人
⑧－ラップランド：サーミ人が居住
⑨－バルト三国(エストニア・ラトビア・リトアニア)
⑩－デンマーク：農業協同組合
⑪－オランダ：国土の $\frac{1}{4}$ がポルダー(干拓地)

⑫－ユーロポート(EUの玄関港)
⑬－ベルギー：言語紛争
⑭－シャンパーニュ地方(ケスタでブドウ栽培)
⑮－フランス：EU最大の農業国
⑯－トゥールーズ：飛行機工業
⑰－リアス海岸の語源
⑱－乾燥高原メセタ(メリノ種の原産地)
⑲－スイス：アルプスで移牧
⑳－「永遠の都」ローマ(一角にバチカン市国)
㉑－イタリア：北部の工業地域と南部の農業地域
㉒－ルール工業地帯
㉓－カルスト地形の語源
㉔－ハンガリー：アジア系マジャール人の人種島
㉕－ルーマニア：ラテン系ルーマニア人の民族島

27

□北中米

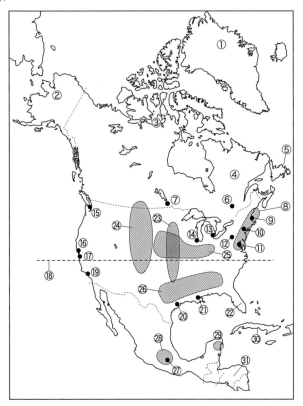

①－グリーンランド(デンマーク領, 世界最大の島)
②－アラスカ(石油産出)
③－ヌナブト準州(イヌイットの自治)
④－ケベック州(フランス系住民)
⑤－ニューファンドランド島(沖合は大西洋北西部
　　の好漁場)
⑥－オタワ(カナダ首都・英仏両言語圏の境界)
⑦－ウィニペグ(小麦の取引)
⑧－メガロポリス
⑨－ボストン(ニューイングランドの中心都市)
⑩－ニューヨーク(世界の経済・金融の中心)
⑪－ワシントン(アメリカ合衆国首都)
⑫－ピッツバーグ(鉄の都)
⑬－デトロイト(自動車都市)
⑭－シカゴ(農畜産物の集散地)
⑮－シアトル(航空機産業)

⑯－サンフランシスコ(太平洋の玄関口)
⑰－サンノゼ(シリコンバレーの中心)
⑱－サンベルト(北緯37度以南)
⑲－ロサンゼルス(映画の都ハリウッド)
⑳－ヒューストン(宇宙開発の拠点)
㉑－ニューオーリンズ(ジャズの都)
㉒－フロリダ半島(果実栽培とリゾート)
㉓－プレーリー(大穀倉地帯)
㉔－グレートプレーンズ(大放牧地帯)
㉕－コーンベルト(とうもろこし地帯)
㉖－コットンベルト(綿花地帯)
㉗－メキシコシティ(人口集中と大気汚染)
㉘－アステカ文明の故地
㉙－ユカタン半島(マヤ文明の故地)
㉚－キューバ(社会主義国, サトウキビの栽培)
㉛－ホンジュラス:「バナナ帝国」

■■■■■■■ 例題1 ■■■■■

ヨーロッパについて，次の問1～問4に答えよ。

問1　EU未加盟国を説明したものとして最も適当な文を，次の①～④から1つ選べ。

① 日本の約10分の1の面積の国土で約874万の人口である。地形の特色をいかした酪農や観光業，金融業が盛んである。

② 日本の約1.3倍の面積の国土で約4,756万の人口である。地中海沿岸に位置し，観光産業や食品加工業が盛んである。

③ 日本の約3分の1の面積の国土で約1,039万の人口である。地中海性気候をいかした農牧業や海運業が盛んである。

④ 日本の約12分の1の面積の国土で約1,166万の人口である。北部は伝統的な毛織物工業地域であったが，現在では食品加工業や化学工業などが盛んである。

（面積，人口については『世界国勢図会2023/24年版』より作成）

問2　次の説明文に最も関係の深い都市を，〈略地図1〉の①～④から1つ選べ。

〈説明文〉

この都市のある工業地域は，豊富な石炭と大河川の水運を背景に，ヨーロッパ最大の工業地域に発展してきた。

〈略地図1〉

問3　ヨーロッパの農業について述べた次の説明文の中で，下線部の気候の雨温図として最も適当なものを，下の①〜④から1つ選べ。

〈説明文〉

　ヨーロッパの農業は，畑作と牧畜の組み合わせが基本となっているが，地域による差も大きい。

　西岸海洋性気候の影響を受ける中央部から北部では酪農や混合農業が盛んである。

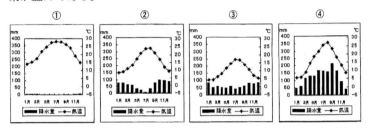

問4　ヨーロッパの主な言語系と宗教について説明したものとして最も適当な文を，次の①〜④から1つ選べ。

①　ノルウェーの主な言語系はゲルマン語派(系)，主な宗教は東方正教であり，ブルガリアの主な言語系はゲルマン語派(系)，主な宗教は東方正教である。二つの国は言語系も宗教も同じである。

②　フランスの主な言語系はロマンス語派(ラテン語系)，主な宗教はカトリックであり，ポルトガルの主な言語系はロマンス語派(ラテン語系)，主な宗教はプロテスタントである。二つの国は言語系は同じであるが宗教は異なる。

③　ポーランドの主な言語系はスラブ語派(系)，主な宗教はプロテスタントであり，ドイツの主な言語系はゲルマン語派(系)，主な宗教はプロテスタントである。二つの国は言語系は異なるが宗教は同じである。

④　イタリアの主な言語系はロマンス語派(ラテン語系)，主な宗教はカトリックであり，デンマークの主な言語系はゲルマン語派(系)，主な宗教はプロテスタントである。二つの国は言語系も宗教も異なる。

解答 問1 ① 問2 ③ 問3 ③ 問4 ④

解説 問1 EU未加盟国は，西ヨーロッパでは，ノルウェー，スイス，アイスランドの国々，東ヨーロッパでは旧ユーゴスラビアの大部分の国々。イギリスは，1973年に加盟，2020年に離脱している。①はスイス，②はスペイン，③はギリシャ，④はベルギー。②，③，④の国々はEUに加盟している。　問2　ヨーロッパ最大の工業地域は，ドイツのルール地方。①はイギリスのミッドランド地方，②はパリ周辺，④はイタリアの北部の三角地帯でいずれも工業地域。説明文の「豊富な石炭」はルール炭田，「大河川」はライン川である。　問3　西岸海洋性気候は，気温，降水量共に変化の小さい気候。①は降水量がほとんどないので砂漠気候，②は夏に少雨，冬に多雨の地中海性気候，③は気温，降水量共に変化が小さい西岸海洋性気候，④は夏が高温で降雨が比較的多い温暖湿潤気候となる。　問4　ヨーロッパの民族は，ラテン語系・カトリックのヨーロッパ南部，ゲルマン語系・プロテスタントのヨーロッパ北部，スラブ語系・東方正教の東ヨーロッパに大別される。①ノルウェーはプロテスタント，ブルガリアはスラブ語派（系），②ポルトガルはカトリック，③ポーランドはスラブ語系であるがカトリックが多いなどから①，②，③は誤り。

━━━━━━━━ **例題2** ━━━━━━━━

中国について，次の各問いに答えよ。

問1　次のⅠ～Ⅳの文について，内容が正しいものは○，誤っているものは×で答えよ。

Ⅰ　中国は多民族国家であるが，人口の内訳を見ると漢民族が約80％，チョワン族，チベット族，ウイグル族，モンゴル族などの少数民族が残りを占めている。

Ⅱ　近年，沿海部と内陸部との地域間格差を解消するため，西部大開発を推進し，道路やガス・パイプラインなどを整備して産業を誘致することや，砂漠化の防止など自然環境の保全を進めている。

Ⅲ　国家政策として一人っ子政策による人口増加の抑制を図ったが，

若年層の割合が低くなり，高齢化が進んでいることなどの弊害が起こり，2015年に政策の廃止が決定された。

Ⅳ　農業の集団化を中心に，行政・教育・軍事などを一体化した生産組織である郷鎮企業が認められた。その結果，農業生産性が向上し，年収1万元を超える富裕な農家もあらわれている。

問2　中国の農牧業と料理について述べた文として誤っているものを，次の①〜④から1つ選べ。

①　東北地方は，羊の放牧やオアシス農業が盛んである。この地域の四川料理は，貯蔵を考慮した漬け物や塩漬けの肉，辛みの強い味付けのものが多い。

②　華北は，小麦や大豆などの畑作が中心である。この地域の北京料理は，小麦を使った麺類や餃子，濃厚な味の炒め物などが多い。

③　華中は，長江中・下流域で稲作が盛んである。この地域の上海料理は，豊富な魚介類を甘辛く味付けしたものが多い。

④　華南は，稲や茶が多く栽培され，稲の二期作も行われている。この地域の広東料理は，自然の材料を生かした淡泊な味付けのものが多い。

解答　問1　Ⅰ　×　　Ⅱ　○　　Ⅲ　○　　Ⅳ　×　　問2　①

解説　問1　我が国の近隣にあり，現在めざましい発展を続けている中国の動きには注意を払っておきたい。　Ⅰ　漢民族は9割を超えていて圧倒的多数である。よって×。　Ⅱ　西部大開発は国家的な事業として現在進行中である。よって○。　Ⅲ　一人っ子政策が浸透したために人口構成に歪みが生じることとなり，政策が廃止された。よって○。　Ⅳ　郷鎮企業は村や個人経営の中小企業のことである。よって×。　問2　農牧業の形態と料理の特徴は密接に関係する。我々が日頃親しんでいる「中華料理」には色々なバリエーションがあるが，その理由の一つがこうした地域差である。正解は①。東北地方は小麦やとうもろこしの畑作が主で，塩辛い料理が多い。

============ **例題3** ============

次の略地図を参考にして，下の各問いに答えよ。

〈略地図〉

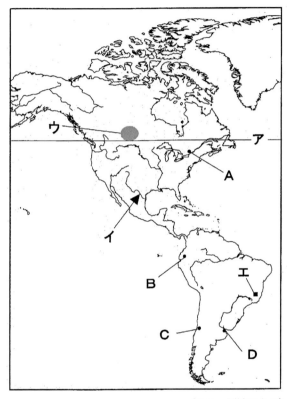

（ミラー図法による）

問1　略地図中のアは緯線を示している。この緯度として最も適当なものを，次の①～④から1つ選べ。

①　北緯50度　　②　北緯40度　　③　北緯30度

④　北緯20度

問2　略地図中のイは川を示している。この川の名称として最も適当なものを，次の①～④から1つ選べ。

①　コロラド川　　②　ミシシッピ川　　③　リオグランデ川

④ オリノコ川

問3 略地図中のウで示した地域で主として行われている農業は何か。該当するものとして最も適当なものを，次の①〜④から1つ選べ。

① 冬小麦栽培　　② 春小麦栽培　　③ とうもろこし栽培

④ 酪農

問4 略地図中のエはイタビラを示している。ここで産出される主たる鉱物資源として最も適当なものを，次の①〜④から1つ選べ。

① 銅鉱石　　② 石炭　　③ ボーキサイト　　④ 鉄鉱石

問5 略地図中のA〜Dは都市を示している。A〜Dとその都市名の組合せとして適当ではないものを，次の①〜④から1つ選べ。

① A−オタワ　　　　　② B−リマ

③ C−サンティアゴ　　④ D−ブエノスアイレス

解答 問1 ①　　問2 ③　　問3 ②　　問4 ④　　問5 ②

解説 問1 北米東海岸のセントローレンス川の河口と西海岸のヴァンクーヴァー付近なので北緯50度である。　問2 ③ リオグランデ川は，ロッキー山脈南部からメキシコ湾に注ぐ。アメリカ合衆国とメキシコの国境となっている。　問3 春小麦は，冬小麦が栽培できない寒冷な高緯度地方で栽培されている。カナダは冷帯の気候であり，南部で輸出用の春小麦が栽培されている。南東部では，酪農が行われている。　問4 イタビラはブラジル南東部にある鉄鉱山である。埋蔵量が豊富であり，アメリカや日本へ輸出している。なお，ブラジル北東部には世界最大級の埋蔵量を誇るカラジャス鉄山もあり，外国資本を導入して本格的に採掘が始められている。　問5 Bは，エクアドルの首都キトである。エクアドルは赤道直下の国で，太平洋上のガラパゴス諸島も領有している。リマは，ペルーの首都でありBより南部に位置する。

━━━━━━━ 例題4 ━━━━━━━

「世界の諸地域」の中の「ヨーロッパ州」の学習について，下の(1)～(3)の問いに答えよ。

地図1

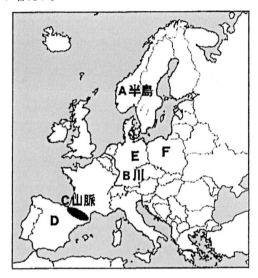

資料1　　　　　　　　　　　人口は2022年，その他は2021年のデータ

国名	人口(万人)	豚(千頭)	小麦(千t)	大麦(千t)
ア	3985.7	10242	11894	2962
イ	8337.0	23762	21459	10411
ウ	4755.9	34454	8565	9276

(『世界国勢図会』2023/24より作成)

(1) 地図1中の，A半島，B川，C山脈の名前をそれぞれ書け。

(2) ヨーロッパ州の地域的特色を産業の面から大観させる学習に関して，次の①～③の問いに答えよ。

　① 資料1のア～ウは，それぞれ地図1中のD～Fのいずれかの国のものである。地図1中のE国は資料1のア～ウのどの国にあてはまるか，記号を書け。

　② 次の文は，高緯度に位置するヨーロッパ北部で，中世期以降広

く行われてきた農業を説明したものである。この農業名を書け。

> 耕地を冬穀物地・夏穀物地・休閑地に3分し，3年周期で一巡させる農業。地力保持のため休閑地には，家畜を放牧している。

③　食料自給率の向上や農家の所得安定をめざして，公的資金によって主要な農産物にEUとして統一価格を設定するなど，農業市場を統一し，食料供給の安定化を図るために実施している政策名を書け。

(3)　「EUの統合」を主題に学習を行う際，「EU加盟国では，政治・経済的統合が人々の生活にどのような影響を与えているか」という学習課題を設定した。次の①～③の問いに答えよ。

①　1985年ルクセンブルクで結ばれた協定国間の国境における出入国審査が廃止された協定の名称を書け。

②　ヨーロッパ各国の間でEUの統合が進められていった理由を書け。

③　資料2は，EU加盟国の1人当たりの国民総所得を表している。この表から生徒に気付かせたいことは何か，書け。

資料2

EU各国の1人当たりの国民総所得	
4万ドル以上	ルクセンブルク，アイルランド，デンマーク，スウェーデン，オランダ，フィンランド，オーストリア，ドイツ，ベルギー，フランス，イタリア
2万～4万ドル未満	スペイン，キプロス，スロベニア，エストニア，チェコ，ポルトガル，リトアニア，スロバキア，ラトビア，ギリシャ
1万～2万ドル未満	ハンガリー，キプロス，クロアチア，ポーランド，ルーマニア，ブルガリア

（『世界国勢図会』2023/24より作成）

解答　(1)　A　スカンジナビア半島　　B　ライン川　　C　ピレネー山脈　　(2)　①　イ　　②　三圃式農業　　③　共通農業政策
(3)　①　シェンゲン協定　　②　国の規模が小さく，国内の市場に限りがあるため，相互の協力による利益を優先したため。
③　EUの統合に当たって，加盟国間の経済格差が課題になっていること。

解説　(1)　A　スカンジナビア半島にはスウェーデンとノルウェーが位

置している。ノルウェー側の海岸線にはフィヨルドが発達している。　　B　ライン川はスイスのアルプス山脈を源流に，フランス・ドイツの国境からドイツ国内を経て，オランダで北海にそそぐ全長約1,300kmの国際河川である。　　C　ピレネー山脈はイベリア半島の付け根を東西に走る山脈で，フランスとスペインの国境となっている。　　(2)　①　Dはスペイン，Eはドイツ，Fはポーランドである。資料1をみるとイは人口・豚・小麦・大麦のすべてが多く，とくに小麦や大麦の値からもドイツであることがわかる。ウはアより人口が多いことや豚の値が多いことからスペインであることがわかり，残るアがポーランドとなる。　　②　ヨーロッパの農業は休閑地を利用する三圃式農業が起源となっており，農耕と牧畜が強く結びついている。農業革命や流通の発達などから農業形態は混合農業，地中海式農業，酪農，園芸農業に大別されるようになった。混合農業の割合が一番大きく，飼料作物や食用作物，豚などの家畜の飼育を組み合わせて行われている。地中海式農業はイタリアやスペインなどの沿岸部で発達しており，小麦や耐乾樹木作物が栽培されている。酪農は冷涼な地域や山岳地域で行われる。園芸農業は北海沿岸や地中海沿岸で発達しており，大都市向けに野菜や花卉などを栽培し出荷する。　　③　EUの共通農業政策はEEC時代から設けられており，当初は10年以上に及ぶ食料不足の解消を目指し，基本的食料の生産を補助する形で導入された。現在では農業収入，食料の安全と質の確保，環境的に持続可能な生産を目的にしている。　　(3)　①　EUは現在27か国が加盟しており，最も新しい加盟国はクロアチア(2013年7月)である。なお2020年にイギリスがEUから脱退している。シェンゲン協定によって加盟国は国境管理を廃止したため，国境をまたいでの通勤や買い物も可能になった。　　②　ヨーロッパ諸国はEUとして統合したことで，貿易額は世界最大となっている。③　EU発足時から加盟している西ヨーロッパ諸国は一人当たりのGNIが高いのに対して，2004年以降に加盟した東ヨーロッパの国々はその水準が低い。

例題5

次の地図を見て，下の各問いに答えよ。

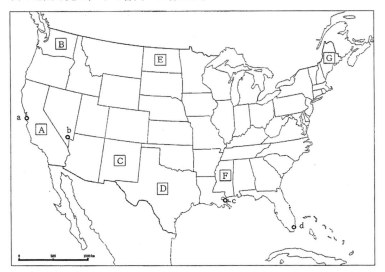

問1　次の雨温図ア〜エは，地図中のa〜dの都市における気温の月別平年値と月平均降水量を示し，いずれかの都市と一致する。地図中の都市cに当たるものはどれか。次のア〜エの中から選び，その記号を書け。

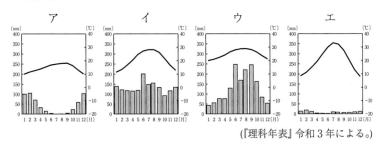

（『理科年表』令和3年による。）

問2　次の表は，2022年における，アメリカの輸出入相手の上位国と輸出入額に占める割合を示したものである。次の表中の①〜③に当たる国の組み合わせはどれか。あとのア〜カの中から選び，記号で答えよ。

順位	輸出		輸入	
	国名	割合（%）	国名	割合（%）
1位	①	17.3	中国	16.5
2位	②	15.7	②	14.0
3位	中国	7.5	①	13.5
4位	③	3.9	③	4.6
5位	イギリス	3.7	ドイツ	4.5

（『世界国勢図会』2023/24 より作成）

	ア	イ	ウ	エ	オ	カ
①	カナダ	カナダ	日本	日本	メキシコ	メキシコ
②	日本	メキシコ	カナダ	メキシコ	カナダ	日本
③	メキシコ	日本	メキシコ	カナダ	日本	カナダ

問3　地図中の A・C・D の州では，石炭，石油のいずれかの資源の産出量がアメリカ国内で上位を占めている。この資源は何か。その名称を書け。また，次の表中のア〜エは，2022年の石炭，石油，天然ガス，原子力のいずれかを示している。地図中の A・C・D の州で産出量がアメリカ国内で上位を占めるこの資源に当たるものはどれか。その記号を書け。

国名	一次エネルギー供給の構成割合（%）［石油換算］				
	ア	イ	ウ	エ	その他
アメリカ	10.3	37.7	33.1	7.6	11.3.
中国	55.5	17.7	8.5	2.4	15.9
フランス	2.6	34.7	16.5	31.6	14.6
ロシア	11.1	24.4	50.8	7.0	6.7

（『世界国勢図会』2023/24 より作成）

問4　地図中の E の州は，2022年における小麦の生産量がアメリカの州の中で最も多い州を示している。次のグラフは，2021年における小麦の輸出上位6か国のアメリカ，オーストラリア，カナダ，ウクライナ，フランス，ロシアについて，小麦の生産量に対する輸出量の割合及び1ha当たりの収穫量を示したものである。アメリカに当たるものはどれか。次の(ア)〜(エ)の中から選び，その記号を書け。

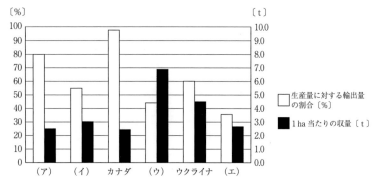

（『データブックオブ・ザ・ワールド』2024 より作成）

問5　アメリカは様々な人種や民族等で構成されている。地図中の $\boxed{A}$ ・$\boxed{B}$ ・$\boxed{F}$ ・$\boxed{G}$ の州のうち，黒人の割合が最も高い州はどれか。その記号を書け。また，その記号が答えとなる理由を簡潔に書け。

解答　問1　イ　　問2　イ　　問3　資源…石油　　記号…イ
問4　(イ)　　問5　記号… $\boxed{F}$ 　　理由… $\boxed{F}$ の州を含む南部では，19世紀中ごろまで，アフリカ系奴隷に依存した綿花のプランテーション農業が行われていたため。

解説　問1　cの都市はニューオーリンズである。日本の屋久島とほぼ同緯度にあるこの地域は，一年を通じて降水量があり，夏は暑く冬は冷涼な温暖湿潤気候である。aは地中海性気候(ア)のサンフランシスコ，bは砂漠気候(エ)のラスベガス，dは熱帯モンスーン気候(ウ)のマイアミである。　　問2　アメリカはカナダ，メキシコとアメリカ・メキシコ・カナダ協定(USMCA)を結んでおり，この2国への輸出額が非常に多くなっている。中国はアメリカ最大の貿易相手国であるが，近年はアメリカのトランプ政権のもと中国製品に高関税をかけるなどの「貿易戦争」が起こっている。問3　$\boxed{A}$ はカリフォルニア州，$\boxed{C}$ はニューメキシコ州，$\boxed{D}$ はテキサス州である。もともとカリフォルニア州とテキサス州は共に石油の産出で有名であったが，技術革新により近年は北方の州でもシェールオイルの産出が急増している。一次エネルギーの構成割合は，アメリカが石油への依存度が高いことからイが石油を表し

ていることがわかる。中国は石炭，フランスは原子力，ロシアは天然ガスへの依存度が高いため，表のアは石炭，イは石油，ウは天然ガス，エは原子力である。　問4　$\boxed{E}$はノースダコタ州である。適地適作を基礎とするアメリカでは，中西部の比較的湿潤な地域でとうもろこしや大豆，乾燥地域で小麦の栽培が行われている。少数の農業従事者が広大な農地を耕作するため，機械の大型化・高度化，化学肥料や農薬の投薬など工業化が進んだ。(ア)はオーストラリア，(ウ)はフランス，(エ)はロシアである。ヨーロッパの国の中で，フランス，ドイツ，デンマークは農業の大規模化や機械化を進め，単位面積当たりの収穫量が非常に多くなっていることも重要である。　問5　$\boxed{B}$はワシントン州，$\boxed{F}$はミシシッピ州，$\boxed{G}$はメイン州である。特に黒人の割合が多い州は南部にあるミシシッピ州である。17世紀以降の三角貿易でアフリカ系奴隷がアメリカに輸入されると，その大部分は南部のプランテーションで働かされた。大規模で重労働の綿花栽培はアフリカ系の奴隷たちに依存しており，南北戦争を経て奴隷制が廃止されたあとも根強い差別が続いた。

中学歴史　近世までの日本と世界

ポイント

　中学歴史は日本史と世界史を合わせた内容となっており，分量から言えば日本史の方が多い。いずれも内容のレベルは高く，大学受験とほぼ同様の実力が要求されるものとなっているので，そのつもりで学習計画を立てるべきだろう。

　「近世までの日本とアジア」では日本史と世界史に分けて説明したい。まず，日本史について時代別に見てみると江戸時代，次いで中世の鎌倉時代や室町時代が頻出である。これらを重点的に学習すれば効果的だと思われるが，原始・古代からの出題もなされているので，偏りすぎないようにされたい。

　次に，世界史について地域別に見てみると中国を含むアジア史が頻出である。その他には交易など東西交渉をテーマにした設問やヨーロッパ史の設問などが見られた。遣隋使や遣唐使，勘合貿易や日本町など日本との関わりを問う出題がなされているので，日本との外交関係や同時期の日本はどうであったかを念頭に置いて学習を進めるとよいだろう。

　出題の形式では史料を用いたものがかなり多い。これは特に日本史の方で顕著だった。当然ながら，現代の文章とは言葉遣いや用語の使い方が大きく異なっているので，市販の史料集などを活用して代表的な史料は予め読んでおいて，原文から内容が理解できるようにしておきたい。

　教師に求められる資質の一つに，生徒に分かりやすい説明ができる能力が挙げられる。そういった観点から，教員採用試験でも「なぜこのような事が起きたのか説明せよ」とか「こうなるに至った経緯を述べよ」という出題が多くなっている。歴史上の出来事について，単なる暗記力ではなく，その背景にあるものも含めて理解しているかどうかが問われるだろう。

□**律令制度**　律令格式によって運営される国家制度。7世紀後半から中国にならい，天皇を中心とする中央集権的な官僚制の整備が進められた。**律**は刑法，**令**は行政法・民法。**格**は律令の補足・改正，**式**は律令や格の施行細則。

□**近世までの日本仏教史**

仏 教 公 伝	百済の聖明王が欽明天皇に仏像などを献上。⇒538年説(『上宮聖徳法王帝説』等)と552年説(『日本書紀』)。
仏 教 興 隆	聖徳太子が蘇我馬子とともに排仏派の物部守屋を破る。⇒推古天皇の下で飛鳥文化(最初の仏教文化)が繁栄。
鎮 護 国 家	聖武天皇は仏教の力で国を守るために国分寺・国分尼寺を建立。⇒総国分寺として平城京に東大寺盧舎那仏を造立。
密 教 導 入	唐から帰った最澄が天台宗，空海が真言宗を開く。⇒天台宗は比叡山延暦寺，真言宗は高野山金剛峯寺が拠点。
末 法 思 想	1052年が末法の初年とされ，浄土教が発達。浄土教⇒阿弥陀仏に帰依し，念仏を唱えて極楽往生を祈願。都から地方へ次第に波及，各地に阿弥陀堂が建立。
鎌 倉 新 仏 教	浄土教から派生した法然の浄土宗，親鸞の浄土真宗，一遍の時宗。南宋から禅を伝えた栄西の臨済宗，道元の曹洞宗。法華経を真髄とする日蓮の日蓮宗(法華宗)。
禅 宗 隆 盛	室町幕府は五山十刹の制によって臨済宗を保護。民間にも林下の諸派を通じて広まる。⇒茶の湯などに影響。
一 向 一 揆	蓮如によって浄土真宗(一向宗)が地方で教勢を拡大。石山本願寺を本拠とし，加賀国などを支配。
江 戸 時 代	寺院法度や本山・末寺制度による幕府の統制。⇒明の隠元が禅の一派である黄檗宗を開くも，仏教界は停滞。

□**享保の改革**　江戸幕府第8代将軍**徳川吉宗**(在職1716～45)が行った改革。財政難打開のため，参勤交代の期間短縮を条件として大名に米を上納させた上米の制，金銭貸借の争いを当事者間で和談させた相対済し令，人材登用の途を開いた足高の制，法令集『公事方御定書』の編纂などを行った。

> 役柄により其場所不相応に小身にて御役勤め候者は，御役勤め候内御足高仰せ付けられ御役料増減これあり

※「足高の制」の史料。小身(家禄の少ない者)が役職を勤める際，在任中に限って足高(不足額)を支給するとした。これによって，実力のある下級幕臣を上級役職に登用することが可能となり，しかも支出が抑えられた。

□**寛政の改革**　老中松平定信が1787～93年に行った改革。借金に苦しむ旗本・御家人の救済のために出された棄捐令，朱子学を正統として他の諸派を排した寛政異学の禁，貧民救済のための七分金積立などを行ったが人々の評判は悪く，数年で改革は終わった。

一、旧来の借金は勿論，六ヶ年以前辰年までに借請 候 金子は古借 新借の差別なく，棄捐の積り相 心 得べき事

※「寛政の棄捐令」の史料。6年前までの借金は，古い新しいの区別なく，棄捐(帳消し)にすることを命じた内容。なお，それ以後の借金は旗本・御家人に有利なように低利での返済とした。

□**天保の改革**　老中水野忠邦が1841～43年に行った改革。物価引き下げのための株仲間解散令，農村再建のための人返し令，幕府の基盤強化のための上知令などを行ったが各方面の反発が強く，失敗した。

向 後，右仲間株札は勿論，此外共都て問屋仲間並びに組合抔と唱 候 儀ハ相成らず 候

※「株仲間解散令」の史料。向後(＝今後)は株仲間の鑑札はもとより，問屋仲間や組合と称した同業組合を一切禁じるという内容。

□**江戸文化　元禄文化**(17世紀後半〜 18世紀前半)と**化政文化**(18世紀末
　〜 19世紀初)が有名。前者は**上方**(京都・大坂)の武士・豪商が中心の
　現実的な文化，後者は**江戸の町人**が中心の享楽的・通俗的な文化。

▲尾形光琳「紅白梅図屏風」
　(元禄文化)

▲菱川師宣「見返り美人図」
　(元禄文化)

▲東洲斎写楽「三世大谷鬼次の
　奴江戸兵衛」(化政文化)

▲喜多川歌麿「ポッピンを吹く女」
　(化政文化)

▲平賀源内「西洋婦人図」
　(化政文化)

▲葛飾北斎「富嶽三十六景(凱風快晴)」
　(化政文化)

□中国の諸王朝

王朝	年代	都	建国者	
殷	前16c〜前11c	商邑	湯王	神権政治・青銅器・甲骨文字の使用
西周	前11c〜前770	鎬京	武王	封建制度・犬戎の侵入
春秋	前770〜前403			覇者による勢力争い・鉄製農具や牛耕
戦国	前403〜前221			戦国の七雄・諸子百家（儒家・道家・法家・墨家）
秦	前221〜前206	咸陽	始皇帝	最初の統一国家・郡県制・度量衡の統一
前漢	前202〜後8	長安	劉邦	郡国制・武帝の征服事業・郷挙里選
新	8〜23	長安	王莽	前漢の外戚が簒奪・復古主義・赤眉の乱
後漢	25〜220	洛陽	劉秀	豪族支配・党錮の禁・班超・黄巾の乱
三国	220〜280			魏・呉・蜀の鼎立・魏に卑弥呼が遣使・九品中正(魏)
西晋	265〜316	洛陽	司馬炎	占田課田法・八王の乱・五胡の侵入
南北朝	439〜589			華北に北魏及び4王朝・江南に東晋及び4王朝
隋	581〜618	大興城	楊堅	租調庸・科挙・大運河建設・遣隋使
唐	618〜907	長安	李淵	律令制・安史の乱・節度使・遣唐使
五代	907〜960			華北に5王朝・華北以外に10王朝・藩鎮・武断政治
北宋	960〜1127	開封	趙匡胤	文治政治・殿試・士大夫・王安石の新法
南宋	1127〜1276	臨安	高宗	朱子学・和平派の秦檜と主戦派の岳飛
元	1271〜1368	大都	フビライ	モンゴル人第一主義・駅伝制・元寇
明	1368〜1644	北京	朱元璋	衛所制・永楽帝・鄭和・勘合・一条鞭法
清	1616〜1912	北京	ヌルハチ	満州族・八旗・地丁銀・公行・辛亥革命

□海洋貿易

▲ダウ船
インド洋〜紅海で使われる三角帆の木造船。
イスラム商人などが交易に使用。

▲ジャンク船
東シナ海〜インド洋で使われた蛇腹帆の木造船。
水密隔壁を備えており、中国商人が使用。

━━━━━━ **例題１** ━━━━━━

次の日本の外交史に関する年表を見て，下の(1)～(10)の問いに答えよ。

年表

西　暦	お　も　な　で　き　ご　と	
239	邪馬台国の女王卑弥呼が魏に朝貢する	…… ①
478	倭王武が宋に上表文を送る	…… ②
607	小野妹子を隋に派遣する	…… ③
663	百済復興を支援するために倭の大軍が派遣される	…… ④
805	最澄が唐より帰国し，天台宗を広める	…… ⑤
12世紀後半	平清盛が大輪田泊を修築し，宋との貿易を推進する	…… ⑥
1268	高麗使がフビライの国書を携えて来日する	…… ⑦
1392	李成桂が高麗を滅ぼし，李氏朝鮮をおこす	…… ⑧
1404	日明貿易が始まる	…… ⑨

(1)　年表①の邪馬台国については，中国の歴史書に次のような記載がある。文中の　　　　にあてはまる人物名を書け。

> 　景初二年六月，倭の女王，大夫難升米等を遣し郡に詣り，天子に詣りて朝献せんことを求む。　（中略）　卑弥呼もって死す。大いに塚を作る。径百余歩，徇葬する者，奴婢百余人。更に男王を立てしも，国中服せず，更々相誅殺し，当時千余人を殺す。復た卑弥呼の宗女　　　　年十三なるを立てて王となし，国中遂に定まる。
>
> （『三国志 魏志東夷伝』より抜粋）

(2)　年表②のころ，近畿地方を中心に大仙陵古墳などの巨大な前方後円墳が造られた。大仙陵古墳と並ぶ国内最大規模の古墳で，応神天皇陵と考えられている，大阪府羽曳野市にある古墳を何というか，書け。

(3)　年表③のできごとがあった時の隋の皇帝は誰か，人物名を書け。また，翌年，小野妹子とともに来日した隋の使者は誰か，人物名を書け。

(4)　年表④で，倭軍は唐・新羅の連合軍に大敗を喫し，朝鮮半島の足場を失った。このできごとを何というか，書け。

(5) 年表⑤のころ，宮中で「徳政論争(相論)」が起こった。どのような政策をめぐる論争か，具体的に説明せよ。

(6) 年表⑥の宋との貿易で，日本が宋から輸入したものをア～キから3つ選び，記号を書け。

　ア　砂金　　　イ　硫黄　　ウ　陶磁器　　エ　漆器　　オ　茶
　カ　高級織物　　キ　真珠

(7) 年表⑦のできごとの後，元軍は2度にわたって日本に攻めて来た。幕府は，1293年に西国防備と九州統治の強化が必要と考え，北条氏一族を派遣して軍事・行政・裁判の処理にあたらせた。この役職を何というか，書け。

(8) 年表⑧と同じ年，南北朝が統一された。次の資料1は，それより約50年前に南朝の中心人物が著した歴史書である。この歴史書を何というか，書け。また，この作者は誰か，人物名を書け。

資料1

> 　さても旧都には，戊寅の年の冬，改元して暦応とぞ云いける。芳野の宮には，もとの延元の号なれば，国々おもいおもいの号なり。もろこしには，かかるためしおおけれど，此国には例なし。されど四とせにもなりぬるにや。大日本嶋根は，もとよりの皇都なり。内侍所，神璽も芳野におわしませば，いずくか都にあらざるべき。

(9) 次の資料2は，年表⑨の日明貿易に関するものである。下線部は誰を指しているのか，人物名を書け。

資料2

> 　ここに爾，日本国王源道義，心王室に存し，君を愛するの誠を懐き，波濤を蹈越し，使を遣わして来朝し，逋流の人を帰し，宝刀・駿馬・甲冑・紙硯を貢し，副うるに良金を似てす。朕甚だ嘉す。　　　　　　　　　　　　　　　（『善隣国宝記』より抜粋）

(10) 年表⑨に関連して，授業で日明貿易の仕組みを3人の生徒によるロールプレイで示すこととした。どのような教材・教具を製作し，

どのようなロールプレイをさせるか，次の条件にしたがって書け。

【条件】

○教材・教具について
・製作する教材・教具は何の模造か分かるように名称を示すとともに，その製作方法が分かるように，イラストを使って示すこと。
○ロールプレイについて
・3人の生徒を「Aさん」，「Bさん」，「Cさん」で表し，それぞれ演じる役割を示すとともに，教材・教具をどのように使い，どのような会話にするか，示すこと。

解答 (1) 壱与または台与　　(2) 誉田(御廟)山古墳　　(3) 皇帝：煬帝　使者：裴世清　　(4) 白村江の戦い　　(5) 蝦夷征討と平安京造営の中止を主張する派と二つの事業を推進する派が対立し，桓武天皇は前者の策を採用した。　　(6) ウ・オ・カ
(7) 鎮西探題　　(8) 歴史書：神皇正統記　　作者：北畠親房
(9) 足利義満

(10)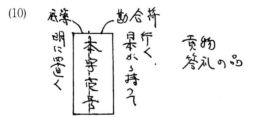

A(将軍)「勘合符を与える。明から珍しい物を沢山もってまいれ」
B(使節)「立派に任務をはたします」。場面は明。C(皇帝)に勘合符を渡しながら　B「日本国王からの貢ぎ物です。お納め下さい。」
C・底簿と勘合符を合せながら　C「よしよし，それでは返礼の品を与えてつかわそう」

解説 (1) 宗女は一族の娘のこと。彼女は266年に晋に使節を送った。
(2) 古市古墳群中の一つ。墳丘全長425m，高さ36m。
(3) 皇帝：隋の第2代皇帝。　使者：隋書には裴清とあるが，3

文字で書く。煬帝の答礼使として来日。　(4)　朝鮮の錦江河口の白村江での戦い。　(5)　軍事と造作の二大政策を中止するか，継続するかの論争を述べる。中止派は藤原緒嗣，継続派は菅野真道。桓武天皇は藤原緒嗣の意見を採用した。　(6)　茶はまだ日本の特産にはなっていない。茶の栽培は鎌倉時代以後盛んになる。ア・イ・エ・キは輸出品。　(7)　鎮西奉行に代わる機関。北条氏一族が任命された。　(8)　南朝を支えた公家で，常陸の小田城で執筆した。南朝の正統性を主張している。　(9)　室町幕府の3代将軍。朝貢形式の勘合貿易を開始した。　(10)　解答の条件に合わせて書くことが重要である。教材・教具は勘合符と勘合底簿など。「本字勘合」の底簿は明に置く。人物は将軍，使節，皇帝とする。寸劇だから史実に合わない点があってもよい。

―――――――― 例題2 ――――――――

次の史料を見て，下の各問いに答えよ。

| 世の中に蚊ほどうるさきものはなし　ぶんぶといふて夜もねられず |

(1)　この資料はある改革を風刺したものである。その改革名と当時の将軍名を答えよ。

(2)　この改革と関係のないものをア～オからすべて選び，記号で答えよ。
　　ア　上げ米の制　　イ　囲米　　ウ　七分積金　　エ　上知令
　　オ　棄捐令

(3)　この改革より前に起こった出来事をア～エから1つ選び，記号で答えよ。
　　ア　ウィーン会議　　イ　クリミア戦争　　ウ　プラッシーの戦い
　　エ　白蓮教徒の乱

解答　(1)　改革名：寛政の改革　　将軍名：徳川家斉　　(2)　ア・エ
　　　(3)　ウ

解説　(1)　これは第11代将軍徳川家斉が登用した老中首座松平定信の寛政の改革を風刺した大田南畝(蜀山人)の狂歌である。「ぶんぶ

50

25

といふて」の部分が蚊のブンブンいう羽音と寛政の改革での文武の奨励とをかけてある。　(2)　アの上げ米の制(1722年)は享保の改革の政策，エの上知令(1843年)は天保の改革の政策である。
(3)　アのウィーン会議は1814〜15年，イのクリミア戦争は1853〜56年，ウのプラッシーの戦いは1757年，エの白蓮教徒の乱は1796〜1804年のこと。寛政の改革は1787〜93年のことなので，ウが正解となる。なお，白蓮教とは仏教系の宗教で，元末の紅巾の乱も白蓮教徒が起こしたものだった。清では乾隆帝の次の嘉慶帝の初年に白蓮教徒の乱が起こり，清の最盛期が終わる契機として位置づけられる事件となっている。

━━━━━ 例題3 ━━━━━

太郎と花子の2人が，史料を読みながら会話をしている。会話中の空欄①〜③に適切な文を補って会話を完成させよ。

史料A　其の新たに溝池を造り，開墾を営む者有らば，多少を限らず，給ひて三世に伝へしめん。若し旧き溝池を逐はば，其の一身に給せん。 史料B　今より以後は，任に私財と為し，三世一身を論ずること無く，咸悉くは永年取る莫れ。 史料C　延久元年二月廿三日，寛徳二年以後の新立荘園を停止すべし。たとひ彼の年以往と雖も，立券分明ならず，国務に妨げある者は，同じく停止の由宣下す。

Ⅰ　太郎：史料A，Bはそれぞれ三世一身の法と墾田永年私財法のものですね。これに対して史料Cは，11世紀に出された延久の荘園整理令のものです。史料AとBの時期の荘園と，史料Cの時期の荘園とでは，その性格に大きな違いがあるのですが，それはどのような点だと思いますか。
　　　花子：史料AとBの時期の荘園は(　①　)なのに対して，史料Cの時期の荘園は(　②　)というのが大きな違いですね。

> 史料D　正長元年九月□日，一天下の土民蜂起す。徳政と号し，酒
> 　　　　屋，土倉，寺院等を破却せしめ，雑物等恣にこれを取り，
> 　　　　借銭等悉これを破る。管領これを成敗す。凡そ亡国の基，
> 　　　　これに過ぐべからず。日本開白以来，土民蜂起是れ初めな
> 　　　　り。
> 史料E　正長元年ヨリサキ者カンヘ四カンカウニヲキメアルヘカラ
> 　　　　ス

Ⅱ　太郎：史料Dは正長の徳政一揆の様子を記したものです。一方，
　　　　　史料Eは奈良市柳生にのこる疱瘡地蔵岩に刻まれた徳政碑文
　　　　　です。この時期，京周辺の畿内では一揆がたくさん起こって
　　　　　いますが，その理由は何だと思いますか。
　　　花子：理由は様々あると思いますが，この地域の経済発達の様子
　　　　　に着目すれば（　③　）ことと，惣とよばれる自治的な組織に
　　　　　よって農民が強い連帯意識で結ばれていたことが重要だと
　　　　　いえるでしょうね。

解答　①　初期荘園(墾田地系荘園)　　②　寄進地系荘園　　③　高
利資本が深く浸透していた

解説　①　荘園(荘)とは，貴族や大寺院などが開墾の現地に設けた別宅
や倉庫などの建物と周りの墾田とを合わせたものをいう。初期荘
園は後の荘園と異なり，国家の力を背景とし，その支配の仕組み
を利用してつくられたものが多かったため，9世紀以降，律令制
が衰えるとともに，その大部分が衰退した。　②　領家・本家の
うち実質的な支配権をもつものを本所といった。また畿内近国で
は有力寺社が田堵の寄進を受けて成立させた小さな規模の寺社領
荘園がたくさんうまれた。11世紀半ばには各地に寄進地系荘園が
広まった。　③　徳政一揆とは債権・債務の破棄を要求する土一
揆のこと。

■━━━━━━━━ 例題4 ━━━━━━━━■

近世の我が国の農民に関する次の各問いに答えよ。

問1　次は，太閤検地の歴史的意義についてまとめた板書の一部である。
　　空欄にあてはまる内容を答えよ。

> ○　荘園制のもと，一つの土地に重なり合っていた権利を整理し
> 　た。
> ○　検地帳には，実際に耕作している農民の田畑と屋敷地を登録
> 　した。
> 　　→この結果，農民は，（　　　　）。

問2　江戸時代の百姓には，年貢を始めさまざまな負担が課せられたが，
　　山野河海の利用や農業以外の副業などにかけられた負担を何という
　　か，答えよ。

問3　次の図は，江戸時代に考案された灌漑用の農具を描いたものであ
　　る。この農具を何というか，答えよ。

|解答|　問1　自分の田畑の所有権を法的に認められるようになったが，
　　自分の石高に応じた年貢などの負担を義務づけられることになっ
　　た。　　問2　小物成　　問3　踏車

|解説|　問1　板書に記されたことをもとに考えたい。重なり合っていた土
　　地の権利が整理され，検地帳に実際に耕作している農民の田畑と
　　屋敷が登録されたことで，農民は土地の所有権を法的に認められ
　　ることになったが，それと同時に納税の義務を課せられた。
　　問2　小物成は付加税にあたる。　　問3　江戸時代には農具の改
　　良が進み，ほかに深耕用の備中鍬，脱穀用の千歯扱などが普及し
　　ていった。

中学歴史 近・現代の日本と世界

ポイント

　「近・現代の日本と世界」では，日本史と世界史の分量の比率がほぼ等しくなっている。内容を見てみると，日本史については明治時代から第二次世界大戦までを扱った設問が多く，政治や外交，経済など幅広い出題がなされている。世界史については，近代史では欧米を扱った設問が多いが，現代史では地域を限らずに世界全体の流れの中から問うような設問が多い。また，現代と言っても，ヴェルサイユ体制から第二次世界大戦，冷戦とその崩壊後までを含むので，視野の広い学習をしていかねば対応が難しいだろう。

　史料と絡めた設問は日本史の方が多い。どのような史料が用いられているかと言えば，条約などの外交関係のものが頻出である。ゆえに近現代の我が国が結んできた条約や協定，その他の外交文書の主要なものは一通り見ておきたい。条文の一部を読んで，その出典を判断できるようにしておけば，受験に役立つことだろう。他には，開化期の思想家や明治，大正の政治家の文章からの引用が見られた。代表的なものだけでもよいので，史料集などで読むようにしておこう。

　年表を用いた設問も多い。特に世界史では出題の対象となる地理的な範囲が広いため，ある出来事について他の地域では何が起こっていたか，常に意識しながら学習するようにしたい。実際に，同時期の他地域での出来事を尋ねる問題が頻出なので，縦の時間軸と併せて横の地域軸を関連付けながら学んでいけば，こうした設問にも対応できるだろう。

　また，「近世までの日本と世界」と同様，理由や背景，経緯について説明を行うことを求める問題が多い。単純な暗記にとどまらない，総体的な理解力を身につけるようにしたい。

□**戊辰戦争**　1868年の鳥羽・伏見の戦いに始まり，江戸城の無血開城，奥羽越列藩同盟の抵抗を経て，翌年の箱館五稜郭の戦いで終結した，

新政府軍と旧幕府軍の内戦。これによって新政府の支配が確立した。

□**五箇条の御誓文**　1868年に発布された明治新政府の基本方針。明治天皇が神に誓う形式をとり，原案は由利公正が起草し，それに福岡孝弟が修正，更に木戸孝允が加筆修正を施した。

> 一、広ク会議ヲ興シ万機公論ニ決スベシ
> 一、上下心ヲ一ニシテ盛ニ経綸ヲ行フベシ
> 一、官武一途庶民ニ至ル迄 各 其志ヲ遂ゲ人心ヲシテ倦ザラシメン事ヲ要ス
> 一、旧来ノ陋習ヲ破リ天地ノ公道ニ基クベシ
> 一、智識ヲ世界ニ求メ大ニ皇基ヲ振起スベシ

□**版籍奉還**　1869年。諸大名が版図(土地)・戸籍(人民)を新政府に返上したこと。

□**廃藩置県**　1871年。藩を廃止して県を置くことにより，江戸時代の幕藩体制を解体して中央集権体制を確立した。

□**地租改正**　1873年。地主(土地所有者)に地価の3%を金納させるようにした税制上の改革。各地で反対一揆が相次いだため，1877年に税率が2.5%に改められた。

□**殖産興業**　富国強兵の一環として，政府主導で進められた近代産業の育成。2014年に世界遺産に登録された**富岡製糸場**(群馬県)などの官営模範工場，高島炭鉱(長崎県)などの官営鉱山，東京砲兵工廠などの官営軍事工場が設立され，貨幣制度や金融制度，郵便制度などの諸制度が整備された。

▲富岡製糸場

□**士族反乱**　明治新政府による士族(江戸時代の武士)の特権廃止に抵抗して各地で起こされた反乱。**西郷隆盛**が起こした**西南戦争(1877)**が最大にして最後の士族反乱となった。

□**自由民権運動**　1874年，**板垣退助**らが**民撰議院設立の建白書**を左院に提出したことから始まった，民主主義・国会開設を求める運動。紆余曲折を経ながら，1881年に国会開設の勅諭が下されて結実した。

□**内閣制度**　1885年，従来の太政官制に代えて創設。**初代総理大臣**には**伊藤博文**(長州出身)が任命され，彼を中心に憲法制定や各種制度の整備が行われた。

□**大日本帝国憲法**　1889年2月11日発布。君主(天皇)が定める**欽定憲法**の形式をとり，内容は伊藤博文らがドイツ(プロイセン)の憲法などを参考にして起草した。これによって我が国は大日本帝国と称するアジアで最初の立憲国家となった。

□**近代の欧米**

ルネサンス 14〜16c	人間中心の世界観 科学精神の目覚め	産業革命 18〜19c	機械制工業と産業資本主義 イギリスから諸国へ波及
大航海時代 15〜17c	地理上の発見 商業革命・価格革命	ウィーン体制 1815〜48	ナポレオン戦争後の国際 秩序。七月革命と二月革命
宗教改革 16c	カトリックへの批判 職業倫理の確立・発展	国民主義 19c	イタリアとドイツが統一 イギリスで議会政治発展
絶対主義 16〜18c	中央集権国家の出現 官僚制と常備軍	合衆国発展 19c	モンロー宣言と孤立主義 南北戦争と西部開拓
市民革命 17〜18c	近代市民社会への移行 アメリカ合衆国の独立	帝国主義 19〜20c	列強による世界分割 3C政策と3B政策の対立

□**現代史年表**

世　界　史		日　本　史	
1914〜17	第一次世界大戦	1914	ドイツに宣戦布告(大戦参加)
1919	ヴェルサイユ条約	1918	シベリア出兵
	1921　ワシントン会議(〜22)		
1929	世界恐慌	1930	統帥権干犯問題・金解禁
1933	ヒトラー政権成立	1931	満洲事変
1938	ミュンヘン会談	1937	日中戦争

1939～45　第二次世界大戦	
1950～53　朝鮮戦争	1950　警察予備隊発足
1965～73　ヴェトナム戦争	1972　沖縄が本土に復帰
1985　　　ソ連でペレストロイカ開始	1985　男女雇用機会均等法
1989　　　マルタ会談で冷戦終結宣言	1989　昭和天皇崩御・消費税導入
1991　　　湾岸戦争・ソ連解体	1992　PKO 協力法
1997　　　イギリスが香港を中国に返還	1997　京都議定書
2001　　　アメリカ同時多発テロ	2001　中央省庁を 1 府 12 省庁に再編
2003　　　イラク戦争	
2008　　　リーマンショック	
2010　　　アラブの春	
2011　　　シリア内戦	2011　東日本大震災
2014　　　ウクライナ内戦	
	2019　元号『令和』へ改元
2020　　　イギリスが EU 離脱	2021　東京オリンピック 2020
新型コロナウイルス感染症のパンデミック	（コロナパンデミックにより 2021 年に延期された）
2022　　　ロシアのウクライナ侵攻	
2023　　　パレスチナ・イスラエル戦争	

■■■■■■■■■■■■■■■ 例題1 ■■■■■■■■■■■■■■■

次の年表は日本のできごとを示している。年表を見て，あとの(1)～(8)の問いに答えよ。

年号	日本のできごと	
1947	日本国憲法施行　………………………	A
1951	①サンフランシスコ平和条約調印　……	B
1956	国際連盟に加盟　………………………	C
1965	（　②　）がノーベル物理学賞を受賞　…	D
（　a　）	③沖縄返還協定調印　…………………	E
1973	④第 1 次石油危機　……………………	F

1985	⑤国際科学技術博覧会開催 …………… G
1986	東京で第12回⑥サミットが開催 …… H
1989	⑦消費税実施(消費税率3％) ………… I
1995	阪神・淡路大震災 ………… J

(1) 下線部①の条約は，日本と48カ国との間で結ばれた。条約案への不満から講和会議に出席せず，1952年になって日本と平和条約を結んだ国はどこか。次の語群のA～Dの中から1つ選び，記号で答えよ。

　語群　A　インド　　　　　　B　ビルマ(現ミャンマー)
　　　　C　中華人民共和国　　D　タイ

(2) 年表中の(　　)の②に入る日本人受賞者名を書け。

(3) 下線部③は何年か。年表中の(　　)のaにあてはまる年号を西暦で書け。

(4) 下線部④の契機となった日本国外のできごとを，次の語群のA～Eの中から1つ選び，記号で答えよ。

　語群　A　イラン＝イラク戦争　　B　イラン革命
　　　　C　第3次中東戦争　　　　D　第4次中東戦争
　　　　E　湾岸戦争

(5) 下線部⑤が開催された県名を漢字で書け。

(6) 下線部⑥のサミットは1975年に第1回が開催された。その第1回のサミットが開催された場所を次の語群のA～Eの中から1つ選び，記号で答えよ。

　語群　A　デンヴァー　　B　ロンドン　　　C　ハリファックス
　　　　D　ヴェネチア　　E　ランブイエ

(7) 下線部⑦が実施されたときの内閣総理大臣名を，漢字で書け。

(8) 次の①～③の日本国外のできごとは，年表のA～Jのどの年におきたものか。年表のA～Jの中から，それぞれ1つずつ選んで，記号で答えよ。

　① 東ドイツで西側への脱出者が急増してホネカー(ホーネッカー)議長は退陣し，11月にはベルリンの壁が市民の手で破壊された。

　② マーシャル国務長官がヨーロッパ経済復興援助計画(マーシャル

＝プラン)を発表する。

③　エジプトのナセル大統領は，ダム建設資金をえるためにスエズ
　運河の国有化を宣言した。

|解答|　(1)　A　　(2)　朝永振一郎　　(3)　1971年　　(4)　D

　　　(5)　茨城県　　(6)　E　　(7)　竹下登　　(8)　①　I　　②　A

　　　③　C

|解説|　(1)　条約案への不満から会議に出席しなかった国はインドとビル
　マであるが，1952年に日本と東京で平和条約を結んだ国は前者で
　ある。後者は1954年に平和条約を結んだ。なお，中華人民共和
　国は会議に招かれていない。　(2)　ノーベル物理学賞の受賞は，
　湯川秀樹は1949年，江崎玲於奈は1973年の受賞なので間違えな
　いこと。　(3)　1971年6月，佐藤栄作内閣の時に調印した。
　(4)　イスラエルとエジプト・シリアなどが戦った。十月戦争とも
　いう。この時，アラブ産油国は親イスラエル諸国に石油の輸出を
　停止した。　(6)　フランスのパリ郊外のランブイエで開催された。
　なお，サミットは主要国首脳会議と訳されている。　(7)　中曽根
　康弘の後継の竹下登首相が実施。　(8)　①　1990年にドイツは統
　一した。　②　第二次世界大戦後，米ソ対立の激化の中で発表さ
　れた。　③　第二次中東(スエズ)戦争が勃発し，日ソ共同宣言が
　調印された年でもある。

━━━━━━━━━━━ 例題2 ━━━━━━━━━━━

次の年表を見て，各問いに答えよ。

年代	出　来　事
1914	第一次世界大戦に参戦・・・(a)
1915	二十一ヵ条の要求・・・・・(b)

1　(a)の大戦中に，我が国に生まれた「成金」とはどのような人のこと
　を指すのか，大戦との関係から説明せよ。

2　(b)について，相手国政府の代表者の名を答えよ。

3　(b)の後に起きた出来事を次の(ア)～(エ)からすべて選び，記号で答

えよ。

(ア) 第一次護憲運動　　(イ) ロシア革命　　　(ウ) 米騒動

(エ) 辛亥革命

解答 1　日本は，第一次世界大戦によって，アジア市場からのヨーロッパ列強の後退，アメリカの大戦景気，船舶不足などにより，輸出超過の空前の好景気となった。その時に急激に金持ちになった資本家のこと。　　2　袁世凱　　3　(イ)・(ウ)

解説 1　鉄・船・株で富豪となった人が多かった。　　2　第2次大隈内閣が中国における利権拡大のために要求した。　　3　(ア)は1912年，(イ)は1917年，(ウ)は1918年，(エ)は1911年。

━━━━━━━━━━ **例題3** ━━━━━━━━━━

次の年表を見て，下の(1)～(3)の問いに答えよ。

西　暦	主　な　で　き　ご　と	
1950年	朝鮮戦争がはじまる	
1951年	日米安全保障条約締結 --------------------------- X	
1956年	日ソ国交回復，国際連合加盟	
1965年	ベトナム戦争激化 ------------------------	
	日韓基本条約締結	
	（　　　Y　　　）の答申が出される	A
1973年	第4次中東戦争がおこる ------------------	
	石油危機	
		B
1980年	イラン・イラク戦争がおこる ---------------	
		C
1990年	東西ドイツが統一される -----------------	
		D
2001年	アメリカ同時多発テロがおこる -------------	
2006年	イタリアのトリノで冬季オリンピックが開催される	

(1) 年表中のXのできごとと同じときに開催された会議について説明しているものはどれか。次のア〜エの中から1つ選び，記号で答えよ。

ア　アメリカ・イギリス・日本の巡洋艦，潜水艦などの補助艦の保有トン数の比率を10：10：7と定めた海軍軍縮会議である。

イ　アメリカ・イギリス・日本・フランス・イタリアの主力艦の保有トン数の比率を5：5：3：1.67：1.67と定め，10年間は主力艦を建造しないことを定めた国際会議である。

ウ　核保有国と非保有国とに分け，非保有国の核兵器開発の禁止を盛り込んだ条約を結んだ国際会議である。

エ　日本がアメリカをはじめとする48か国と平和条約を結んだ会議である。

(2) 年表中の1965年のYには，部落差別の撤廃が国や地方公共団体の責務であり，国民的な課題であるという答申を出した組織があてはまる。この組織の名称を書け。

(3) 第二次世界大戦後の国際関係の変化の中で，当面する世界経済の重要な問題を協議し，協調を図るため，フランスのランブイエで第1回サミット(主要先進国首脳会議)が行われた。それは年表中のどの時期か。A〜Dの中から1つ選び，記号で答えよ。

解答	(1)　エ　　(2)　同和対策審議会　　(3)　B
解説	(1)　アはロンドン海軍軍縮条約(1930年)の説明。会議には英・米・日・仏・伊が参加。イはワシントン海軍軍縮条約(1922年)の説明。ウは核拡散防止条約(1968年)の説明。エはサンフランシスコ講和会議を指している。日米安全保障条約はサンフランシスコ平和条約とともに1951年に結ばれたので，エが正解。　(2)　同和対策審議会は1961年に政府により設置された。　(3)　フランス大統領ジスカール＝デスタンの提唱で第1回サミットが開催されたのは1975年のこと。米・英・仏・西独・伊・日の6か国が会談した。第1次石油危機による景気後退や固定相場制から変動相場制への移行などの国際経済上の変動が開催の背景となっていた。

━━━━━━━━━━ **例題4** ━━━━━━━━━━

次の中学校学習指導要領 (平成29年3月告示)「社会」の〈歴史的分野〉の一部を読み, 下の各問いに答えよ。

---

(1) 近代の日本と世界

　課題を追究したり解決したりする活動を通して, 次の事項を身に付けることができるよう指導する。

ア　次のような知識を身に付けること。

　(ウ)　議会政治の始まりと国際社会との関わり

　　自由民権運動, (a)<u>大日本帝国憲法</u>の制定, 日清・日露戦争, (b)<u>条約改正</u>などを基に, 立憲制の国家が成立して議会政治が始まるとともに, 我が国の国際的な地位が向上したことを理解すること。

　(カ)　第二次世界大戦と人類への惨禍

　　経済の世界的な混乱と社会問題の発生, 昭和初期から第二次世界大戦の終結までの我が国の政治・外交の動き, (c)<u>中国などアジア諸国との関係</u>, 欧米諸国の動き, 戦時下の国民の生活などを基に, 軍部の台頭から戦争までの経過と, (d)<u>大戦</u>が人類全体に惨禍を及ぼしたことを理解すること。

(2) 現代の日本と世界

　課題を追究したり解決したりする活動を通して, 次の事項を身に付けることができるよう指導すること。

ア　次のような知識を身に付けること。

　(ア)　日本の民主化と冷戦下の国際社会

　　冷戦, 我が国の民主化と再建の過程, (e)<u>国際社会への復帰</u>などを基に, 第二次世界大戦後の諸改革の特色や世界の動きの中で新しい日本の建設が進められたことを理解すること。

問1　下線部(a)についての内容の説明として正しいものを, 次の①〜④から1つ選べ。

① 枢密院は，その権限が明確化され，憲法・選挙法・会計・条約・戒厳令の発布などを決定することができ，国権の最高機関となった。

② 天皇は，統治権をすべて握る統治者であり，その特権も憲法に明文化されたが，統帥権は内閣に属していた。

③ 貴族院は，皇族や華族からなる世襲(もしくは互選)議員と，学者・高級官吏の中から天皇が任命する勅選議員や地方の多額納税者議員などから構成された。

④ 政府は，憲法制定にあたり，伊藤博文をヨーロッパへ憲法調査のために派遣し，また法学者ボアソナードを招き，フランス系の憲法制定の準備を進めた。

問2　下線部(b)について大隈重信が外務大臣に在任中の出来事として最も適当な文を，次の①〜④から1つ選べ。

① 日本国内を外国人に開放する(内地雑居)かわりに，原則として領事裁判権を撤廃し，輸入関税の一部を引き上げることを欧米諸国に認めさせる案を，会議で一応了承させた。

② 大審院に外国人判事の任用を認めていたことがイギリスの新聞で論評され，政府内外に強い反対論がおき，対外硬派の団体の一青年により負傷させられた。

③ 領事裁判権の撤廃と相互対等の最恵国待遇及び関税自主権の一部回復を内容とする日英通商航海条約の調印に成功した。

④ 東京日比谷にイギリス人建築家コンドルの設計で官営の国際社交場鹿鳴館を建て，外国の外交官らを招いて音楽会や舞踏会を催すなど欧化政策を推進した。

問3　次の①〜④の文は，下線部(c)について述べたものである。年代の古い順に並べたときに3番目にくるものを，①〜④から1つ選べ。

① 「世界最終戦論」を展開していた関東軍参謀石原莞爾らは，奉天郊外の柳条湖で軍事活動を開始した。

② 日本の権益の集中する山東省に日本人居留民の保護を兼ねて3次にわたる出兵，いわゆる山東出兵を行った。

③ 対中国外交の刷新などを公約に掲げ圧勝した浜口雄幸は，中国

　　政策の改善にのり出し，日中関税協定を結び，中国の関税自主権
　　を認めた。
　④　関東軍は全満洲の主要地域をほぼ占領し，新国家建設の準備を
　　進め，清国最後の皇帝であった溥儀を執政として，満洲国の建国
　　を宣言させた。
問4　次の史料は，下線部(d)の終結の際に発表されたものの一部であ
　　る。発表した国としてあてはまらないものを，下の①〜④から1つ選
　　べ。

六，吾等ハ無責任ナル軍国主義カ世界ヨリ駆逐セラルルニ至ル迄
　ハ平和，安全及正義ノ新秩序カ生シ得サルコトヲ主張スルモノ
　ナルヲ以テ日本国国民ヲ欺瞞シ之ヲシテ世界征服ノ挙ニ出ツル
　ノ過誤ヲ犯サシメタル者ノ権力及勢力ハ永久ニ除去セラレサル
　ヘカラス　　　　　　　　　　　〈日本外交年表竝主要文書〉

---

①　アメリカ　　②　イギリス　　③　中国　　④　ソ連
問5　下線部(e)のころについての次のⅠ〜Ⅳの各文について，その正
　　誤の組合せとして正しいものを，下の①〜④の中から1つ選べ。
　Ⅰ　1951年には対日政策が転換され，ロイヤル陸軍長官の演説でア
　　メリカ政府の方針として正式決定された。この年の末にはGHQの
　　命令により政令201号で国家公務員法が改正され，官公庁労働者
　　は争議権を失った。
　Ⅱ　GHQは，第2次吉田内閣に対して，予算の均衡，徴税の強化，
　　金融機関による融資の制限，賃金の安定，物価の統制の五大改革
　　指令の実行を指令した。
　Ⅲ　1949年にアメリカドルを変動為替相場制にし，日本経済を国際
　　経済に直結させ，厳しい国際競争の中で輸出振興をはかろうとし
　　た。
　Ⅳ　朝鮮戦争が始まると，在日アメリカ軍が朝鮮に移動した後の軍
　　事的空白を埋めるために，GHQの指令で1950年に警察予備隊が新
　　設された。
　①　Ⅰ　誤　　Ⅱ　誤　　Ⅲ　誤　　Ⅳ　正

② Ⅰ　正　　　Ⅱ　誤　　　Ⅲ　正　　　Ⅳ　誤

③ Ⅰ　正　　　Ⅱ　正　　　Ⅲ　正　　　Ⅳ　誤

④ Ⅰ　誤　　　Ⅱ　正　　　Ⅲ　誤　　　Ⅳ　正

解答　問1　③　　　問2　②　　　問3　①　　　問4　④　　　問5　①

解説　問1　①　大日本帝国憲法第56条に「枢密顧問ハ……天皇ノ諮詢
ニ応ヘ重要ノ国務ヲ審議ス」とあり，天皇の最高諮問機関と位置
づけられた。　②　統帥権は内閣ではなく天皇に属した。
④　大日本帝国憲法はドイツの憲法を模範として制定された。ボ
アソナードは刑法・民法などを起草した。　問2　①　井上馨が
外相在任中の出来事。　③　日清戦争直前，陸奥宗光外相が調印。
④　井上馨外相により行われた。　問3　①　1931年。満洲事変
の発端となった。　②　山東出兵は1927～28年。　③　日中関
税協定は1930年に調印。　④　1932年に満洲国建国。
問4　資料はポツダム宣言。1945年にドイツのポツダムにおいて，
アメリカ大統領トルーマン・イギリス首相チャーチル(のちにアト
リー)・ソ連首相スターリンが会談し，中華民国の同意を得て，
米英中三国の名で発表された。ソ連は対日戦に参加したあと宣言
に加わった。　問5　Ⅰ　1951年が誤り。1948年である。
Ⅱ　五大改革ではなく経済安定九原則。　Ⅲ　変動為替相場制
ではなく固定為替相場制。このため，1ドル＝360円に設定され，
1971年に変動為替相場制になるまで続いた。

例題5

次の史料を読み，(1)～(5)に答えよ。

〔史料〕

第一条　向後日本大君と，亜墨利加合衆国と，世々親睦なるべし。

第四条　総て国地に輸入輸出の品々，別冊の通，日本役所へ運上を納
　　　　むべし。

第五条　外国の諸貨幣は，日本貨幣同種類の同量を以て，通用すべし。

第六条　日本人に対し，法を犯せる亜墨利加人は，亜墨利加コンシユ
　　　　ル裁断所にて吟味の上，亜墨利加の法度を以て罰すべし。

(1)　安政五年に調印された，この条約の名称を漢字で書け。

(2)　この条約には，日本にとって不平等な点が2つある。上の史料の中から関連する条項を示し，不平等な点を説明せよ。

(3)　明治維新後，新政府はすぐに条約改正の予備交渉を行うため，使節団を欧米に派遣した。その大使の名前を漢字で書け。

(4)　(3)の使節団に幼少ながら随行し，帰国後は我が国の女子教育に尽力したのは誰か，名前を漢字で書け。

(5)　この条約は，1911年の改正により，完全に平等な条約となった。この時の外務大臣の名前を漢字で書け。

解答　(1)　日米修好通商条約　　(2)　第四条…関税自主権がない　第六条…治外法権を認めている　　(3)　岩倉具視　　(4)　津田梅子　　(5)　小村寿太郎

解説　(1)　安政五年は西暦1858年。　　(2)　第四条の「別冊」は付属協定の貿易章程。この別冊では関税を日米の協定で定めたので関税自主権はなかった。第六条は「領事裁判権」でも可。条文の「コンシュル裁断所」が領事裁判所のことである。　　(3)　岩倉具視は王政復古に功があった公家。　　(4)　津田梅子は現在の津田塾大学の前身となる女子英学塾を設立した。

━━━━━━━━ **例題6** ━━━━━━━━

次の表は，第二次世界大戦以降の日本と世界のおもな出来事を古い順に並べたものである。表中の　Ⅰ　～　Ⅲ　の時期の出来事をア～ウの中から1つずつ選び，その組合せとして正しいものを，あとの①～⑤の中から1つ選べ。

日本と世界のおもな出来事
○アメリカ大統領トルーマンは，ソ連「封じ込め」政策の必要性を訴え（トルーマン＝ドクトリン），欧州復興援助計画（マーシャル＝プラン）に，東側諸国の参加も呼びかけた。

○中国の周恩来とインドのネルーが主導してアジア＝アフリカ会議がインドネシアのバンドンで開かれ，反植民地主義と平和共存をうたいあげた。

○ヨーロッパ経済共同体（ＥＥＣ）がヨーロッパ共同体（ＥＣ）に発展して，地域的結束が強化された。

○福田内閣は，日中平和友好条約を結び，日中共同声明の趣旨を条約として確認した。

ア　フランス大統領の提唱で，パリ郊外のランブイエに日本・アメリカ・イギリスなど6か国の首脳が集まり，先進国首脳会議(サミット)が開かれた。

イ　大韓民国を「朝鮮にある唯一の合法的な政府」と認める内容を含んだ日韓基本条約が締結されて国交が正常化し，漁業，そのほかの問題に関する諸協定もあわせて結ばれた。

ウ　アメリカ・イギリス・フランスなど12か国は，共産圏に対抗するための集団安全保障機構として，北大西洋条約機構(NATO)を結成した。

	Ⅰ	Ⅱ	Ⅲ
①	イ	ウ	ア
②	イ	ア	ウ
③	ア	イ	ウ
④	ウ	イ	ア
⑤	ウ	ア	イ

解答　④

解説　「トルーマン＝ドクトリン」は1947年に出され，「マーシャル＝プラン」は，1948年から1951年まで実施された。ウの「北大西洋条約機構(NATO)」は1949年に結成されており，Ⅰの時期には，これが該当する。「ネルー＝周恩来会談」は1954年の出来事。イの「日韓基本条約」は，1965年に日本の佐藤栄作政権と韓国の朴正熙政権との間で調印されており，Ⅱの時期には，これが該当する。「ヨーロッパ共同体(EC)の成立」は1967年，「日中平和友好条約」は1978年のこと。アの「第一回先進国首脳会議(サミット)」は1975年であり，Ⅲの時期にはこれが該当する。

中学公民　現代の民主政治

ポイント

　学習指導要領で，中学公民分野の内容は，「市場の働きと経済・国民の生活と政府の役割」「人間の尊重と日本国憲法の基本的原則・民主政治と政治参加」，「世界平和と人類の福祉の増大・よりよい社会を目指して」という経済・政治・国際の３つを柱に構成され，その序論として「現代社会をどうみるか」という問題提起的なテーマが設定されている。新課程の教科書もこの学習指導要領と解説に沿って編集される。したがって教員採用試験も，こうした中学公民の教科書で扱われるテーマや事項に重点を置いて出題されよう。経済分野では，マクロ経済で扱われる企業と市場原理，GDPなどの国民経済計算，金融の仕組み，税制を含む財政分野，消費者問題，産業や貿易統計からの判別問題などが重点になる。とくに不慣れな経済用語には日頃から注意を払いたい。政治分野では憲法が中心となる。特に統治機構である国会・内閣・裁判所や選挙制度，地方自治制度は出題頻度が高い。裁判員制度や憲法改正についての国民投票法についても注意したい。国際問題では国連の役割－安保理の機能や専門機関やNPTなど核を巡る課題などがポイントになる。総会や安保理での表決方法など細かいことにも注意をしておきたい。準備に地図帳は必携である。戦後日本の外交史も概略を押さえておこう。現代社会の課題では，少子高齢化社会，情報化社会，温暖化などの地球規模の環境問題などが必須のテーマになろう。準備には，実際に使用されている教科書を手にとって読みとおすこと，過去問・類題を数多くこなして力をつけること。時事問題対策は新聞報道の政治・経済・国際欄には必ず目を通しておく。受験地域に応じた対策は，都道府県の広報紙や教育・環境などでの重点施策に気をつけておきたい。倫理分野は範囲は多岐にわたるが，青年心理や思想史の概略がほとんどである。学習指導要領は本編はもちろん，しばしば解説

からも出題されるので，解説もしっかり読みこんで準備しておきたい。何よりも大事なことは，「教壇に立つ！」という強い意志である。

□**社会契約説**　国家は自然状態にあった個人との契約で成立したとする政治理論。思想家によって内容が異なる。

	ホッブズ(英)	ロック(英)	ルソー(仏)
自然状態	「万人の万人に対する闘争状態」	平和な状態	完全に平和な状態
契約内容	個人は生命を守るために自然権を君主に全面的に譲渡	紛争を避けるために自然権の一部を議会に信託	全ての自然権を一般意志に基づいた共同体に委譲
主　張	絶対王政を擁護	抵抗権(革命権)の主張	人民主権による直接民主制の主張
著　書	『リヴァイアサン』	『市民政府二論(統治二論)』	『社会契約論』
影　響		名誉革命・アメリカ独立革命	フランス革命

□**市民革命**　17世紀から18世紀にかけて欧米で起こった，市民(ブルジョワジー)による革命のこと。絶対王政または封建制が倒され，市民社会の成立をもたらした。

	名誉革命	アメリカ独立革命	フランス革命
年　代	1688～89年	1775～83年	1789～99年
結　果	イギリスで専制的な国王が追放され，新国王が議会の優位性を確認	イギリスから13植民地が独立，三権分立などを規定した近代国家が誕生	ブルボン朝の封建的支配が倒されたが長く混乱，ナポレオンの権力掌握で終了
文　書	権利章典 (1689年)	アメリカ独立宣言 (1776年)	フランス人権宣言 (1789年)
起　草	イギリス議会	ジェファーソン	ラファイエット
内　容	国王権力の制限，言論の自由，請願権の保障	革命権に基づく独立の正当性の主張，自然権の確保	個人の自由と平等，抵抗権の容認，私有財産の不可侵

□日本国憲法の基本原理

国民主権（主権在民）		
基本的人権の保障 （公共の福祉の制約 をうける場合もある）	平等権	
	自由権：精神の自由・身体の自由・経済の自由	
	請求権	
	社会権：生存権・教育を受ける権利・労働基本権	
	参政権	
平和主義		

□**新しい人権**　憲法に明文の規定はないが，社会の変化に伴って保護する必要があると考えられるようになった諸権利の総称。現行の憲法の条文を根拠としたり，憲法改正によって明記を目指すなど，確立をめざす様々な動きがある。

環　境　権	人間が生存するのに必要な環境を享受する権利。 高度経済成長期の公害問題を背景に主張。 日照権や静穏権，眺望権や嫌煙権など様々な内容の総称。 憲法の幸福追求権(第13条)や生存権(第25条)などが根拠。
プライバシー の権利	私的生活をみだりに公開されない権利。 自己の情報をコントロールする権利。 情報化社会の発達を背景に主張。 憲法の幸福追求権(第13条)などが根拠。
知　る　権　利	行政機関などが有する情報を公開によって知る権利。 情報化社会や政治的関心の高まりなどを背景に主張。 表現の自由(第21条)が根拠。
アクセス権	マスメディアなどを通じて自分の意見を主張する権利。 情報の氾濫や一方通行の状況を背景に主張。 表現の自由(第21条)が根拠。

□**国会の地位**

> 国会は，国権の**最高機関**であつて，国の唯一の**立法機関**である。

※日本国憲法第41条。

　国会中心立法の原則…国会以外の機関は法律を制定できない。

　国会単独立法の原則…立法過程において，他の機関の干渉を受けない。

※例外に地方特別法制定への住民投票，憲法改正への国民投票，最高裁の規則制定権など。

□国会の種類

種　類	回　数	召　集	会　期	議　題
常会 (通常国会)	毎年1回	1月中に召集	150日間	翌年度予算の審議が中心
臨時会 (臨時国会)	不　定	内閣が必要と認めたとき，いずれかの議院の総議員の$\frac{1}{4}$以上の要求があったとき	両院一致の議決	
特別会 (特別国会)	不　定	衆議院解散による総選挙から30日以内	不　定	内閣総理大臣の指名が中心
緊急集会 (衆議院解散中, 参議院のみ) 1952年と53年に召集令	不　定	衆議院の解散中に緊急の必要が生じた場合に内閣が請求	不　定	国政上緊急に必要な議事

□内閣と行政機構

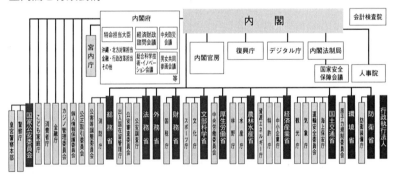

□消費者庁　2009年9月に発足した行政機構。製品・食品などの「安全」，商品・金融などの「取引」，「表示」など，消費者の安全安心にかかわる問題を幅広く所管し，情報の一元的収集・分析・発信，企画立案，法執行などの機能を有し，消費者行政全般についての司令塔として位置づけられるものである。消費者庁の創設は，消費者・生活者の視点に立つ行政への転換の象徴であり，消費者に安全安心を提供すると同時に，ルールの透明性や行政行為の予見可能性を高め，産業界も安心

して，新商品や新サービスを提供できる消費者行政を目指す。

□**復興庁**　2012年2月10日設置。東日本大震災の壊滅的な被害を被った被災地の支援および迅速な復興を目的としている。発足時は2021年3月31日までという設置期限が設けられていたが，引き続き被災地支援に取り組む必要があるとして，2031年3月31日に延長された。

□**個人情報保護委員会**　個人番号その他の特定個人情報の有用性に配慮しつつ，その適正な取扱いを確保するために必要な措置を講ずることを任務とし，特定個人情報の取扱いに関する監視・監督，情報保護評価に関すること，特定個人情報の保護についての広報・啓発，これらの事務のために必要となる調査・研究及び国際協力等を行う。

□**デジタル庁**　2021年9月1日設置。デジタル社会形成の司令塔として，未来志向のDX(デジタル・トランスフォーメーション)を大胆に推進し，デジタル時代の官民のインフラを今後5年で一気に作り上げることを目指す。

□**こども家庭庁**　内閣府の外局として2023年4月1日に発足した政府機関。子どもの権利保障や福祉向上を実現するため，これまで内閣府や厚生労働省が担っていた事務の一元化を図ることを目的としている。

□**国際連盟と国際連合**

	国　際　連　盟	国　際　連　合
発　足　年	1920年	1945年
成立過程	第一次世界大戦後，ウィルソン米大統領の提唱に各国が賛同し，パリ講和会議で国際連盟規約に署名	第二次世界大戦中の米英首脳による大西洋憲章で提唱，いくつかの会議を経てサンフランシスコ会議で国際連合憲章を採択
本　　　部	ジュネーヴ	ニューヨーク
表　決　手　続	全会一致	多数決
制　裁　措　置	経済制裁のみ	経済制裁に加え，軍事制裁も可能
日本の参加	発足時から加盟，常任理事国，満洲事変の件で対立し脱退通告(1933年)	日ソ共同宣言によってソ連との国交を回復した直後に加盟(1956年)

☐**裁判所の種類**

最高裁判所	終審裁判所。東京。大法廷と小法廷に分かれ，憲法判断は大法廷で行われる。訴訟の手続きや裁判所の規律を決める規則制定権を有する。
高等裁判所	通常事件の第二審(控訴審)を扱う。全国に8ヵ所。
地方裁判所	通常事件の第一審を扱う。全国に50ヵ所。
家庭裁判所	家庭事件の調停や審判，少年事件を扱う。地裁と同数。
簡易裁判所	訴額の小さい民事事件や軽微な刑事事件の第一審を扱う。全国に438ヵ所。

(1) 違憲立法(法令)審査権

　　国会で制定された法律や，内閣の政令や省令などが，憲法に適合しているかどうかを審査する権限。下級審も権限をもつが，最高裁判所は最終的な判断を下すことから「憲法の番人」と呼ばれる。

(2) 三審制

　　裁判を慎重に行うことによって誤審を防ぎ，人権保障を確実にするためのしくみ。控訴と上告により3回まで裁判が受けられる。

☐**裁判員制度**　殺人などの重大事件について，民間(選挙人名簿)からくじで選ばれた6人の裁判員が職業裁判官3人とともに裁判に加わる制度。国民の司法参加をめざす制度で，2009年から実施された。裁判員は評議の上で裁判官と対等の権限をもち，証人への質問もできる。量刑(刑罰の決定)は過半数で決まるが，裁判員・裁判官のそれぞれ1人以上が賛成していなければならない。

━━━━━ 例題1 ━━━━━

次の各問いに答えよ。

(1) 地方自治法における直接請求の規定についての記述として誤っているものをア～エから1つ選び，記号で答えよ。

　ア　住民は，有権者の50分の1以上の署名によって条例の制定・改廃請求ができ，その決定は住民投票によって行われる。

　イ　住民は，有権者の50分の1以上の署名によって監査委員に対し

　　て監査請求ができ，監査委員は監査を行い，その結果を公表する。

　ウ　住民は，有権者の3分の1以上の署名によって首長・議員の解職
　　　請求ができ，その決定は住民投票によって行われる。

　エ　住民は，有権者の3分の1以上の署名によって地方議会の解散請
　　　求ができ，その決定は住民投票によって行われる。

(2) 日本の国または地方公共団体の行政に対する監視のしくみについ
　　て誤っているものをア〜エから1つ選び，記号で答えよ。

　ア　情報公開制度は，国民が公権力に対して自己の欲する情報の開
　　　示を請求することができるという制度であり，国民の行政監視の
　　　前提となる。

　イ　オンブズマン制度は，行政の運営を公正・中立の立場から監視
　　　するための制度であり，行政の腐敗を防止する機能をもつ。

　ウ　国政調査権は，各議院が行政に対して行った調査の結果を国民
　　　の前に明らかにして，国民の政治判断の前提資料を提供する機能
　　　をもつ。

　エ　違憲審査権は，裁判所が行政府の命令や処分などをチェックす
　　　ることから，法原理機関による行政府への監視という機能をもつ。

解答　(1)　ア　　(2)　ウ

解説　(1)　条例の制定・改廃請求はできるが，住民投票の結果に法的拘
　　　束力がないためにそれによって制定・改廃の議決を行うことはで
　　　きない。首長が議会にかけ，その結果を公表する。　(2)　国政調
　　　査権は，各議院がその職責を有効に果たすために必要な情報の取
　　　得を目的として行うことが認められている調査機能である。国民
　　　の政治判断の前提資料を提供する機能ではない。

━━━━━━━━━ **例題2** ━━━━━━━━━

次の各事項のうち，国会の権限にあてはまるものをすべて選べ。

　ア　予算の作成　　　　　　　　　イ　内閣総理大臣の指名
　ウ　天皇の国事行為への助言と承認　エ　条約の締結
　オ　最高裁判所長官の指名　　　　カ　違憲立法審査権の行使
　キ　憲法改正の発議　　　　　　　ク　栄典の授与

ケ　条約の公布　　　　　　　コ　法律の制定

解答 イ・キ・コ

解説 憲法で規定されている三権の権限はしっかり覚えておきたい。なお，ア・ウ・エ・オは内閣の権限，カは裁判所の権限，ク・ケは天皇の国事行為である。

例題3

次の各問いに答えよ。

(1) 裁判所の違憲審査に関連して「統治行為論」という考え方がある。その内容を説明せよ。

(2) 違憲か否かを判断する際に，「二重の基準(ダブル＝スタンダード)」，すなわち表現の自由に対する規制立法は，経済的自由に対するそれよりも厳格な基準で審査されなければならないという考え方がある。このような考え方がとられるのはなぜか，その理由を説明せよ。

(3) 行政訴訟において違憲判決が下された場合，社会的混乱を避けるために「事情判決」という手法がとられる。これについて実際に裁判で採用された例をあげて説明せよ。

解答 (1) 〈解答例〉高度に政治的な判断が必要な場合には，立法府・行政府ひいては国民の政治判断に委ねて，司法審査の対象とはしないこと。　(2) 〈解答例〉公共の福祉による制限について，表現の自由を含む精神的自由は妨害されると回復力も失いやすいという脆弱性をもつので，明白かつ現在の危険という厳格な基準が要求されるのに対し，経済的自由は合理性の基準という緩やかな審査で十分とされているから。　(3) 〈解答例〉衆議院議員定数訴訟において，違憲であっても，選挙の効力については選挙全体を無効にすることによって生じる社会的な混乱を回避するため，取り消しの請求を却下する事情判決が行われた。

解説 (1)は最高裁の砂川事件判決(1959年)と苫米地事件判決(1960年)，(3)は1976年・1985年の最高裁判決。

■■■■■■■■■■ **例題4** ■■■■■■■■■■

次の各文の( )にあてはまる適語をあとの語群より1つずつ選び，記号で答えよ。

(1) 法とは，社会の秩序を維持するために(1)によって人々に強制された，人間行動や社会生活上の規範である。

(2) 法には，(2)だけでなく，慣習法や判例法などがある。

(3) 道徳も人間の行動を律するものであるが，それは(3)によって支えられている。

(4) イギリスでは，17世紀の初め，裁判官(4)が「(5)は何人の下にも立つことはない。しかし，(6)と法の下には立たなければならない。」という(7)の言葉を引用して，法の支配を主張した。

〔語群〕 ア 成文法　　イ 神　　ウ 人民　　エ ブラクトン
　　　　 オ 権力　　カ 良心　　キ 王　　　ク 戒律
　　　　 ケ ペイン　コ エドワード＝コーク　サ 不文法

解答 1 オ　2 ア　3 カ　4 コ　5 キ　6 イ
　　　 7 エ

解説 法の支配に関する設問である。　2 アメリカ合衆国の裁判所で認められている「違憲立法審査権」は，判決の積み重ねの中で形作られた判例法である。　3 ドイツの法学者イェリネックは「法は最小限の道徳である」と説いた。　4～7 エドワード＝コーク(1552～1634)は絶対主義を進める国王ジェームズ1世に対して，13世紀の裁判官ブラクトンの言葉を引用し，法の支配を主張した。

■■■■■■■■■■ **例題5** ■■■■■■■■■■

日本の選挙制度について，次の(1)～(3)に答えよ。

(1) 日本の比例代表選挙における議席配分はドント式を採用している。次の表のような得票数の場合，それぞれの政党の獲得議席数を書け。なお，有効投票数は40,000票，定数は10とする。

政 党 名	A党	B党	C党	D党
得 票 数	20,000	11,000	7,000	2,000

(2)　現在の選挙の四原則のうち,「普通選挙」以外の3つの原則を書け。

(3)　公職選挙法のもとでは, 当選人を決めるに当たって得票数が同数だった場合, どのような方法で当選人を決定するか, 書け。

| 解答 | (1)　A党－5　　B党－3　　C党－2　　D党－0　　(2)　平等選挙・秘密選挙・直接選挙(順不同)　　(3)　選挙長がくじで定める

| 解説 | (1)　ドント式の計算法はよく出題されるので覚えておきたい。各党の得票数をそれぞれ1, 2, 3, 4…と続く整数で割っていき, 商の大小に従って議席を配分する。本問の場合は次のようになる。なお, 商は小数点以下を四捨五入した。

	A	B	C	D
÷1	20,000	11,000	7,000	2,000
÷2	10000	5,500	3,500	1,000
÷3	6,667	3,667	2,333	667
÷4	5,000	2,750	1,750	500
÷5	4,000	2,200	1,400	400
獲得議席数	5	3	2	0

(3)　公職選挙法第95条第2項に定められており, くじ引きが行われた例もある。

例題6

我が国の司法制度について, 次の(1)・(2)の問いに答えよ。

(1)　次の(①)～(④)にあてはまる語句を書け。

　(①)制度は, 重大な(②)事件ごとに, 有権者の中からくじ引きで選ばれた一般市民である(①)が, (②)裁判の審理に参加し, 裁判官と協力して, 判決の内容を決める制度である。

　また, (③)が, ある事件について不起訴の処分をした場合に, 被害者などから不服の申し立てがあると, 有権者の中からくじ引きで選ばれた一般市民で構成される(④)で不起訴処分の是非を審査する制度がある。

(2)　公正な裁判を行うために, 日本国憲法第82条に定められているも

のは何か，書け。

解答 (1) ① 裁判員　②　刑事　③　検察官　④　検察審査
会　(2)　裁判の公開

解説 (1)　法改正により，検察審査会が起訴相当の判断を下した事件に
ついて，また検察官が不起訴処分にした時，再度検察審査会が起
訴相当と判断した場合は起訴されることになった。　(2)　国会や
政府などから裁判に圧力をかけられることのないよう，公平な裁
判を保障するためである。

━━━━━━━━ **例題7** ━━━━━━━━

次の各問いに答えよ。

問1　司法権の独立を守るため，裁判官は特別な身分保障を与えられて
いるが，裁判官を辞めなければならない場合として適切でないもの
はどれか。次のア〜エから1つ選び，記号で答えよ。

ア　弾劾裁判により，罷免の判決を受けた場合。

イ　分限裁判により，心身の故障で職務が不可能と判断された場合。

ウ　最高裁判所の裁判官について，国民審査で罷免された場合。

エ　行政機関による懲戒処分が行われた場合。

問2　表現の自由に関する記述として適切でないものはどれか。次のア
〜エから1つ選び，記号で答えよ。

ア　表現の自由を守るため，検閲は禁止されている。

イ　公務員が政治的な事柄について表現をする自由は，政治的中立
の立場から制限されている。

ウ　人間にとって表現することは，その人の個性を表す重要なこと
なので，表現の自由は制約を受けることはない。

エ　表現の自由は，知る権利の根拠の一つとなっている。

解答　問1　エ　　問2　ウ

解説　問1　日本国憲法第78条により，行政機関による裁判官の懲戒は
禁止されている。　問2　ウの表現の自由も，プライバシーの権
利や肖像権などによって制約を受けることがある。なお，アの検
閲は，憲法第21条第2項で禁止されている。イの公務員は，憲法

第15条第2項で「全体の奉仕者」と定められている。エの表現の
自由は，情報の受け手側からとらえた権利として理解されている。

例題8

行政機構改革について述べた次の各文X～Zについて，正誤の組合せ
として正しいものを，下のア～オから1つ選び，記号で答えよ。

X　中曽根康弘内閣の下で，1981年に設置された第二次臨時行政調査
　会の答申に基づいて，国鉄や電電公社，日本道路公団の民営化が行
　われた。

Y　2001年の中央省庁改革で1府22省庁が1府12省庁に再編され，環
　境庁と防衛庁が各々，環境省と防衛省に昇格した。

Z　2008年には国土交通省の下に観光庁，2009年には内閣府の外局と
　して消費者庁が創設された。

　　ア　X－正　　Y－正　　Z－誤
　　イ　X－正　　Y－誤　　Z－誤
　　ウ　X－誤　　Y－誤　　Z－正
　　エ　X－誤　　Y－正　　Z－正
　　オ　X－誤　　Y－誤　　Z－誤

解答　ウ

解説　X　日本道路公団の民営化は小泉内閣時代の2000年代のこと。中
　曽根内閣では専売公社の民営化が実現した。　Y　防衛庁の省へ
　の昇格は2007年のこと。　Z　スポーツ庁やデジタル庁も発足し
　た。復興庁は当初は2020年度に廃止予定だったが，2030年度ま
　で延長されることとなった。

中学公民　国民生活と経済

ポイント

　「国民生活と経済」では，戦後から最近までの経済について問うものが多く見られた。終戦後の経済改革，高度経済成長，石油ショックからバブル経済とその崩壊，そして時事まで一通り学習し，流れをつかんでおくことが必要だろう。

　もちろん，その他の分野も疎かにしてはならない。経済学の諸学説や市場経済の機能，景気や通貨制度のしくみ，財政や金融，国際経済，消費者問題まで広範囲にわたって出題がなされているので，要所をしっかりとおさえながら全般的に学ぶことが求められる。

　また，地球環境に関係した問題も少なからず出題されている。それは地球環境と経済が密接に関係するからであり，資源やエネルギーの生産と課題，我が国への供給の状況，環境問題への国際的な取り組みなどについても学習しておくことを忘れないようにしたい。

　出題の形式については，経済の分野らしく，表やグラフなど統計資料を用いたものが多い。資料を提示して数値を出すことを求める設問も多いので，資料の活用方法，及び解答に必要な程度の数学の知識も身につけておこう。

□**(神の)見えざる手**　「経済学の父」とよばれるアダム＝スミスの言葉。市場では価格の変動によって商品の需要と供給の最適な量が調整されて決まる機能があることを説き，これを「見えざる手」が働いていると形容した。この考え方に基づき経済活動の**自由放任主義**(レッセ＝フェール)を主張した。主著は『諸国民の富(国富論)』。

□**比較生産費説**　古典派経済学者のリカードの学説。自国内で得意な産業の生産に特化(専門化)し，作った製品を輸出して不得意な産業の製品を輸入することを各国が行えば，全体の利益につながると説いた。彼はこの学説に基づいて自由貿易を主張した。主著は『経済学及び課税の原理』。

□『人口論』 イギリスの古典派経済学者マルサスの主著。この中で，**食糧は算術級数的**(1, 2, 3, 4…)にしか増えないのに，**人口は幾何級数的**(1, 2, 4, 8…)に増えることが貧困の原因だと述べた。その上で，彼は道徳的な人口抑制策が必要だと主張した。

□**最大多数の最大幸福** 思想家ベンサムが確立した**功利主義**の特徴を簡潔に言い表した言葉。社会全体の利益はその社会を構成している個々の成員の総和であるという内容で，ベンサムはこれを倫理や立法の原理にすべきと主張した。この考え方は経済学にも導入された。

□**有効需要** 経済学者ケインズの言葉で，購買力をともなう消費や投資のこと。政府が公共投資などを盛んにして**有効需要**を増大させれば，**完全雇用**が実現されるだろうと説いた。世界恐慌後のアメリカで行われた**ニューディール政策**には，この考えが取り入れられた(修正資本主義)。ケインズの主著は『雇用・利子及び貨幣の一般理論』。

□**景気変動** 資本主義経済では見込み生産が行われるため，社会全体の需要と供給に不均衡が生じ，**好況→後退→不況→回復**，という4局面が周期的な循環となって現れること。

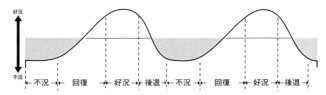

□**恐慌** 景気の後退が急激かつ大規模に起こる現象。物価の急落や失業者の急増をもたらし，経済全体が大きな混乱状態に陥る。歴史上最も有名なのは，1929年のニューヨーク・ウォール街での株価大暴落が発端となった世界大恐慌。アメリカでは4人に1人が失業した。

□**景気変動の波**

名　称	周　期	原　因
キチンの波	約40ヶ月	在庫投資の増減
ジュグラーの波	約8～10年	設備投資の増減
クズネッツの波	約17～20年	建築投資の増減
コンドラチェフの波	約50～60年	画期的な技術革新

□**管理通貨制度** 中央銀行や政府が一国の通貨発行量(マネーサプライ)を決定する制度。経済事情に応じて通貨の量をコントロールできるという利点がある。1930年代に金本位制度の崩壊をうけて各国で採用されるようになった。この制度下では，金との交換はできない不換紙幣が発行される。

□**金本位制度** 一国の通貨発行量が金の保有量によって決まる制度。金と交換が可能な兌換紙幣が発行される。通貨の価値基準が一定量の金と等価であるため，通貨への信用が高まったが，経済の変動が生じても通貨の量を調節することは難しいという欠点があった。1930年代に崩壊。

□**変動相場制度** 為替レートを，外国為替市場の需給により自由に変動させる制度。「フロート制」とも呼ぶ。

□日本銀行の金融政策

<金利操作>

	不況	**好況**	
貸出資金の増加 ⇦	引き下げ	引き上げ	⇨ 貸出資金の減少

<公開市場操作>

	不況	**好況**	
市場資金の供給 ⇦	買い	売り	⇨ 市場資金の吸収

<預金準備率操作>

	不況	**好況**	
貸出資金の増加 ⇦	引き下げ	引き上げ	⇨ 貸出資金の減少

> ※かつての公定歩合は「基準割引利率および基準貸付利率」に名称変更。現在の金利政策は金融機関同士の短期融通の利率の目安となる政策金利の操作である。

□財政の機能

資源配分機能	通常の市場機能では供給されにくい公共財や公共サービスなどを政府が供給し，資源の適正な配分を行うこと。

所得再分配機能	所得の不平等を是正するため，政府が高所得者から低所得者に所得の移転を行うこと。具体的には累進課税制度を活用して高所得者により多くの税金を課し，これを生活保護や失業保険などの社会保障制度を通じて低所得者に再分配するようなことが行われている。
景気調節機能	①自動安定化装置…ビルト＝イン＝スタビライザーともいう。財政構造そのものに組み込まれた，自動的に景気を安定化させる仕組み。具体的には累進課税制度が景気の過熱を抑え，社会保障制度が景気の後退を防ぐが，その効果はさほど大きくないとされている。 ②補整的財政政策…フィスカル＝ポリシーともいう。景気の動向に応じて，増税・減税，財政支出の拡大・削減を使い分ける裁量的な財政政策のこと。

□租税の種類

		直接税	間接税
国　税		所得税・法人税・相続税	消費税・酒税・たばこ税
地方税	道府県税	住民税(道府県民税)事業税・自動車税	地方消費税・軽油取引税・ゴルフ場利用税
	市町村税	住民税(市町村民税)固定資産税・軽自動車税	入湯税

※**直接税**…納税者と担税者(＝実際に税を負担する者)が同じ。

　間接税…納税者と担税者が異なる。

□**消費者の権利**　1962年，アメリカのケネディ大統領は消費者に認められるべき4つの権利を宣言。企業が一方的に製品の生産・値段を決めるのではなく，消費者の方によりよい商品を選び，より適正な価格を決定する最終的な権限があるとする消費者主権の考えに基づくもの。

□**消費者保護のための法制**

・安全を求める権利	・選ぶ権利
・知らされる権利	・意見を反映させる権利

例題1

次の文章を読んで，各問いに答えよ。

　我が国の社会保障制度は，憲法第(　①　)条の規定に基づいて整備さ

れている。四つの基本的な柱とされているのは, (a)<u>公的扶助</u>, 社会保険, 社会福祉, (②)である。

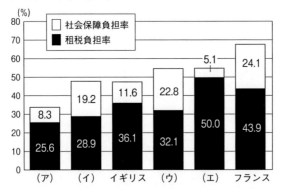

諸外国における国民負担率 (対国民所得比) の内訳の比較
(財務省資料より作成)

(1) 文章中の(①), (②)にあてはまる数字と語句を書け。

(2) 下線部(a)のために, 我が国で1946年に制定され, 1950年に現行の憲法の下で改定された法律は何か答えよ。

(3) 上の図は, 国民の社会保障負担率と租税負担率を国際比較したもので, (ア) ～ (エ)はアメリカ合衆国, スウェーデン, ドイツ, 日本のいずれかである。このうちから日本に該当するものを1つ選び, 記号で答えよ。

(4) 福祉社会の考え方の一つである「ノーマライゼーション」とはどういう意味か説明せよ。

解答 (1) ① 25 ② 公衆衛生 (2) 生活保護法 (3) (イ)
(4) 高齢者や障害者を特別視して差別することなく, 健常者とともに社会に参加し, 行動できるようにすべきであるという福祉の考え方。

解説 (1) 日本国憲法第25条は「生存権, 国の社会的使命」を定めている。 (2) 公的扶助とは, 健康で文化的な最低限度の生活を維持するだけの所得のない者に, 生活維持に不足する分を給付する制度で, 費用は国と地方公共団体が全額負担している。1990年代後半の不況の深刻化以来, 高齢化も伴って給付世帯数は急速に増加

しつつある。　(3)　国民所得に対する租税負担率＋社会保障負担率を国民負担率という。(ア)はアメリカ合衆国，(ウ)はドイツ，(エ)はスウェーデン。　(4)　北欧で生まれた用語で，バリアーのない日常生活でのノーマライゼーションと，住み慣れた地域社会で，他の住民とともに生活していけるような社会のあり方がノーマルであるという二つの意味をもつものとして使われる。

$$\blacksquare\blacksquare\blacksquare\ 例題2\ \blacksquare\blacksquare\blacksquare$$

公民的分野の授業で市場経済の基本的な考え方について理解するための授業をおこなうことにした。次の文を読みあとの各問いに答えよ。

> 　次の図は，市場経済における価格の決定の仕組みを説明するためのグラフである。生徒にこのグラフの説明をするために次のような内容を考えた。
> 　「モノの価格は，そのモノの作られる量と，欲しい量によって決まる。モノを欲しいと思う人は，価格が安いと多く買うが，価格が高いと買いにくくなる。モノを作る人は，価格が安いとあまり作ろうと思わないが，価格が高いとたくさん作ろうとする。価格はこの2つの働きによって，自然に決定されていく。」

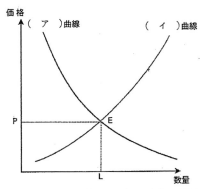

問1　グラフ中の(　ア　)・(　イ　)にあてはまる語を漢字で答えよ。

問2　グラフ中のP点は「(　　)価格」と言う。(　　)にあてはまる漢字2字を答えよ。

問3　下線部について，このことをアダム＝スミスは，神の「見えざる手」と表現したが，そのことが書かれている書物の題名を漢字で答えよ。

問4　下線部が成り立つのは健全な市場経済の場合である。市場経済において，同種産業の複数の企業が手を結んでその独占を図ろうとする形態には，カルテル，トラスト，コンツェルンがあるが，その内，カルテルとトラストについて，その違いが明確になるように説明せよ。

問5　市場経済において，円滑かつ公平な競争が行われているかを監視する機関を何と言うか。漢字で答えよ。

問6　生徒からの「でも，昔に比べるとモノの価格は上がっていますよね？それはなぜですか？」という質問に対する回答を，生徒に説明する前提で，次の用語をすべて用いて述べよ。

> 市場規模・賃金・設備投資

解答　問1　ア　需要　　イ　供給　　問2　均衡　　問3　国富論
問4　カルテル…企業が独立性を保ったまま協定を結ぶこと。
トラスト…企業が独立性を捨てて合併すること。　　問5　公正取引委員会　　問6　産業が発展したり，人口が増えたりすると，市場規模が大きくなる。企業は設備投資にお金がかかるだけでなく，労働者の賃金も上げていくことになるから，モノの価格を上げないといけなくなる。

解説　問1　ア　需要曲線は，財の価格と需要量との関係を示す曲線のこと。一般的に，価格が安くなるほど財の需要は大きくなるため，需要曲線は右下がりの曲線となる。　　イ　供給曲線は，財の価格と供給量との関係を示す曲線のこと。一般的に，価格が高くなるほど財の生産を増やせるため，供給曲線は右上がりの曲線となる。
問2　需要曲線と供給曲線の交点を均衡点といい，これは需要と供給が一致した市場価格を表す。競争市場において，価格はおのずと均衡価格に近づくが，これを価格の自動調節(調整)機能という。　　問3　アダム・スミスは，個人が自由に競争することで社

会は繁栄するとし，レッセフェール(自由放任主義)を主張した。
そして，市場経済の自動調節機能を神の「見えざる手」にたとえ，
重商主義的な産業保護制度を批判した。なお，『国富論』は，正
しくは『諸国民の富の性質と原因に関する研究』という。

問4　カルテル(企業連合)とは，価格や販売量，販売地域などに
ついて企業間で協定を結ぶこと。公共事業の競争入札をめぐる談
合も，その範疇に入る。現在，わが国の独占禁止法では，カルテ
ルは全面的に禁止されている。また，トラスト(企業合同)は，資
本の結合を軸にした独占的な企業結合のことをいう。コンツェル
ンは，トラストの発展的な形態とされる。　問5　日本では，独
占禁止法を実施する行政機関として，公正取引委員会が内閣府の
外局として設置されている。準司法的機能を有することから，合
議制の行政委員会となっている。　問6　市場規模が大きくなれ
ば，その分生産を拡大することになる。生産力の増強に，設備投
資は欠かせない。そうなると，労働者の確保・増員が必要となり，
そのため賃金も上昇することになる。

例題3

次の図は，金融市場における資金の流れを示している。図の説明文中
の(ア)～(カ)にあてはまる語句の正しい組合せを選べ。ただし，
同じ記号には同じ語句が入る。

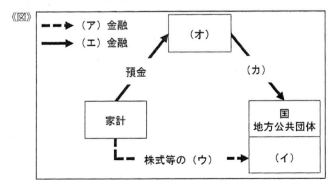

≪説明文≫

> 図中(ア)金融では，投資家が投資先である(イ)などの株式等を(ウ)する。また，(エ)金融では，(オ)が預金者から集めた預金を(イ)などに(カ)を行う。

	ア	イ	ウ	エ	オ	カ
①	直接	企業	売却	間接	銀行	借り入れ
②	間接	企業	購入	直接	銀行	貸し出し
③	直接	銀行	購入	間接	企業	借り入れ
④	間接	銀行	売却	直接	企業	借り入れ
⑤	直接	企業	購入	間接	銀行	貸し出し

解答 ⑤

解説 ア 社債の発行による資金調達も直接金融の例。 イ 一般的に，企業とは株式会社などの営利企業を指す。 ウ 家計は企業に資本を提供し，その見返りとして配当や利子を得る。 エ 銀行を介在して資金が融通されるから間接金融。 オ 預金の受け入れを行わずに資金の貸し出しを行う金融機関もあり，ノンバンクと呼ばれている。 カ 銀行は国債や地方債も購入している。

━━━━━━━ **例題4** ━━━━━━━

右図は，経済活動の一部を図式化したものである。次の(1)〜(3)の問いに答えよ。

(1) 図中の税金に関して，所得税や法人税は，社会保障制度との組合せによって，景気を自動的に調整する機能をもっている。このような財政上の機能を何というか答えよ。

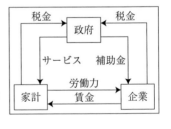

(2) 図中の賃金に関して，勤続年数や年齢によって上昇していく賃金制度を何というか答えよ。

(3) 図中の企業に関して，最近，企業の社会的責任を果たすための社会貢献の一環として文化・芸術を支援する活動に力を注ぐ企業もあ

る。こうした活動を何と呼ぶか答えよ。

解答 (1) ビルト・イン・スタビライザー　　(2)　年功序列型賃金
(3)　メセナ

解説 (1) ビルト・イン・スタビライザーとは，好況期には税収が増え，また雇用保険給付などの社会保障給付が減少することで，社会全体の急激な有効需要増にブレーキがかかり，不況期には逆に税収は減少し，社会保障給付が増加して有効需要の急激な減退を抑えられるという，財政の仕組みに組み込まれた景気の自動安定装置をいう。　　(2)　年功序列型賃金は終身雇用制と一体となって，わが国の雇用慣行の大きな特徴であったが，1990年代以降の派遣労働，パート・アルバイト労働などの非正規雇用の急増や成果主義の導入によって次第に崩れてきている。　　(3)　メセナとは一般に，企業などによる経済的に成り立ちにくい芸術活動の支援を意味する。わが国でも，1990年に企業メセナ協議会が発足し，参加企業の寄付金がこの組織を通じて配分されるシステムがとられるようになった。また，個別に文化助成団体を設立している企業もある。このほか，企業が主体となって行う寄付，チャリティ・コンサートの開催や，従業員によるボランティア活動への参加など，企業による公益活動や非営利活動をフィランソロピーという。

例題5

次の文を読んで，あとの(1)〜(5)の問いに答えよ。

　民間の経済部門が保有している通貨の量を（　①　）という。その増減は経済に大きな影響を与えるため，適切な水準に保つ必要がある。その役割を担うのが(a)中央銀行である。

　中央銀行は(b)金融政策により通貨量の調節を行うが，どのような政策を用いるかは，当面する経済状況により異なる。

　しかし，この金融政策も万能ではない。バブル経済期には，銀行やノンバンクが巨額の資金を融資したが，バブル経済の崩壊により相当額の融資が回収困難となった。このような回収の見込めない融資を（　②　）という。この結果，(c)自己資本比率が低下した銀行は，新たな

融資に慎重になり，(③)と呼ばれる現象が生じた。そのため，特に中小企業などでは資金調達が困難になり，景気回復を遅らせることとなった。

(1) 文中の(①)～(③)に入る最も適切な語句を答えよ。

(2) 下線部(a)について，主な業務を3つ答えよ。

(3) 下線部(b)について，代表的な政策を3つあげ，それぞれの内容を書け。

(4) 下線部(c)について，銀行が国際業務を行う際に，BIS規制(自己資本規制)で求められている自己資本比率は何％以上とされているか，答えよ。

(5) 銀行の機能の一つに信用創造機能がある。最初の預金額が1,000万円，支払準備率を10％とした場合，この機能によって創造される預金総額は最終的にいくらになるか，求めよ。

| 解答 | (1) ① マネーサプライ(通貨供給量) ② 不良債権 ③ 貸し渋り (2) 銀行券の発行，国庫金の保管や出納，市中銀行との取引(順不同) (3) ・公開市場操作－中央銀行が有価証券を売買することで通貨量を調節する。 ・預金準備率操作－中央銀行が預金準備率(支払準備率)を上下させることで市中銀行が民間に貸し出す通貨量を調節する。 ・基準割付利率および基準貸付率操作－中央銀行が市中銀行に貸し出す金利である基準および利率および基準貸付率を上下させることで通貨量を調節する。(いずれも順不同) (4) 8％ (5) 1億円

| 解説 | (1)・(2)・(3) 経済に関する基本的な設問。基礎であるが故に差がつきにくいところでもある。取りこぼさないように注意したい。 (4) BISは国際決済銀行の略称。本部がスイスのバーゼルにあるため，バーゼル規制ともいう。日本国内だけの基準では，国内業務だけを行う場合は4％以上と定められている。 (5) 信用創造とは銀行がその社会的信用を背景に，支払準備金となる部分を除く預金を貸付操作によって最初の数倍もの預金通貨にすること。預金創造ともいう。(最初の預金÷支払準備率)で求められる。

■■■■■■■■ 例題6 ■■■■■■■■

日本銀行について述べた次のア〜エの中から，誤っているものを1つ選び，記号で答えよ。

ア　日本銀行は，銀行券を独占的に発行できる唯一の発券銀行である。日本銀行は，経済情勢にあわせて独自の判断で銀行券を発行できる。

イ　日本銀行は，市中金融機関の支払い準備金などを預金として受け入れ，手形の再割引や公社債を担保に貸し出しを行う。

ウ　日本銀行は，政府の銀行として政府のすべての国庫金の出納業務を行うが，このほかに国債の発行，管理事務，外国為替事務の代行，政府貸し出しなどを行っている。

エ　日本銀行は，わが国唯一の中央銀行である。日本銀行は，日本国憲法によりそのあり方が定められている認可法人であり，政府機関や株式会社ではない。

解答　エ

解説　ア　日本銀行券については1997年の日銀法改正前は最高発行限度額制度が採られていた。　エ　日本銀行は，日本銀行法に基づく認可法人であり，最高意思決定機関は日銀政策委員会である。

■■■■■■■■ 例題7 ■■■■■■■■

次の文を読み，各問いに答えよ。

> （　a　）年，アメリカのケネディ大統領が消費者保護特別教書で<u>四つの消費者の権利</u>を提唱した。

(1)　文中の（　a　）にあてはまる最も適当なものを，次の①〜④から1つ選べ。

　　①　1960　　②　1962　　③　1964　　④　1966

(2)　下線部に該当する権利として適当でないものを，次の①〜④から1つ選べ。

　　①　安全を求める権利　　②　知らされる権利

　　③　救済される権利　　　④　意見を反映させる権利

(3)　次の文中の（　b　）にあてはまる最も適当なものを，あとの①〜④

から1つ選べ。

　1968年，日本では（　b　）により，消費者相談などを行う国民生活センターや消費生活センターが設置された。

① 消費者保護基本法　　② 消費者基本法　　③ 消費者契約法
④ 製造物責任法

解答　(1)　②　　(2)　③　　(3)　①

解説　(1)　四つの消費者の権利は，1962年3月15日にケネディ大統領が提唱した。これを記念し，毎年3月15日は世界消費者権利デーとなっている。　　(2)　ケネディ大統領が唱えた消費者の四つの権利に，③の「救済される権利」は含まれていない。四つの権利は，選択肢の①②④と「選択の権利」である。　　(3)　高度経済成長期における消費者問題の深刻化を受け，1968年に消費者保護基本法が制定された。この法律は2004年に抜本改正され，消費者基本法に改称された。なお，国民生活センターは1970年に設立され，1973年には全都道府県に消費生活センターが設置された。

例題8

次の文章を読んで，下の各問いに答えよ。

　日本でも高度経済成長期を通じて消費者運動が高まりをみせた。これを受けて政府も消費者保護に取り組まざるをえなくなり，消費者保護の基本的枠組みを定める消費者保護基本法が制定された(2004年に（　ア　）に改称)。訪問販売などの契約上のトラブルに対しては（　イ　）制度が設けられ，事故の被害者の救済についても長い間懸案となっていた（　ウ　）が制定・施行された。さらに契約上のトラブルから消費者を守るために（　エ　）が制定された。なお，2009年には消費者行政を一元化するために（　オ　）が設置された。

(1)　（　ア　）～（　オ　）に入る最も適当な語句を答えよ。

(2)　1962年にアメリカのケネディ大統領が議会に送った「消費者の利益保護に関する特別教書」のなかで明確にした「消費者の四つの権利」をすべて答えよ。

(3)　生産から販売まで食品の流通履歴を追跡できるシステムを何とい

うか答えよ。

(4) 現代では，地球社会の一員として，環境にとって好ましい行動をとることが消費者に求められている。地球環境にやさしい商品を優先して購入していこうとする消費者のことを何というか答えよ。

(5) 次のような消費行動への効果を何というか答えよ。

① 宣伝や広告などによって，消費者の欲望がかきたてられること。

② 他の消費者がある商品を買うと，つられて同じ商品を買ってしまう現象のこと。

解答 (1) ア 消費者基本法 イ クーリングオフ ウ 製造物責任(PL)法 エ 消費者契約法 オ 消費者庁
(2) 安心の権利，知らされる権利，選ぶ権利，意見を聞いてもらう権利 (3) トレーサビリティ制度 (4) グリーン・コンシューマー (5) ① 依存効果 ② デモンストレーション効果

解説 (1) ア 消費者基本法は，1968年に制定された消費者保護基本法を改正して2004年に成立した。 イ 訪問販売等のトラブルに対しては，契約後一定期間ならば無条件で契約を解除できるとしたクーリングオフ制度が導入された。 ウ 製造物責任法は，購入した商品の欠陥が原因で何らかの被害を受けた消費者を保護する1994年に成立した法律である。 エ 不当な契約から消費者を保護するために設けられた法律は消費者契約法で2000年に制定された。 オ 消費者保護を目的に設置されたのは消費者庁。
(2) ケネディの「消費者の四つの権利」を含む「消費者の八つの権利」も非常に重要なので確認しておこう。 (3) トレーサビリティとは，トレース(追跡)とアビリティ(可能性)を組み合せた言葉で，商品が消費者に届くまでの，生産・加工・流通などの過程を明らかにするシステムのことである。 (4) グリーン・コンシューマーとは環境に配慮したライフスタイルを実践する消費者のこと。
(5) ① アメリカの経済学者ガルブレイスが著書『ゆたかな社会』で用いたことで知られる。 ② 都市化が進み他者への見栄などから，上級者に対する模倣としてつられてしまう。

第 2 章

高校地歴
（地理）

高校地歴（地理）　地域と環境

　高等学校の社会科は，中学校のそれと比べると，より専門的な知識を生徒に教授することが定められている。したがって，教員採用試験の設問もより踏み込んだ内容となるのは必然である。かつ，教員の資質を問う試験であるため，教職教養，特に学習指導要領に関する出題が多い。このことは，高校地理に限らず，全分野にわたって留意しておきたい。

　高校地理「地域と環境」では，まず地図利用と地域調査に関する問題が頻出である。次いで，気候や大地形がしばしば出題されている。これらの項目では基礎的な知識に通じておくのはもちろんのこと，視覚的な資料をいかに使いこなせるかがカギとなろう。例えば，国土地理院が発行する地形図については，地形の概要や地図記号の種類，距離や傾斜の数値を答えさせる出題が多い。これは教師として生徒に授業や実習で地形図の読み方を教えられる資質があるかどうかを問うているのである。気候についても雨温図やハイサーグラフなど独特のグラフを利用し，大地形では地図を用いて造山帯や山脈，平野や河川の位置を問うなどする。単に知識を詰め込むのではなく，資料集などを活用して目で確認しながら学習していくことが求められる。

　また，地図の一部を補ったり，全部を描いたりする設問もあった。これも板書などで教師に求められる資質だろう。白紙に大まかな世界地図や日本地図を一から描くことも練習しておきたい。

　他には，人口問題や環境問題，地域開発などの内容が多く見られた。人口や環境については時事的な内容を含むことがあるので，日頃からニュースや統計の発表に注意を払っておくべきである。地域開発については世界よりも日本の方が分量が多く，戦後に何度か行われた総合開発や制度整備の概要を学んでおいたり，自分が受験す

る予定の地方自治体でそういう事例があったかどうか調べておいたりするといいだろう。

　以上はよく出題される点についての説明だが，これら以外の項目からの出題も当然考えられるので，重点を置くべき所は置きながらも，あくまで全般的な学習を行うように心掛けられたい。

□**地図投影法**　それぞれ長所と短所がある。完全に正確な地図は立体の地球儀以外には存在しない。

	長　　所	利　　用　　法
正積図法	面積が正しい	分布図などに利用
	(例) サンソン図法，モルワイデ図法，グード(ホモロサイン)図法など	
正角図法	角度が正しい	海図などに利用
	(例) メルカトル図法，ランベルト正角円錐図法など	
正方位図法	中心からの方位が正しい	航空図などに利用
	(例) 正距方位図法など	

※正距方位図法は国際連合のマークに採用されている

<メルカトル図法>　　　　　<正距方位図法>　　　　<グード図法>

□**ＧＩＳ**　地理情報システムの略称。コンピュータを用いて様々なデータを地図上に反映させる方法で，個人や企業，行政などいろいろな場所で用いられている。電力会社やガス会社では，設備の状況や災害の情報などのデータを地図と連結させるシステムを構築しており，迅速な対応や的確な分析を行うことを可能にしている。

□**ＧＰＳ**　全地球測位システムの略称。人工衛星を利用して地球上の位置を割り出す仕組みで，携帯電話やカーナビゲーションシステムなどに応用されている。

□**恒常風**　年中ほぼ同じ方向に吹いている風。地球の自転の影響を受けているため，惑星風ともいう。

	向　き	備　考
貿易風	中緯度高圧帯 → 赤道低圧帯	北半球で北東貿易風，南半球で南東貿易風
偏西風	中緯度高圧帯 → 高緯度低圧帯	上空では特に流れが強いジェット気流
極東風	極高圧帯 → 高緯度低圧帯	極風，極偏東風，周極風ともいう

□**季節風(モンスーン)**　季節によって風向きが逆になる風。大陸の東側では熱帯性低気圧が多く発達し，強風や豪雨をもたらす。この熱帯性低気圧は地域によって呼び名が異なる。**台風**(日本)，**ハリケーン**(カリブ海)，**サイクロン**(アラビア海・ベンガル湾)，ウィリーウィリー(オーストラリア)など。

□**地方風(局地風)**　地形的な条件や局地的な気圧配置により，限定された地域のみに吹く風。

フェーン	アルプス地方	山地から平地に吹き下ろす，高温で乾燥した風。フェーン現象の語源。
シロッコ	地中海沿岸	春頃に吹く高温多湿の南風。
ボラ	アドリア海沿岸	冬頃に吹く寒冷な北東風。
トルネード	アメリカなど	爆発的な破壊力をもつ渦巻上の上昇気流。
やませ	北海道～東北地方の太平洋側	初夏に吹く冷たい北東風。農作物に悪影響を与え，冷害の原因になる。

□**ハイサーグラフ**　直交座標の縦軸に気温，横軸に降水量をとったグラフ。

□**雨温図**　直交座標の縦軸に降水量と気温を別々に目盛り，横軸を12か月に分け，降水量を棒グラフ，気温を折れ線グラフで表したもの。

□**成帯土壌**　気候や植生の影響を強く受けてできた土壌。そのために，気候帯及び植物帯と密接に関連した分布となっている。

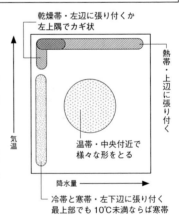

乾燥帯・左辺に張り付くか左上隅でカギ状

熱帯・上辺に張り付く

気温

温帯・中央付近で様々な形をとる

降水量

冷帯と寒帯・左下辺に張り付く
最上部でも 10℃未満ならば寒帯

□**間帯土壌**　局部的な地形や母岩の影響を受けてできた土壌。そのために分布は限定されている。

土壌	熱帯	乾燥帯	温帯	冷帯
成帯	ラトソル	栗色土・砂漠土	褐色森林土	ポドゾル・ツンドラ土
間帯	テラローシャ(ブラジル)・レグール土(デカン高原)・テラロッサ(地中海沿岸)・火山灰土(火山地域)			

※成帯土壌と気候帯の分布は厳密には一致していない。

□日本の国土

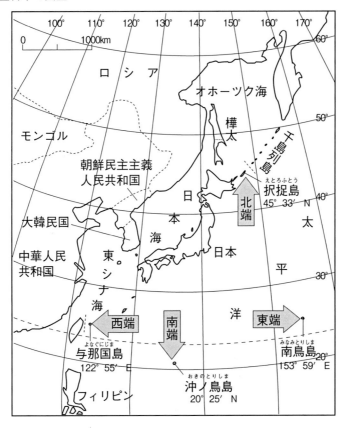

□**世界の人口**　2023年でおよそ**80億4500万人**。今後も増加すると予想されている。先進国では出生率・死亡率がともに低い。開発途上国は死亡率が低くなったが，出生率は高いので**人口爆発**が起こっている。

□**日本の人口**　2023年でおよそ**1億2435万人**。

□**日本の人口密度**　2023年で，およそ**333人/km²**。

□**日本の年齢別人口比率**　2022年でおよそ，年少人口(15歳未満)が11.4％，生産年齢人口(15〜64歳)が59.5％，老年人口(65歳以上)が29.1％となっている。

□**合計特殊出生率**　1人の女性が生涯に産む子供の数の平均。日本の場合は，2022年で1.26。長期的に人口を維持できる数値(人口置換水準)とされる2.07を下回っているので，人口減少が懸念されている。

□**外国人人口**　2023年現在，日本で登録されている外国人の数は約341万人。国籍別に見ると，中国，ベトナム，韓国，フィリピン，ブラジルの順に多い。

□**産業別人口**　2021年現在，第1次産業人口比率3.2％，第2次産業人口比率23.7％，第3次産業人口比率73.1％である。

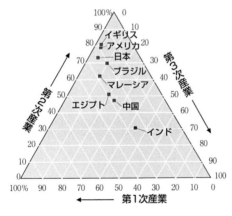

＜三角図表の読み方＞
例えば中国の場合，第1次産業24.4％，第2次産業28.2％，第3次産業47.4％で，合計100％となる。

・開発途上国は第1次産業人口の比率が大きい。

・鉱工業に大きく依存する国は第2次産業人口の比率が大きい。

・産業構造の高度化により，先進資本主義国では第3次産業人口の比率が大きい。

━━━━━━━━ 例題1 ━━━━━━━━

次の文を読んで，下の(1)～(7)の問いに答えよ。

　1年を周期として繰り返される大気の平均的な状態を気候という。気候は，気温や降水量，風などの_(ア)気候要素によって成り立っており，気候要素の地理的な分布を左右する諸要因を気候因子という。気温と降水量は，_(イ)緯度や海抜高度，隔海度，地形などの影響を強く受ける。風は，年中風向の一定している（　①　）風や_(ウ)季節により風向きを変える季節風のほか，_(エ)地方風，山風・谷風，陸風・海風などがある。このうち，（　①　）風は大気の大循環によって形成される。大気の大循環は，まず太陽からの受熱量が大きい赤道付近の大気が上昇し，極方面に向かう気流が生じる。この気流によって運ばれた空気は緯度30度付近で下降して（　②　）帯を形成する。（　②　）帯付近では激しく乾燥するが，_(オ)乾燥地域では灌漑などのさまざまな工夫により農耕を可能にしている地域もある。

(1)　空欄（　①　），（　②　）にあてはまる語句を答えよ。

(2)　下線部(ア)について，次のa～dのうち気候要素ではないものを1つ選び，記号で答えよ。

　　a　海流　　b　湿度　　c　気圧　　d　蒸発量

(3)　下線部(イ)について，これらと関連して図1の南米の高山都市が成立した要因を簡潔に説明せよ。

(4)　下線部(ウ)について，日本付近で夏に吹く季節風の要因を簡潔に説明せよ。

(5)　下線部(エ)について，ロッキー東麓に吹き下ろすチヌックは，「スノーイーター」とも呼ばれている。なぜこのような別名がついているのか，簡潔に説明せよ。

(6)　下線部(オ)について，灌漑を用いないで作物を栽培する耕作方

図1　南米の高山都市の分布

法について簡潔に説明せよ。

(7) 次の表1はケッペンの気候区分に従って，南極大陸を除いた五大陸の気候区割合を示したものである。表中のbおよびcの大陸名を答え，その判断理由を簡潔に説明せよ。

大陸名＼気候区分名	Af	Aw	BS	BW	Cw	Cs	Cf	Df	Dw	ET	EF
a	26.9	36.5	6.7	7.3	6.7	0.3	14.0	—	—	1.6	—
b	19.8	18.8	21.5	25.2	13.1	1.3	0.3	—	—	—	—
c	7.9	9.0	25.8	31.4	6.8	7.9	11.2	—	—	—	—
d	3.5	3.9	15.9	10.2	9.6	2.2	5.7	25.8	13.4	9.8	—
e	2.8	2.4	10.7	3.7	2.0	0.8	10.7	43.4	—	17.3	6.2

表1　大陸別の気候区割合(%)　　H.Wangnerによる

解答 (1) ① 恒常　② 亜熱帯(中緯度)高圧　(2) a　(3) 低緯度付近の低地の過酷な暑熱を避けて，比較的冷涼な高原に都市が成立した。　(4) アジアの大陸内陸部は高温なため空気が暖められ低圧部を生じ，北太平洋上に発達した高圧部から大気が流れ込むことで，南東風が発生する。　(5) チヌックはフェーン現象により生じる高温乾燥な風であり，ロッキー山麓の雪を溶かすから。　(6) 耕地を深く耕して降水を十分しみこませた後に，さらに浅く耕して毛細管現象を絶ち蒸発を防ぐ乾燥農法(乾地農法)。
(7) b　アフリカ大陸　c　オーストラリア大陸　判断理由：b・cともにD気候及びE気候がないので，アフリカまたはオーストラリア大陸である。そのうちA気候の割合の高いbが赤道が通過しているアフリカ大陸で，B気候の割合が高いcが回帰線下の内陸部に砂漠が広がっているオーストラリア大陸と判断する。

解説 (1) ① 恒常風として，貿易風・偏西風・極東風がある。② 降水量が極端に少なく乾燥が著しい。　(2) 海流は気候要素に影響を与える気候因子。　(3) 気温は100m上昇するごとに0.55℃低下する(乾燥・湿潤で異なる)。　(7) aは南アメリカ大陸，dはユーラシア大陸，eは北アメリカ大陸である。

例題2

地理に関する次の各問いに答えよ。

問1　次のア〜ウの文で説明されている用語の組合せとして正しいもの
　　を，下の(1)〜(4)の中から1つ選べ。

　ア　東アジアなどで吹き，1年の中で夏と冬で風向きがほぼ反対にか
　　わる風。

　イ　明瞭な雨季と乾季がある熱帯に分布し，疎林や灌木が点在する
　　草原。

　ウ　主に冷帯に分布し，灰白色で酸性の強いやせた土壌。

	ア	イ	ウ
(1)	貿易風	タイガ	ラトソル
(2)	貿易風	サバナ	ポドゾル
(3)	季節風	タイガ	ラトソル
(4)	季節風	サバナ	ポドゾル

問2　次の世界地図のA，Bの山脈とC，Dの海底地形の特徴を述べた
　　下のア〜エの文の中には，内容が正しい文が2つある。その記号の組
　　合せを，(1)〜(4)の中から1つ選べ。

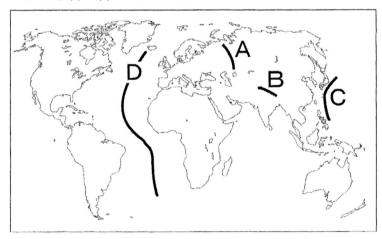

　ア　Aの山脈は，長い期間にわたり侵食を受けた結果，低くなだら
　　かな山脈が連なる。

103

　イ　Bの山脈は，古生代以前に高く隆起した地球上で最も古い山脈
　　である。
　ウ　Cの海底では深い海溝がみられ，ここは地震等も少ない安定し
　　た地域である。
　エ　Dの海底では，海嶺と呼ばれる海底の大山脈が見られる。
　(1)　アとウ　　(2)　アとエ　　(3)　イとウ　　(4)　イとエ

解答　問1　(4)　　問2　(2)

解説　問1　貿易風は中緯度高圧帯から赤道低圧帯に向かって吹く東寄
　　りの風，タイガは冷帯気候下にみられる針葉樹林，ラトソルは熱
　　帯の湿潤地方に分布する赤色土壌。　問2　Aはウラル山脈で古
　　期造山帯，Bはヒマラヤ山脈で中生代から現在にかけて隆起した
　　新期造山帯，Cは日本海溝・南西諸島海溝で，プレートがせばま
　　りあうところで地震や火山活動が多い。Dは大西洋中央海嶺。

例題3

次の資料を見て，下の問いに答えよ。

【資料Ⅰ】　　　　　　　　　　　　　　　※表中の空欄は，統計の記載なし。

県	人口(千人)	製造品出荷額等(億円)	米の収穫量(t)	リンゴの収穫量(t)
A	1.204	16,947	255,200	439,000
B	7.495	478,946	130,800	
長野	2,020	66,464	187,300	132,600
C	2,840	136,869	319,200	
D	2,153	51,194	631,000	

(『データでみる県勢』2024より作成)

【資料Ⅱ】

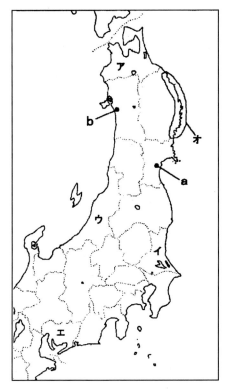

(1) 【資料Ⅰ】のＡ・Ｂ・Ｃ・Ｄに適する県の位置を，【資料Ⅱ】のア～エの中から記号で選べ。また，それぞれの県名も答えよ。

(2) 次の文は，【資料Ⅱ】のオの地域について述べている。文中の（　　）に適する語句を答えよ。

　この地域は，天然の良港にめぐまれ，沖は潮目で好漁場になっています。しかし，近年この地域の海面漁業は衰退し，現在では波の静かなリアス海岸の沿岸で「かき」や「わかめ」などを人工的に育てる（　Ｘ　）漁業や，卵からふ化させて育てた稚魚や稚貝を放す（　Ｙ　）漁業が盛んになってきています。

(3) 【資料Ⅱ】のa・bの都市の月別平均気温・降水量を表しているグラフを，【資料Ⅲ】の①～④から選び，それぞれ記号で答えよ。

【資料Ⅲ】

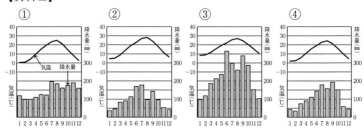

(4) 初夏から盛夏にかけて東北地方の太平洋側に吹く冷害の原因となる北東風の名称を答えよ。

| 解答 | (1) A ア・青森県　　B エ・愛知県　　C イ・茨城県
D ウ・新潟県　　(2) X　海面養殖　　Y　栽培
(3) a ④　b ①　　(4) やませ |

| 解説 | (1) A(青森)はリンゴの生産量から容易に判断可。B(愛知)は人口，製造品出荷額等から判断。C(茨城)とD(新潟)は製造品出荷額等と米の収穫量から判断可。　(2) 大船渡，宮古が水揚げ量の多い主な漁港。海面養殖業では，ぶり類やほたて貝，のり，真珠などが養殖されている。　(3) ①秋田，②岡山，③潮岬，④仙台の雨温図。a(仙台)は東日本型(三陸・常磐型)に属し，本州の太平洋側では最も気温の低い地域。b(秋田)は日本海型(東北・北海道型)に属し，平均気温が約0℃になる月はおおむね1，2月のみとなる。　(4) オホーツク高気圧の影響により，初夏のころに吹く冷湿な北東風で，稲作などに悪影響を及ぼす。 |

■■■■■■■■■■■■■■■■■■■■■ 例題4 ■■■■■■■■■■■■■■■■■■■■■

次の地形図を見て，下の(1)〜(5)に答えよ。

(1) この地形図には，河川のある作用によって形成される代表的な地形が描かれている。ある作用とは何か，また，代表的な地形とは何か，それぞれ書け。

(2) 寺久保や蛭口などの集落が立地している地形の名称を答えよ。また，これらの集落の立地要因を説明せよ。

107

(3)　この地形図の南端の生来川に南接している河川の上流部は破線 (-----)で表されているが，それはどのような状態で流れているのか 説明せよ。またこのような河川を何というか書け。

(4)　この生来川に南接する河川は，河川の下を道路が通っていること や，流路付近の等高線の屈折から考えて，どのような地形的特徴を 持っていると考えられるか，またそのような河川が形成される理由 も一緒に書け。

(5)　石庭の集落の高度を150mの等高線で代表させた場合，南東にある 郵便局との標高差は何mか。また，石庭の集落と郵便局の地図上の 長さが7cmあるとすると，実際の距離はいくらになるか求めよ。

解答 (1)　作用：堆積作用　　地形：扇状地　　(2)　地形：扇端 立地要因：扇端は湧水帯になっており，水が得やすいため。

(3)　状態：河川水は伏流している。　　河川名：水無川

(4)　特徴：天井川である。　　理由：人工堤防により，流路が 固定された結果，堤防内に多量の土砂が堆積し形成したため。

(5)　標高差：50m　　距離：1750m

解説 (1)　等高線の分布から堆積地域である扇状地。扇状地は河川が山 地から平野に出たところに形成。　　(2)　扇状地の末端部である扇 端は湧水帯があり，水利の便がよいので集落や耕地が早くから形 成。　　(3)　扇状地を流れる河川は水はけがよいので，ふだんは砂 礫中を伏流して水無川となることが多い。　　(4)　地形図は滋賀県， 琵琶湖西岸，比良山地の山麓に発達した扇状地の一つで，ここで は道路が河川の下をトンネルで通過しており，天井川をなしてい る。　　(5)　縮尺は等高線の数値から2万5千分の1。南東にある 郵便局の高さは100m，標高差は150m － 100m ＝ 50m。石庭と郵 便局の地図上の長さは7cm。縮尺は2万5千分の1であるから実 際の距離は7cm × 25000 ＝ 1750m。

━━━━━ **例題5** ━━━━━

A市で行われたマラソン大会のコース図を見て，下の問いに答えよ。なお，略地図はコース近辺の市街地を表したもので，その中のいくつかの建物は地形図で使われる地図記号で表されている。また，＜説明文＞はランナーが進むコースを示したものである。

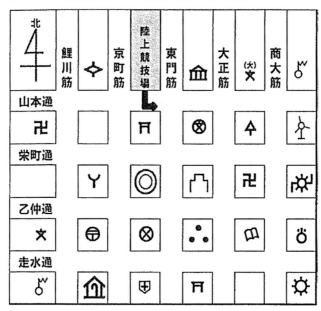

<説明文>
　下記の通過点はランナーが曲がる交差点である。各交差点の名称は，交差する2つの通りの名前を用いて表されている。なお，ランナーはコースの最短距離を走ったこととする。

　　陸上競技場前→山本大正→栄町大正→栄町商大→乙仲商大
　　→乙仲大正→走水大正→走水鯉川→山本鯉川→陸上競技場

(1)　ランナーが走っている時の市街地の様子を述べた文として適切なものを①〜④から選び，番号で答えよ。
　①　神社北側の道路を走り，交差点を過ぎると道路の北に警察署が

あった。

② 裁判所と小学校の間の道路を走った。

③ 市役所前東側の道路を走り，市役所前南側の道路を経て，市役所前西側の道路を走った。

④ 郵便局東側の道路を走り，交差点を過ぎ，消防署東側の道路を走った。

(2) 日本社会の変化とともに新しい地図記号が作られている。次の文の(　　)にあてはまる施設を表す地図記号を①～⑤から選び，番号で答えよ。

> (　　)を表わす地図記号は2006年に作られました。1995年以降，日本では65歳以上の高齢者が年々増えています。そのため，高齢者が介護を受けやすくするための法律が出来ました。2000年以降，全国で(　　)が次々と建てられ，その数は1万3千か所を超えます。そこで，(　　)の地図記号を作ることになり，小中学生にデザインを募集しました。およそ5万7千点もの作品が集まりました。そして選ばれたのが，小学校6年の女の子がデザインしたこの作品。地図記号は，時代とともに新しくなり，変化し続けているのです。

① ② ③ ④ ⑤

解答 (1) ① (2) ①

解説 (1) ①は正答。神社は♦，警察署は⊗で表示される。②の裁判所(♦)と道路を挟んで存在するのは，「小学校」ではなく「高等学校」(⊗)である。③の市役所(◎)前の道路は，走っていない。④は，郵便局(〒)「東側」の道路ではなく，「南側」の道路を走っている。また，消防署(Y)「東側」の道路ではなく「西側」の道路を走っている。 (2) 説明文は，老人ホーム(⌂)についてのもので，①の地図記号が該当する。なお，②は風車，③は電子基準点，④は博物館，⑤は図書館の地図記号である。

例題6

次の表は，4つの県の人口密度などを表したものであり，表中のア～エは，それぞれ，愛知県，愛媛県，埼玉県，福岡県のいずれかに当たる。ア～エに当たる県の組合せとして適当なものを，下のＡ～Ｄから1つ選び，記号で答えよ。

表

	人口密度 （人／km²）	人口増加率 （‰）	出生率 （‰）	産業別人口構成(%)		
				第1次	第2次	第3次
ア	1449	− 0.29	7.1	1.7	31.2	67.2
イ	1932	− 0.05	6.1	1.3	22.1	76.6
ウ	1026	− 0.15	7.2	2.1	21.0	76.9
エ	230	− 1.09	5.9	6.0	24.0	70.0

(注) 人口密度は2022年，人口増加率は2021～2022年，出生率は2022年，産業別人口構成は2022年の数値である。

(『データでみる県勢』2024より作成)

A　ア－福岡県　　イ－愛媛県　　ウ－愛知県　　エ－埼玉県
B　ア－愛媛県　　イ－福岡県　　ウ－埼玉県　　エ－愛知県
C　ア－愛知県　　イ－埼玉県　　ウ－福岡県　　エ－愛媛県
D　ア－埼玉県　　イ－福岡県　　ウ－愛知県　　エ－愛媛県

解答　C

解説　アの産業別人口構成を見ると，第2次産業人口の割合が4つの県で最も高い。中京工業地帯の中心地である愛知県。イは人口密度と人口増加率が比率的が高いことから，首都圏に含まれる埼玉県。エは人口密度が4つの県で最も低いことから愛媛県，残りのウが福岡県。

高校地歴（地理） 産業と生活

ポイント

　「産業と生活」では，農牧業及びエネルギー・鉱産資源が頻出である。農牧業については国ごとまたは地域ごとの特徴をおさえるのが第一である。そして各々の農牧業が成立する自然的または社会的な条件を理解すべきである。地図を使って農牧業の分布を尋ねる設問などが多いので，資料集などで予め把握しておくようにしたい。エネルギー・鉱産資源については各々の資源の産出国・産出地を覚え，それらの輸送経路をおさえることが肝要である。こちらの方も地図を用いた設問があるので，対応ができるようにしておきたい。産業の分野では，他に水産業や工業からも出題がなされているので，それぞれ地理上の位置関係を分野別に確認しながら学習するといいだろう。

　村落・都市も頻度としては決して少なくない。それぞれの発達の過程，立地条件や形態・機能などの学習が必要である。地域の情勢に即した出題も見受けられるので，自分が居住している地域を例にとって学んでみたり，受験する予定の地方自治体の状況を予習してみたりすることも役に立つだろう。

□孤立国　ドイツの農業経済学者チューネンが体系化した農業立地論のモデルとなる仮想の国。自然条件が均質で外部との交渉が無い国では，消費地との距離や輸送費との関係により各農業地域が同心円状に並ぶことを彼は説き，可航河川がある場合は輸送費が変化するので同心円の構造が崩れると考えた。孤立国は彼の主著のタイトルでもある。

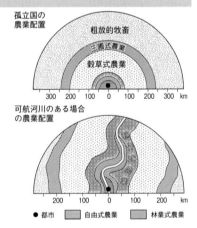

孤立国の農業配置

可航河川のある場合の農業配置

● 都市　自由式農業　林業式農業

□**農牧業の類型**　アメリカの地理学者ホイットルセイは様々な指標をもとにして，世界の農牧業の類型化・区分化を行った。

焼畑農業	森林・草原を焼き払った草木灰を肥料とする原始的農業。数年で地力が衰えるために移動を繰り返す。
遊牧	家畜とともに牧草を求めて移動する牧畜。遊牧民は生活の全てを家畜に依存する。
オアシス農業	乾燥地域で行われる灌漑による集約的な農業。オアシスや外来河川，地下水路などを利用する。
アジア式農業	狭い耕地に多くの労働力を投入する労働集約的な農業で，家族中心の零細経営で行われる。
地中海式農業	地中海性気候に順応し，夏は耐乾性の強い作物，降雨のある冬に小麦などを栽培する農業。
混合農業	作物栽培と家畜飼育を組み合わせた農業。中世ヨーロッパの三圃式農業から発達した。
酪農	乳牛を飼育し，酪製品を生産・販売する農業。混合農業から分化して発達した。
園芸農業	都市の需要に応じ，野菜や花卉，果実を集約的に栽培する農業。近郊農業と遠郊農業に区分される。
企業的穀物農業	広大な耕地で機械を利用して行う農業。粗放的だが，労働生産性は高い。
企業的牧畜	半乾燥地域の広大な牧場で行われる牧畜。輸送手段の進化により飛躍的に発展。
プランテーション農業	熱帯などで安い労働力を大量に投入しておこなう単一耕作。植民地時代に発達。
集団的農牧業	土地や生産手段を公有化し，計画経済の下で行う大規模な農牧業。社会主義国家で発達。

□**主要農作物の生産国**(2021年〈『世界国勢図会』2023/2024〉)

	アメリカ合衆国			
穀物計 30.7億t	中国 20.6%	14.7	インド 11.6	その他

			アメリカ合衆国	フランス	
小麦 7.71億t	中国 17.8%	インド 14.2	ロシア 9.9	5.8 / 4.7	その他

			バングラデシュ インドネシア ベトナム			
米 7.87億t	中国 27.0%	インド 24.8	7.2	6.7	5.6	その他

			ブラジル	
とうもろこし 12.1億t	アメリカ合衆国 31.7%	中国 22.5	7.3	その他

	オーストラリア フランス ドイツ			
大麦 1.46億t	ロシア 12.4%	10.1	7.8 / 7.1	その他

			アルゼンチン	
大豆 3.72億t	ブラジル 36.3%	アメリカ合衆国 32.5	12.4	その他

□漁業の種類

獲る漁業	遠洋漁業	世界各地の漁場へ出かけて漁を行う。大船団を組むことが多かったが，200海里漁業専管水域などにより急減。
	沖合漁業	1日から数日の範囲内の海域で操業。中小規模の漁業経営によるものが多い。
	沿岸漁業	海岸付近で行う漁業。零細漁家が多い。
育てる漁業	養殖漁業	稚魚・稚貝を自然から獲ってきて，人工のいけす等で成長させる漁業。
	栽培漁業	人工的に孵化させた稚魚・稚貝をある程度まで育ててから放流し，自然の中で成長したものを獲る漁業。漁業資源の確保のために行う。

□工業立地の類型

タイプ	立地	工業例
原料指向型(資源型)	原料産地に立地	製材・パルプ・セメント・陶磁器工業など
市場指向型	消費地に立地	印刷・出版・化粧品・ビール醸造業など
労働力指向型	労働力が得やすい場所	繊維・組立型工業など
臨海指向型	港湾など輸出入に便利な場所	石油化学工業など
臨空港指向型	空港周辺に立地(空港につながる高速道路沿いも)	半導体・ICのように製品が軽く付加価値の高い電子工業など
用水指向型	豊富で安価な用水が得られる場所	鉄鋼・製紙・パルプ・染色・醸造工業など
電力指向型	豊富で安価な電力が得られる場所	アルミニウム・化学肥料工業など

※臨海指向型や臨空港指向型をまとめて交通指向型工業とよぶこともある。

□主要国の発電量内訳（2022年〈『世界国勢図会』2023/2024〉）

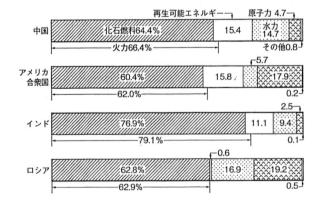

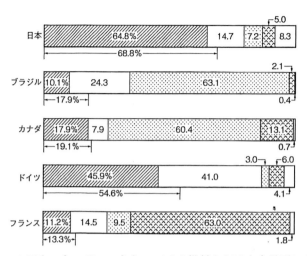

※再生エネルギーのうち，バイオ燃料などは火力発電に含む（地熱発
電も含めている。）

□日本の村落の発達

	名　称	特　徴	地　名
古代	条里集落	条里制によって計画的につくられた格子状の区画の集落。	条，里，坪などがつく地名
中世	荘園集落	荘園につくられた集落。扇状地や氾濫原などに多い。	本庄・領家，別府・別所・給田など
	豪族屋敷村	地方豪族の屋敷中心の防御施設をもつ集落。東日本に多い。	根古屋・寄居・堀ノ内・箕輪など
	寺百姓村	寺を中心に寺領の耕作民が集まってできた村落。	神戸(カンベ)
	名田百姓村	名主(有力農民)の開墾地につくられた村落。	太郎丸・五郎丸・福富名など
	隠田集落	落武者や租税逃れの人々が隔絶した山間部につくった集落。	熊本県の五家庄・徳島県の祖谷・岐阜県の白川郷など
近世	新田集落	新田開発に伴ってできた集落。	新田・新開・新居・出屋敷など
近代	屯田兵村	北海道の開拓と防備のためにつくられた計画的村落。	兵のつく地名

※屯田兵村はアメリカ合衆国の**タウンシップ制**を参考にした地割。

□**滝線都市** 軟らかい海岸平野と硬い山地の境には滝や急流が並ぶことがあるが，これを滝線という。水運と水力利用に便利なために工業が立地して人が集まりやすく，このような場所に形成された都市を滝線都市という。アメリカ合衆国東部のピードモント台地に並ぶ都市群が代表的。

□**メトロポリス** 巨大都市。政治・経済・文化などの中心をなす都市。周辺の地域や中小都市に大きな影響を及ぼす。東京やロンドンなど。

□**衛星都市** 大都市の周辺に位置し，大都市の機能の一部を担っている都市。住宅衛星都市や工業衛星都市があり，前者はベッドタウンともいう。

□**コナーベーション** 連接都市。市街地の拡大によって，隣接する複数の都市が一つの都市域を形成するに至った都市群のこと。京浜地方や五大湖周辺など。

□**メガロポリス** 巨帯都市。連続する多くの都市が密接な相互関係を保ちながら活動している巨大な都市化地帯。フランスの地理学者ゴットマンの命名。ボストンからニューヨークを経てワシントンに至るアメリカ合衆国の北東沿岸部が代表的。

□**都心部の機能**

名　称	説　明	東　京	大　阪
C.B.D (中心業務地区)	政治・経済の中枢管理機能が集中。企業の本社が林立。	丸ノ内	中之島
官公庁地区	行政機関や司法機関の中枢管理機能が集中。	霞ヶ関	大手前
商業地区 (中心商店街)	経済活動の管理機能をもつビジネス街，デパート・専門店・飲食店・劇場などの施設が集中する商業・娯楽街が形成。	銀座	心斎橋
問屋街	業種ごとに問屋が集中して形成された街。	日本橋	船場
副都心	大都市などで都心の機能の一部を分担する地区。都心と郊外を結ぶ結節点に立地することが多く，複数形成される場合がある。	新宿 池袋 渋谷	天王寺

■■■■■■■■■■■■■■■■■ **例題1** ■■■■■■■■■■■■■■■■■

次の問いに答えよ。

1　小麦は米と比較すると国際商品としての性格が強い。その理由を栽培や消費に着目して説明せよ。

2　次の資料は，植物油脂原料から作られる，おもな植物油脂の生産量の上位国を示しており，資料中のア～エはパーム油，オリーブ油，ひまわり油，大豆油のいずれかを示している。下の問いに答えよ。

資料　おもな植物油脂の生産量の上位国

	ア	イ	ウ	エ
第1位	スペイン	インドネシア	中国	ウクライナ
第2位	チュニジア	マレーシア	アメリカ合衆国	ロシア
第3位	イタリア	タイ	ブラジル	トルコ
第4位	ギリシャ	コロンビア	トルコ	トルコ
第5位	トルコ	ナイジェリア	インド	ハンガリー

（『世界国勢図会』2023/24から作成）

(1)　資料中のアの原料となる作物名を書け。また，この作物の栽培に適する気候は，ケッペンの気候区分では何気候区にあてはまるか，アルファベットで書け。

(2)　資料中の空欄（　A　）にあてはまる国名を書け。

(3)　植物油脂の生産量の世界の合計が最も多いのはどれか，資料中のア～エの中から1つ選び，記号で答えよ。

3　省エネルギーへの取り組みの一例としてコージェネレーションシステムがある。そのしくみを，活用例をあげて説明せよ。

解答　1　米は，栽培地域が限られ，自給的要素が強いのに対し，小麦は，年間を通して世界のどこかで作られ，パンやパスタなどの原料として広く使われており，国際商品として企業的経営が行われているため。　2　(1)　作物名…オリーブ　記号…Cs　(2)　アルゼンチン　(3)　イ　3　エネルギー効率を高めるために，発電時に出る廃熱をビルの冷暖房などに取り入れて有効活用するしくみ。

解説　1　米の場合，生育には夏の高温と日照，十分な降水量が必要な

ため，夏にモンスーン(季節風)が吹いて降水量の多いモンスーンアジア(東アジア・東南アジア・南アジア)のデルタ地帯が栽培に適しており，その地域が米の生産のほとんどを占め，かつ，米の大消費地となっている。　2　(1)　作物名…オリーブは地中海原産のモクセイ科の硬葉樹である。実からオリーブオイルを作り，食用，調理用，化粧用等に用いられる。　記号…Csは温帯の地中海性気候である。地中海性気候の地域では，夏の乾燥がかなり激しく，冬は多雨なため，夏の乾燥に耐える耐乾性の強いオリーブ，オレンジ，ブドウなどの果樹と，冬の雨を利用した自給用の小麦などを栽培する地中海式農業が行われる。　(2)　イはインドネシア・マレーシアが1位・2位を占めることからパーム油である。ウは大豆油，エはひまわり油である。アルゼンチンはパンパでの農牧業が盛んで，大豆の生産もひまわりの種の生産も世界3位(2019年)である。　(3)　パーム油の原料であるアブラヤシの生産が，東南アジアや西アフリカの海岸地域で伸びている。パーム油はスナック菓子などの食品や石けんなどの原料となる。　3　一般の火力発電技術の効率は4割程度だが，廃熱利用を行うと7～8割に高められる。一か所の建物に発電機を設置し，地域全体に配管で蒸気や冷水を送り，地域冷暖房を行っているところもある。

━━━━━━━━━━ 例題2 ━━━━━━━━━━

現代世界の諸地域に関する次の各問いに答えよ。

(1)　中国の工業化について述べた文として適当でないものを，次の1～5から1つ選べ。

1　中国では，1970年代末に対外開放政策が始まり，経済特区と経済技術開発区が設置された。

2　経済特区では，外国企業に対する税が低く抑えられ，外国企業は中国の安価で豊富な労働力と国内市場の成長の可能性にひかれて積極的に投資した。

3　経済特区は，輸出企業と先端技術を開発する企業の誘致を目的とした工業団地で，寧波や珠海では，外国企業だけでなく国内企業

にも解放されている。

4　中国は自動車，パソコン，衣類など多くの工業製品の世界最大の生産国であり，「世界の工場」とよばれている。

5　経済特区では輸出指向型工業が発展し，農村地域では郷鎮企業の設立が1992年以降進んだ。

(2)　a〜fの表は，東南アジア諸国の上位輸出品目および輸出額に占める割合を示している。aとcの表に該当する国名を，次の語群からそれぞれ選び，答えなさい。

シンガポール　　フィリピン　　インドネシア　　タイ
ベトナム　　　マレーシア

a

輸出品	%
機械類	31.7%
自転車	11.7%
プラスチック	4.2%
野菜と果実	3.7%
石油製品	2.9%

b

輸出品	%
機械類	42.7%
石油製品	6.9%
衣類	4.9%
パーム油	4.7%
精密機械	3.8%

c

輸出品	%
機械類	46.3%
衣類	9.1%
履物	5.4%
家具	3.9%
鉄鋼	3.8%

d

輸出品	%
パーム油	11.5%
石炭	11.5%
鉄鋼	9.2%
機械類	7.9%
衣類	4.0%

e

輸出品	%
機械類	49.0%
石油製品	12.3%
精密機械	4.2%
金（非貨幣用）	3.1%
化学薬品	2.7%

f

輸出品	%
機械類	63.8%
野菜と果実	3.5%
精密機械	3.2%
ココナッツ油	2.7%
銅	2.6%

(『データブック　オブ・ザ・ワールド　2024』より作成)

解答　(1)　3　　(2)　a　タイ　　c　ベトナム

解説　(1)　中国では，1980年にシェンチェン(深圳)，チューハイ(珠海)，スワトウ(汕頭)，1981年にアモイ(厦門)，1988年に海南(ハイナン)，2010年に新疆ウイグル自治区のカシュガル(喀什)，コルガス(霍爾果斯)に経済特区が設立された。寧波(ニンポー)は沿岸の都市ではあるが，経済技術開発区であって経済特区ではない。

(2)　a　工業化が進み工業製品の産業も豊富なタイ。　b　機械類の輸出が多く，天然資源も輸出しているマレーシア。　c　機械類のほか衣類の輸出が盛んなベトナム。　d　天然資源の輸出量・種類が多いインドネシア。　e　自動車を除く機械類を中心に工業

製品の多いシンガポール。　f　工業化が進み機械類の輸出が多く，農作物，天然資源の輸出もあるフィリピン。

━━━━━━━━ 例題3 ━━━━━━━━

次の各問いに答えよ。

(1)　ケッペンの気候区分における気候区と，その気候区でみられる特徴，植生，人間生活・産業の組合せとして最も適切なものを，次の1〜4から1つ選べ。

	気候区	特徴	植生	人間生活・産業
1	熱帯雨林気候	年中高温多雨で，気温の年較差が小さい。年間を通して赤道低圧帯や貿易風の影響を受ける。	多種類の落葉広葉樹からなる熱帯雨林。赤色・酸性でやせたラトソルが分布。	乾季と雨季を生かしたプランテーション農業，ヤギの放牧や牛の企業的牧畜が見られる。
2	サバナ気候	砂漠周辺に分布。3ヶ月程度の短い雨季がある。	おもに乾季に落葉する広葉樹林からなるが熱帯雨林ほど種類は多くない。	遊牧が盛ん。小麦栽培や牛・羊の企業的牧畜も見られる。
3	ステップ気候	夏は赤道低圧帯に入り雨季，冬は中緯度高圧帯に入り乾季となる。	短草草原。土壌は主に栗色土。比較的降水量が多い地域には肥沃な黒土が形成。	焼畑農業とプランテーション農業がさかん。黄熱病・マラリア等の風土病が残る。
4	温暖冬季少雨気候	夏は高温湿潤なモンスーンの影響を受け多湿。冬は乾燥し温暖。夏にはときどき熱帯低気圧が襲来。	しい，かし，くすなどの照葉樹林。高緯度地域では落葉樹や針葉樹も見られる。	アジアでは米，綿花，茶の栽培が盛ん。アフリカ大陸，アンデス山脈東側ではトウモロコシ，小麦，コーヒー等が栽培される。

(2)　次のグラフは，日本の輸入魚介類とその輸入額の国別割合を示したものである。A〜Cにあてはまる輸入魚介類の組合せとして正しいものを，下の1〜4から1つ選べ。

(令和4年度「水産白書」より作成)

1　A　サケ・マス類　　　B　カニ　　　　　　C　エビ
2　A　カニ　　　　　　　B　サケ・マス類　　C　エビ
3　A　サケ・マス類　　　B　カニ　　　　　　C　マグロ

　　　4　A　カニ　　　　　　B　サケ・マス類　　C　マグロ
(3)　次のグラフ1〜4は，アイスランド，デンマーク，ドイツ，フラン
　　スのいずれかの国の発電量の内訳を示したものである。ドイツにあ
　　たるものを，次の1〜4から1つ選べ。

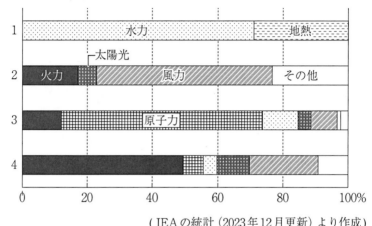

（IEAの統計（2023年12月更新）より作成）

| 解　答 | (1)　4　　　(2)　2　　　(3)　4 |

| 解　説 | (1)　1の熱帯雨林気候の特徴は正しいが，植生は落葉，広葉樹で |

なく常緑広葉樹を主とする。また，人間生活・産業はサバナ気候
についての説明である。2のサバナ気候と3のステップ気候は，「特
徴」と「人間生活・産業」の説明が入れ替わっている。　　(2)　水
産庁によると，2022年に日本に輸入されたAのカニの総量は，金
額ベースでは，749億円。ロシアからが全体の約6割を占めている。
Bのサケ・マス類の輸入額は，2022年に2783億円となった。その
うち，チリが57.8%，ノルウェーが20.7%を占めている。同じく，
Cのエビの輸入額は2213億円で，ベトナムが20.0%，インドが
19.8%，インドネシアが17.0%を占めている。　　(3)　水力発電の
割合が高い1がアイスランド，風力発電の割合が高い2がデンマー
ク，原子力発電の割合が高い3がフランスである。よって，残る
4がドイツとなる。

━━━━━━━━━━ **例題4** ━━━━━━━━━━

日本の農業に関する次の文を読み，下の各問いに答えよ。

他産業との所得格差を是正することなどを目的として，1961年に①農業基本法が制定された。1990年代，冷害による凶作が原因となり，日本は深刻な米不足に陥った。しかし，このような事態については，以前から，米の作付けを制限して生産を調整する　　X　　政策が原因となって起こり得るという懸念が指摘されていた。　　X　　政策は，当時の食糧管理制度の下で，②米が過剰生産されたことによって，国の財政が圧迫されたことに対する政策であった。1990年代における米不足は，日本の③ウルグアイ・ラウンドの合意内容に影響を与えた。2000年代になると，国内では初となる④BSE(牛海綿状脳症)が発生し，食の安全が危ぶまれた。

(1)　下線部①について，農業基本法の内容について述べた文として最も適当なものを，次のア～エから1つ選び，記号で答えよ。

ア　農業従事者の若返りのために，三ちゃん農業を促進させること。

イ　農業の経営規模を拡大させるために，農業の機械化を促進させること。

ウ　米の供給量を増加させるために，稲作を中心とする農業を促進すること。

エ　農家の農業による収入を増加させるために，第二種兼業農家の育成を促進させること。

(2)　文中の　　X　　にあてはまる語句を漢字で答えよ。

(3)　下線部②について，この理由について述べた文として最も適当なものを，次のア～エから1つ選び，記号で答えよ。

ア　生産者米価が消費者米価を上まわり，逆ザヤを生みだしていたから。

イ　生産過剰による生産者米価の暴落が，農家に打撃を与えていたから。

ウ　消費者米価の上昇が，景気の悪化を生みだしていたから。

エ　米の増産に力を入れたことが，他産業の衰退を招いたから。

(4)　下線部③について，次の各問いに答えよ。

① ウルグアイ・ラウンドにおいて日本が合意した，外国米の輸入に対する取り決めを何というか。カタカナで答えよ。

② ①の内容に関する記述として最も適当なものを，次のア～エから1つ選び，記号で答えよ。

　ア　外国米に対して，関税を設けずに，輸入の自由化に踏み切ることで合意した。

　イ　輸入した外国米の量に対して，同じ量の米を輸出することで合意した。

　ウ　国内の米の消費量に対する一定割合の外国米を輸入することで合意した。

　エ　GATTに対して一定の補助金を支出することで，外国米の輸入の自由化を見送ることで合意した。

③　GATTが改組されてできた組織として最も適当なものを，次のア～エから1つ選び，記号で答えよ。

　ア　関税と貿易に関する一般協定　　イ　経済連携協定

　ウ　世界貿易機関　　　　　　　　　エ　国連貿易開発会議

(5)　下線部④について，2003年に牛肉を対象としたトレーサビリティに関する法が制定された。トレーサビリティの説明として最も適当なものを，次のア～エから1つ選び，記号で答えよ。

　ア　生産物の生産地，流通経路を調べるシステム

　イ　農家単体で，生産，加工，流通を行うシステム

　ウ　有機栽培による飼料のみを使用するシステム

　エ　生産物に，人体に有害な物質が含まれているかを調べるシステム

解答　(1)　イ　　(2)　減反　　(3)　ア　　(4)　①　ミニマム・アクセス　　②　ウ　　③　ウ　　(5)　ア

解説　(1)　ア　三ちゃん農業は，じいちゃん・ばあちゃん・かあちゃんの農業で，若返りとは対極の言葉である。　ウ　特に稲作の生産量の増加を図る部分はない。　エ　兼業農家の促進は図っていない。　(2)　減反政策とは，過剰となった米の生産量を調整し，麦や大豆などほかの作物への転作を促す政策のことである。

(3)　イ　食糧管理制度により米の価格が調整されてきたので，農家の収入を保証していた。　ウ　消費者物価は高止まりしていて，景気への影響はなかった。　エ　減反政策は，米の増産を図ったものではない。　(4)　①・②　ミニマム・アクセスとは，日本が高関税を課して輸入を制限する代わりに，いかなる貿易品目にも最低限の輸入枠を設定するという考え方で，1993年ウルグアイ・ラウンドで日本が合意した取り決めである。　③　アはGATTのこと。イの経済連携協定(EPA)は，2以上の国の間で，自由貿易協定に加えて貿易以外の分野を含めて締結される包括的協定のことである。エの国連貿易開発会議(UNCTAD)は，貿易と開発，それに金融，投資，技術，持続可能な開発の関連問題に総合的に対応する国連の中心的な機関である。　(5)　トレーサビリティとは，食品の生産，加工，流通などの各段階で，原材料の出所や製造元，販売先などの記録を記帳・保管し，食品とその情報を追跡できるようにすることである。

例題5

次の文を読んで，下の問いに答えよ。

　農業の起源は約1万年前といわれ，複数の地域でそれぞれ独立して成立した。①バナナやイモ類が栽培された《ア》農耕文化，雑穀やマメ類が栽培された《イ》農耕文化，麦類が栽培された《ウ》農耕文化，ジャガイモやトウモロコシが栽培された《エ》農耕文化が発生し，やがてそれらの作物は，周辺の栽培適地へと伝わっていった。

　資本主義が確立したヨーロッパでは，農業の近代化が進み，②穀物のほかにクローバー，ジャガイモ，トウモロコシ，テンサイなどを導入して《オ》を行い，多くの牛や豚を飼育した農業を営むようになった。都市の近くでは③酪農や園芸農業が発達するようになった。

問1　《ア》～《エ》の農耕文化の主な栽培植物の発生地と伝播経路を，次の地図の(A)～(D)から1つずつ選び，記号で答えよ。

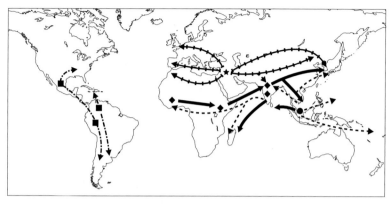

(A) 農耕文化	(B) 農耕文化	(C) 農耕文化	(D) 農耕文化
◆ 発生地	★ 発生地	● 発生地	■ 発生地
◀— 伝播経路	◀┼┼┼ 伝播経路	◀--- 伝播経路	◀-･-- 伝播経路

問2　「山羊」や「羊」が家畜化されたのはどの農耕文化においてか,《ア》
　　～《エ》から1つ選び, 記号で答えよ。

問3　下線部①はプランテーションによって多く生産されるようになっ
　　た。それに関連して述べた次の文の空欄に入る語句を答えよ。

　　　プランテーションは, アフリカ, アジアなどの熱帯・亜熱帯地域
　　に展開される大規模な(a)的農園農業である。一般に欧米の大資
　　本企業が資本と技術力を提供し, 安価で豊富な現地の人々を雇い,
　　バナナやパイナップル, コーヒー, カカオなどの(b)作物を大量
　　に(c)耕作し, 主に世界市場に輸出している。東南アジアのマレー
　　半島においては, かつてイギリス資本が安価な労働力として多くの
　　(d)人を雇い, (e)のプランテーション経営を展開した。

問4　文中の《オ》にあてはまる語句を答えよ。

問5　下線部②について, 穀物・飼料作物と家畜飼育を組み合わせた農
　　業を何というか, 漢字で書け。

問6　下線部③に関し, 酪農とはどのような農業か。「飼育」「乳製品」
　　という語句を用いて簡潔に書け。

解答 問1 《ア》(C) 《イ》(A) 《ウ》(B) 《エ》(D)
問2 《ウ》 問3 a 商業 b 商品 c 単一 d イ
ンド e 天然ゴム 問4 輪作 問5 混合農業
問6 飼料作物を栽培し,乳牛を飼育し,乳製品を作って販売す
ることが目的となる農業のこと。

解説 問1 《ア》根栽,《イ》サバナ,《ウ》地中海,《エ》新大陸,とな
る。 問2 他の農耕文化との違いは,発生当初から家畜飼育と
強く結びついている点である。 問3 プランテーションに関す
る基本的な問題である。 問4 同じ耕地に異なる農作物を年ご
とに一定の順序で作付けすることで,一年間休耕地とする場合も
ある。

例題6

次の各問いに答えよ。

問1 工業生産および工業立地について述べた文として最も適当なもの
を,次の①〜④から1つ選べ。

① 労働費が安く技術力の高い国へ工業製品を大量発注することを
セーフガードという。

② 海外に工場が移転して工業出荷額や雇用が減少するなど中心工
業地域が衰退することを産業のセグリゲーションという。

③ 本国の親会社が海外に現地法人をつくって生産や営業の拠点を
配置し,広範な地域で経済活動を行う企業を郷鎮企業という。

④ アメリカ合衆国との国境地帯にあり,原材料や部品を輸入し,
製品をアメリカ市場に輸出する加工区を,メキシコではマキラドー
ラという。

問2 「青いバナナ」(ブルーバナナ)とよばれる地域の説明として最も
適当なものを,次の①〜④から1つ選べ。

① アメリカ合衆国の北東部,五大湖沿岸に広がる機械工業,鉄鋼
業を中心とした工業地帯のこと。

② イギリス南部からドイツ,フランスを経て北イタリアにおよぶ
経済活動が活発な地域のこと。

③ アメリカ合衆国の北緯37度以南に広がる原子力工業，航空・宇宙関連産業が発達している地域のこと。

④ アフリカ大陸のコンゴ民主共和国からザンビアにかけて広がる広大な銅の埋蔵地帯のこと。

| 解答 | 問1 ④　　問2 ②

| 解説 | 問1 ①　セーフガードとは，ある輸入品が急増し自国の競合する産業が重大な被害を受ける恐れのある場合に協定により緊急輸入制限することをいう。　②　産業の空洞化という。　③　郷鎮企業ではなく多国籍企業。郷鎮企業は中国において地方行政単位である郷や鎮または個人が経営する中小企業のこと。

問2　①　フロストベルト　　③　サンベルト　　④　カッパーベルト

高校地歴（地理） 世界の地誌

ポイント

　「世界の地誌」については，アジア・ヨーロッパ・アメリカが頻出である。ただし，アジアといっても，東アジアから東南アジア，南アジアを経て西アジアまでと広範囲にわたり，アメリカについてもアングロアメリカからラテンアメリカまでが含まれている。ヨーロッパについては各国の地誌だけではなく，ＥＵについての出題もあるので注意が必要だ。一方で，アフリカやオセアニア，変わった所では南極まで出題がなされているので，全大陸を一通り学習しておくことを勧めたい。

　内容の方を見てみると，地名や地形，気候や産業，資源や貿易など多岐に及んでおり，こちらの方でも網羅的に学んでおくことが必要だ。

　また，知識を覚えこむだけでなく，地図などを活用して視覚的な理解も深めるような学習ができれば，より効果的だと思われる。いくつかの国の輪郭を図示して正解を求める出題もあったので，各大陸や主要国の形状など地理的な感覚も養っておきたい。

　そして，記述の能力も大事である。地理用語の解説や「この地域の気候の特徴は？」「この国の産業は？」などの問いがしばしば出るので，簡潔で要領を得た説明ができるようにしておこう。

　また，時事についてもおさえておきたい。各地の紛争や労働問題など最近の動向を反映した出題がなされることもあるので，日頃からニュースに注目したり，そのような事項をまとめた書籍などに目を通しておくようにする。

□ＥＵ　ヨーロッパ(欧州)連合の略称。1993年にマーストリヒト条約が発効してＥＣから改組。2020年１月に英国が離脱したことにより，加盟国は27カ国となった。本部はブリュッセルに置かれているが，主要機関はヨーロッパ各地に分散している。

ECSC(1952·ヨーロッパ石炭鉄鋼共同体)

EEC(1958·ヨーロッパ経済共同体) ── EC(1967) ──────── EU(1993)

EURATOM(1958·ヨーロッパ原子力共同体) (ヨーロッパ共同体) (ヨーロッパ連合)

□東南アジア

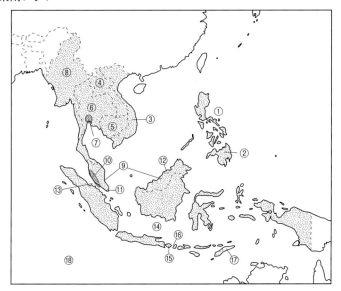

①ーフィリピン：多島国，中心はルソン島，カトリック教徒

②ーミンダナオ島 (日本向けのバナナ生産)

③ーベトナム：社会主義国，ドイモイ政策で経済開放

④ーラオス：社会主義国，メコン川中流の山岳国

⑤ーカンボジア：内戦終結で復興，アンコール=ワット

⑥ータイ：緩衝国として独立維持，仏教王国

⑦ーチャオプラヤ川：デルタ (米の栽培)

⑧ーミャンマー：旧国名ビルマ

⑨ーマレーシア：ブミプトラ政策でマレー人優遇

⑩ークアラルンプール：天然ゴム→油ヤシへのプランテーション転換

⑪ーシンガポール：華人国家，中継貿易，ジュロン地区 (輸出加工区)

⑫ーブルネイ：石油・天然ガス産出で裕福

⑬ーマラッカ海峡 (海上交通の要衝)

⑭ーインドネシア：多島国，世界最多のイスラム教徒がいる国

⑮ーバリ島 (ヒンズー教徒の島)

⑯ーロンボク海峡 (海上交通の要衝，マラッカ海峡より深い)

⑰ー東ティモール：2002 年独立，カトリック多数

⑱ーＡＳＥＡＮ(2024 年現在10カ国加盟)

□西アジア

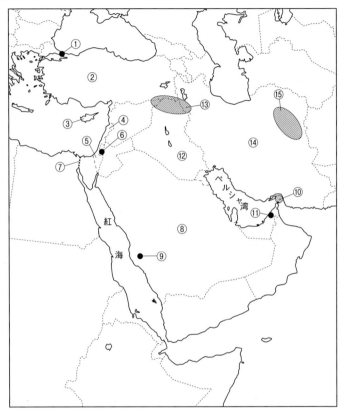

①－イスタンブール（アジアとヨーロッパ
　　の架け橋）
②－トルコ：西欧化・近代化を進める国
　　民国家
③－キプロス島（トルコ系住民とギリシャ
　　系住民の対立）
④－レバノン：内戦終結後も対立・混乱
⑤－イスラエル：ユダヤ人，キブツ，
　　パレスチナ問題
⑥－エルサレム（キリスト教・ユダヤ教の
　　聖地）

⑦－スエズ運河
⑧－サウジアラビア：世界最大級の産油国
⑨－メッカ（イスラム教の聖地）
⑩－ホルムズ海峡
⑪－ドバイ（アラブ首長国連邦，中東有数
　　の都市）
⑫－イラク：イラク戦争とその後の混乱・
　　復興
⑬－クルディスタン地域：クルド人問題
⑭－イラン：シーア派イスラム教，核問題
⑮－地下水路カナートによる灌漑

□アフリカ

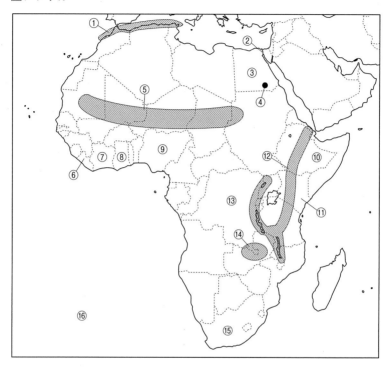

①－アトラス山脈北側（地中海式農業）

②－スエズ運河

③－エジプト：古代文明，観光立国

④－アスワンハイダム

⑤－サヘル地域（砂漠化が深刻）

⑥－リベリア：アメリカ解放奴隷，便宜置
　　籍船

⑦－コートジボアール：カカオの生産

⑧－ガーナ：ヴォルタ計画，アコソンボダム

⑨－ナイジェリア：アフリカ最大の人口

⑩－エチオピア：アフリカ最古の独立国

⑪－ケニア：ホワイトハイランドに白人が
　　入植

⑫－東アフリカ大地溝帯（リフト・バレー）

⑬－コンゴ民主共和国：旧国名ザイール，
　　内戦終結

⑭－カッパーベルト（銅鉱床地帯）

⑮－南アフリカ共和国：鉱産資源豊富，ア
　　パルトヘイト廃止

⑯－ＡＵ（アフリカ連合，2002年発足，
　　2024年現在55ヵ国加盟）

□オセアニア

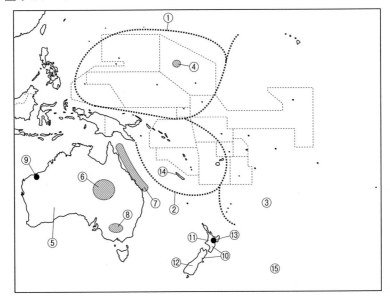

①－ミクロネシア
②－メラネシア
③－ポリネシア
④－ビキニ環礁 (第五福竜丸事件)
⑤－オーストラリア：先住民アボリジニー
⑥－大鑽井盆地 (掘り抜き井戸)
⑦－グレートバリアリーフ (大堡礁)
⑧－スノーウィーマウンテンズ計画

⑨－ポートヘッドランド (日本への鉄鉱石輸出)
⑩－ニュージーランド：先住民マオリ人
⑪－北島 (牧牛)
⑫－南島 (東部で牧羊, 西部で牧牛)
⑬－ワイラケイ地熱発電所
⑭－ニューカレドニア島 (フランス領, ニッケル産出)
⑮－ラロトンガ条約 (南太平洋の非核化)

□南米

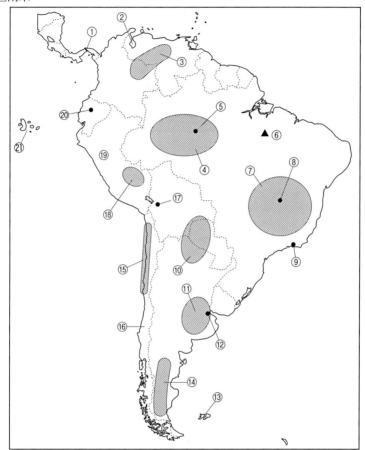

①―パナマ運河(1999年パナマに返還)
②―マラカイボ湖(ベネズエラ最大の油田)
③―リャノ(オリノコ川流域)
④―セルバ(アマゾン川流域)
⑤―マナウス(アマゾン川の河港都市)
⑥―カラジャス(世界屈指の鉄鉱山)
⑦―カンポ(ブラジル高原)
⑧―ブラジリア(ブラジル首都, 計画都市)
⑨―リオデジャネイロ(旧首都, カーニバル,
　　　ファベーラ)
⑩―グランチャコ(パラグアイ川流域)

⑪―パンパ(東部の湿潤パンパと西部の乾燥パンパ)
⑫―ブエノスアイレス(アルゼンチン首都)
⑬―フォークランド諸島(マルビナス諸島, 領土戦争)
⑭―パタゴニア(冷涼乾燥)
⑮―アタカマ砂漠(ペルー海流による海岸砂漠)
⑯―チリ:銅の産出量世界一
⑰―ラパス(ボリビア首都, 高山都市)
⑱―インカ文明の中心地(クスコ)
⑲―ペルー:水産業盛ん(アンチョビー)
⑳―キト(エクアドル首都, 高山都市)
㉑―ガラパゴス諸島(エクアドル領, 進化論)

□世界の紛争

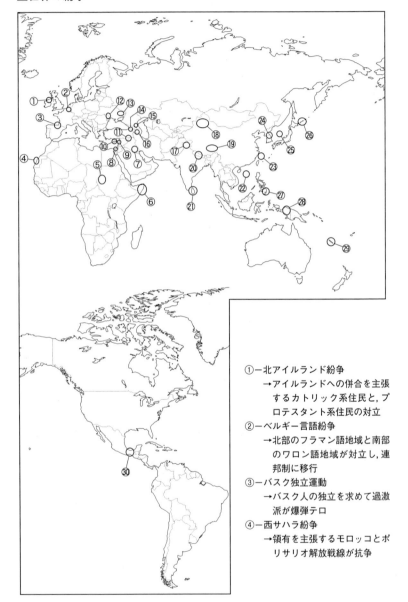

①－北アイルランド紛争
　→アイルランドへの併合を主張
　　するカトリック系住民と, プ
　　ロテスタント系住民の対立
②－ベルギー言語紛争
　→北部のフラマン語地域と南部
　　のワロン語地域が対立し, 連
　　邦制に移行
③－バスク独立運動
　→バスク人の独立を求めて過激
　　派が爆弾テロ
④－西サハラ紛争
　→領有を主張するモロッコとポ
　　リサリオ解放戦線が抗争

⑤ーダルフール紛争
→スーダン西部でアラブ系民兵組織が非アラブ系住民を襲撃

⑥ーソマリア内戦
→国内対立に各国の介入が絡み, 分裂状態

⑦ーイラク
→イラク戦争後の混乱の中, 国内外のテロ組織が駐留軍や住民をテロ攻撃

⑧ーパレスチナ紛争
→イスラエルとパレスチナ人が長年対立

⑨ーレバノン
→長年の内戦の影響で, 親シリア派と反シリア派が対立

⑩ーキプロス紛争
→南部のギリシャ系住民と北部のトルコ系住民が対立

⑪ークルド独立運動
→独立国家を求めるクルド人とトルコなどの周辺諸国の間が緊張状態

⑫ードニエストル紛争
→モルドバ東部のロシア系住民が沿ドニエストル共和国独立を宣言

⑬ーウクライナ紛争
→ロシアがクリミアを一方的に併合, ウクライナへ侵攻

⑭ーアブハジア紛争, 南オセチア紛争
→グルジア西部のアブハズ人, 北部のオセット人が独立を宣言

⑮ーチェチェン紛争
→ロシアからの独立を求めてチェチェン人がゲリラ活動

⑯ーナゴルノ・カラバフ紛争
→アゼルバイジャン西部のアルメニア系住民が独立を宣言したが停戦合意

⑰ーカシミール問題
→カシミール地方の領有権をインドとパキスタンが主張し長年対立

⑱ー東トルキスタン独立問題
→中国の支配に対し, ウイグル人が独立を求めて抵抗

⑲ーチベット独立問題
→中国の支配に対し, ダライ・ラマ14世はインドに亡命政権をたてて抵抗

⑳ーネパール
→毛沢東主義を掲げる過激派マオイストを中心に大規模な民主化運動, 王政廃止で連邦共和制へ移行

㉑ースリランカ紛争
→ヒンドゥー教徒のタミル人が仏教徒のシンハラ人に分離独立を要求したが内線集結

㉒ー南沙(スプラトリー)諸島領有問題
→領有権をめぐって, 周辺諸国が対立

㉓ー東シナ海問題
→日本の尖閣諸島とガス田の領有権をめぐって, 中国と対立

㉔ー朝鮮半島問題
→朝鮮戦争後, 北朝鮮と韓国が分断し, 休戦状態を継続中

㉕ー竹島問題
→日本の竹島を韓国が占領し, 領有権を主張

㉖ー北方領土問題
→日本の北方四島をロシアが占領し, 領有権を主張

㉗ーミンダナオ紛争
→フィリピン南部のミンダナオ島のモロ人(イスラム教徒)が独立を要求

㉘ーイリアン・ジャヤ独立問題
→ニューギニア島西部のパプア人がインドネシアからの独立を要求

㉙ーニューカレドニア独立問題
→原住民のカナック人がフランスに独立を要求し, 自治に向けて協議

㉚ーチアパス問題
→サパティスタが先住民の生活向上と政治の民主化をかかげ, チアパス州で蜂起

━━━━━━━━━━━━━ **例題1** ━━━━━━━━━━━━━

南アメリカに関する次の各問いに答えよ。

1　以下の地図中(a), (b)の地域には砂漠が広がっている。それぞれが形成された要因を以下の地図に図示するとともに, (a), (b)の名称を明らかにしながら, 枠内に説明を記せ。

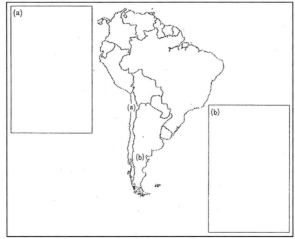

2　南アメリカにおいて, 1995年に発足した地域経済統合を何というか答えよ。

| **解 答** | 1 |

2 MERCOSUR

解説 1 (a) この砂漠地帯はアタカマ砂漠であるので，海岸砂漠の形成について解説をする。この地域では大陸西岸を寒流のペルー海流が流れており，地表付近が冷却され上昇気流が発生せず大気が安定する。したがって雲ができず雨が降らないため砂漠が形成される。 (b) この砂漠地帯はパタゴニアであるので，山地と風の関係を解説する。山脈に風が吹き付けることで，風上側は上昇気流が生じて雨が降るが，風下側は乾燥する(フェーン現象)。この地域はアンデス山脈にぶつかった偏西風の風下にあたるため，砂漠となる。 2 ブラジル・アルゼンチン・ウルグアイ・パラグアイが加盟しており，ベネズエラは資格停止。準加盟国はボリビア，チリ，コロンビア，エクアドル，ガイアナ，ペルー，スリナム。対外共通関税，財・サービスや労働力の自由な流通を目指す関税同盟のこと。南米南部共同市場(Mercado Comun del Cono Sur)の略。

―――――――――― 例題2 ――――――――――

次の表は世界のおもな国(A～C)の統計を示している。表と下のA～Cの各国が抱える各種の問題に関する文章を読んで，あとの(1)～(7)の問いに答えよ。

国名	総人口(千人)	出生率(%)	死亡率(%)	産業別人口構成(%)			国民総所得(百万ドル)	各国の主な輸出品(上位5品目)
				第1次	第2次	第3次		
A	110,990	22.6	6.3	19.8	27.2	53.0	412,839	石油製品，液化天然ガス，野菜・果実，機械類
B	83,370	9.2	12.5	1.3	26.1	72.6	4,411,0.28	機械類，自動車，医薬品，精密機械，自動車部品
C	127,504	14.9	9.4	12.3	24.9	62.8	1,261,434	機械類，自動車，自動車部品，原油，野菜・果実

(『世界国勢図会』2023/24より作成)

A この国は，外来河川の河口に巨大な三角州をもつ歴史の古い国である。ダム開発により農業開発が行われたが，塩害等の環境問題を抱えている。1994年に，この国の首都で「国際人口開発会議」が開

催され，①リプロダクティブ・ヘルス・アンド・ライツという考え方が採択された。

B　この国は外国人が多い。労働力不足を補うため，②ガストアルバイターと呼ばれる外国人労働者を受け入れたからである。しかし現在では大きな民族問題の原因の一つになっている。また南西部に位置するフライブルクは③環境首都として世界中から注目を集めている。

C　この国は④USMCAを組織する3か国の一つで経済の成長が著しいが，莫大な累積債務を抱えている。首都は標高が2000m以上の盆地に位置し，人口が集中し，⑤スラム街の形成や大気汚染など多くの都市問題を抱えている。

(1)　表のA～Cの国名を答えよ。

(2)　下線部①について，この「リプロダクティブ・ヘルス・アンド・ライツ」という新しい概念を説明せよ。

(3)　下線郡②について，「ガストアルバイター」の受け入れから現在抱える問題点まで，政策の変遷を含めて説明せよ。

(4)　下線部③について，フライブルクやロンドンなどでも取り入れられている「ロードプライシング制度」とはどのような制度か，その成果も含めて説明せよ。

(5)　下線部④について，右の表a～cはASEAN，EU，USMCAの統計を示している。USMCAについて，a～cから1つ選び，記号で答えよ。

国名	面　積 （千km²）	人　口 （百万人）	GDP （億ドル）	貿易額(億ドル)	
				輸　出	輸　入
日本	378	125	49,409	7,560	7,690
a	4,487	674	33,403	17,241	16,212
b	4,132	445	171,778	66,471	65,083
c	21,783	502	265,763	27,567	39,618

（『世界国勢図会』2023/24より作成）

(6)　下線部⑤について，発展途上国のスラム街と先進国のスラム街の形成過程の違いを説明せよ。

(7)　3か国の産業別人口構成の「三角図表」作成を板書で説明する。座標軸や単位，各国の数値を実際に三角グラフとして図示せよ。また，そのグラフから読み取れる産業別人口構成の特色を具体的に説明せよ。

解答　(1)　A　エジプト　　B　ドイツ　　C　メキシコ　　(2)　家族

計画を人口抑制の手段としてよりも，女性の人生に対する自己決定権を人権として尊重する考え方であり，女性の地位向上なくして人口問題の解決はないという主張。　(3)　旧西ドイツは，経済成長に必要な労働力不足に対して1960年代からトルコやイタリアなどから外国人労働者を迎えた。1990年の東西ドイツ統一後景気が後退し，外国人を排斥する運動が強まった。2000年から移民に対する制限をゆるめ，社会への統合をはかり共存をめざす多文化主義の考え方が広まってきた。　(4)　交通渋滞を緩和させることが目的で，市内中心部に乗り入れる自動車から混雑課徴金を徴収するもので，公共交通機関はスピードアップし，ラッシュアワー時の混雑も多少緩和され，排気ガス対策にも効果があった。

(5)　c　(6)　発展途上国では，貧困に耐えかね農村部から押しだされた人々が都市部へ移動し，都市の基盤整備が追いつかず居住環境が劣悪になりスラムが形成される。先進国では，インナーシティ問題が顕在化し，旧市街地から人々が郊外に流出することにより，人口減少や高齢化で生活環境が悪化して犯罪も多発し，スラム化を招いている。

(7)　(板書例)

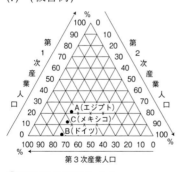

①グラフを作成しよう
　＊三角図表の座標を記入(1次，2次，3次)
　＊単位の％を記入(0%→50%→100%)
②数値の打点をしてみよう
　＊A～C国の数値をグラフに図示

③グラフを読み取ろう

　エジプトの位置から1次産業の割合が高い開発途上国，ドイツ
の位置から3次産業の割合の高い先進国，メキシコの位置から
工業化の進むNIESの国を読み取ることができる。

解説　(1)　Aは外来河川，巨大三角州，歴史の古い国からエジプト。B
は外国人労働者，フライブルクからドイツ，CはUSMCA，人口が
1億を超えた，スラム街からメキシコ。　　(5)　USMCAは，「アメ
リカ合衆国・メキシコ・カナダ協定(United States-Mexico-Canada
Agreement)」の略称。母体は1994年にアメリカ合衆国・カナダ・
メキシコとの間で発効した北米自由貿易協定(NAFTA)。アメリカ
合衆国に不利に働く協定として，当時のドナルド・トランプ大統
領が猛烈に批判し，改正を求めたことから，2020年7月にNAFTA
に代わって発効した協定である。aはGDPが低いASEAN，bは輸
出入の多いEU。　　(7)　産業別人口構成割合は，指標が第1次，
第2次，第3次産業の3つであるので，三角グラフを用いると，各
国の特色が一目でわかる。

━━━━━━━━━━━━ 例題3 ━━━━━━━━━━━━

インドを示した次の地図について，あとの各問いに答えよ。

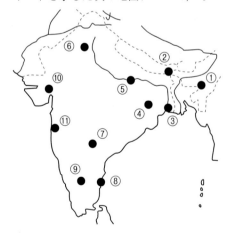

[あ]　ジャルカンド州に位置するこの都市は，近隣の（　A　）炭田と
　　（　B　）鉄山を利用して，1907年にタタ財閥により同国初の製鉄所が
　　建設されたことで知られている。

[い]　インドにおける代表的な避暑地である。この地域一帯は世界有数
　　の降水量があり，都市名を冠した茶の栽培で知られている。

[う]　この地域における経済・文化の中心地であり，避暑地でもある。
　　近年はIT産業が集積し，「インドのシリコンバレー」と呼ばれるよ
　　うになった。

[え]　ヒンドゥー教，仏教，ジャイナ教の聖地として知られる宗教都市
　　で，各地から多くの信者が訪れる。

[お]　綿工業の中心地で同国最大の人口を有するこの都市は，かつてイ
　　ギリスのインド支配の根拠地の1つであった。

[か]　タミルナドゥ州の州都で，旧名はマドラスである。綿織物や皮革
　　工業をはじめ，アルミニウム，自動車，石油精製などの工業が行わ
　　れている。

(1)　[あ]〜[か]の文が説明する都市の位置を，地図中の①〜⑪から選
　　び，番号で答えよ。

(2)　[あ]の文中の空欄にある（　A　）炭田および（　B　）鉄山の名称を
　　それぞれ答えよ。

(3)　下線部について，インドのIT産業が近年急速に発展した要因を
　　1つ挙げよ。

(4)　[か]の文が説明する都市の，現在の名称を答えよ。

解答　(1)　[あ]　④　　[い]　②　　[う]　⑨　　[え]　⑤　　[お]　⑪
[か]　⑧　　(2)　A　ダモダル　　B　シングブーム　　(3)　英語を
話せる技術者が多い，賃金水準が低い，等々　　(4)　チェンナイ

解説　インドは中国と並び，世界的にも経済発展がめざましい地域であ
る。従って，試験に出てくる頻度も今後増すことが考えられ，注
意しておきたい所である。　(1)　[あ]はジャムシェドプル，[い]は
ダージリン，[う]はバンガロール，[え]はヴァラナシ(ベナレス)，
[お]はムンバイ(ボンベイ)，[か]はチェンナイ。いずれもインドの
重要な都市であるので，位置とともに覚えておこう。　(2)　タタ

　財閥はインド最大の民族資本で，ジャムシェドプルのタタ製鉄所は世界屈指の粗鋼生産量を誇る。　(3)　他に，アメリカ合衆国の裏側に位置していて昼夜が正反対なため，24時間体制が可能になるとの理由で同国のIT産業が進出した，インターネットの普及で距離の遠近が関係なくなってきた，という事情もある。

━━━━━━━━━ **例題4** ━━━━━━━━━

次のオーストラリアの略地図を参考に，各問いに答えよ。

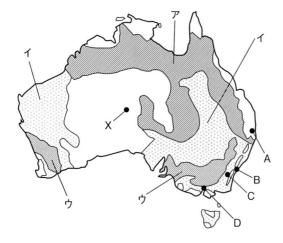

問1　略地図中のA～Dの都市名をそれぞれ答えよ。

問2　略地図中のア～ウはそれぞれ農業地帯をあらわしている。ア～ウの農業地帯の組合せとして適当なものを，次の①～④から1つ選べ。

　①　ア　牧牛地帯　　　イ　小麦地帯　　　ウ　牧羊地帯

　②　ア　牧羊地帯　　　イ　牧牛地帯　　　ウ　小麦地帯

　③　ア　牧牛地帯　　　イ　牧羊地帯　　　ウ　小麦地帯

　④　ア　牧羊地帯　　　イ　小麦地帯　　　ウ　牧牛地帯

問3　略地図中のX地点にあるウルル(エアーズロック)の地形的特徴の説明として適切なものを，次の①～④から1つ選べ。

　①　断層運動によって生じた地形であり，周囲を断層で囲まれた地塁である。

② 準平原上に一段高く突出した丘陵状の地形であり，侵食から取り残されてそびえる残存地形である。

③ 赤熱した溶岩が屋根形の山の中央からゆっくりと押し出され，ドーム型の峰となった単成火山である。

④ 地殻が緩やかに上方へたわむ曲隆運動によって生じた地形である。

| 解答 | 問1　A　ブリスベン　　B　シドニー　　C　キャンベラ |

D　メルボルン　　問2　③　　問3　②

| 解説 | オーストラリアと我が国は，食料や資源の貿易によって経済上の結びつきが非常に強い。ゆえにオーストラリアの農鉱業は頻出であるし，各種のデータを伴う設問も多い。　問1　南東沿岸部は同国にとって最重要の地域であり，主要都市の名前と位置はしっかり把握しておこう。　問2　気温が高い北部は牧牛，乾燥している大鑽井盆地・西部は牧羊，南東部のマーレーダーリング盆地は小麦栽培が盛ん。　問3　巨大な一枚岩の独立岩峰で，世界自然遺産にも登録されている。 |

例題5

世界地図について，次の各問いに答えよ。

(1) 次の地図を見て，線分ア，イ，ウの実際の距離を長い順に並べた場合，正しいものを，あとのa～eから1つ選べ。

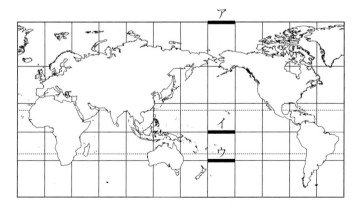

　　a　ア→イ→ウ　　b　ア→ウ→イ　　c　イ→ア→ウ
　　d　イ→ウ→ア　　e　ウ→イ→ア

(2)　次の地図を見て，ニューヨークの対蹠点として正しいものを，地図中のa〜eから1つ選べ。

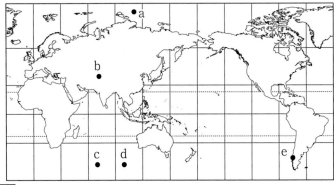

解答　(1)　d　　(2)　d

解説　(1)　地図は経線，緯線ともに直線で直行しており，また緯線の間隔は等間隔ではないことからメルカトル図法で描かれていると考えられる。高緯度ほど経線の間隔が実際よりも広く描かれるため，実際の距離はアが最も短く，赤道上のイが最も長くなる。

(2)　対蹠点とは，地球上のある地点の正反対の位置にある地点のことで，経線上は180度反対側，緯線上は赤道をはさんで反対側の地点となる。ニューヨークは北半球にあるため，bは除外する。c，d，eはほぼ同緯度上にあるので経度について考えると，経線は12本あって各30度間隔であることから，180度離れているのは6本隔てたdである。参考までに，ニューヨークは北緯40度，西経74度である。

高校地歴（地理）　日本の地誌

ポイント

　「日本の地誌」については，地域的な偏りの少ない出題がなされている。ただし，地方自治体によってはその地域に関わりのある問題を出すケースもしばしば見受けられるので，受験の予定が決まれば関連の地域について念入りに学習しておくことを勧めたい。

　内容の面では，産業に関する設問が多い。農業，水産業，工業，商業，と色々あり，表やグラフを伴った出題も多い。学習の際には各種統計のデータも頭に入れるようにし，数字に強くなっておきたい。

　貿易を扱った設問も増えている。我が国の貿易の特色，輸出入の主要商品や相手国，経済のグローバル化の影響などに関する内容のものが出ている。また，資源・エネルギーの貿易については産油地域の情勢やエネルギー源の新開発，食料の貿易については我が国や主要国の食料自給の現状，という出題例があるように，時事的な内容を伴う設問も見られるので，参考書だけで学ぶのではなく，最近のニュースにも注意を払うようにしておこう。

　また，「～について述べよ」という形式の設問もよく出されるので，それぞれの事項についての背景，他の事項との相関性はあるかどうかを考えながら学習を進めていくようにしたい。解答にあたっても，授業で生徒に説明するが如く，分かりやすい言葉を用いて的を射た論述ができることが求められている。

□北海道・東北地方

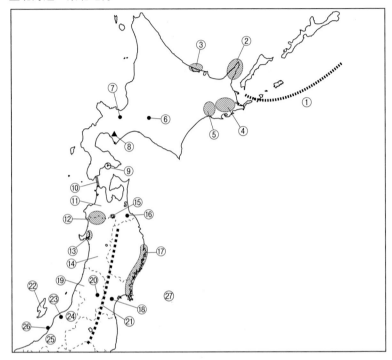

①ー北方領土(国後島・択捉島・色丹島・
　歯舞群島):ロシアが占領中
②ー知床(世界自然遺産)
③ーサロマ湖(潟湖)
④ー根釧台地(パイロットファーム,酪農)
⑤ー釧路湿原(日本最大の湿原,ラムサー
　ル条約登録)
⑥ー夕張市(炭田閉鎖,財政再建団体)
⑦ー札幌市(冬季五輪,政令指定都市)
⑧ー昭和新山(溶岩円頂丘)
⑨ー函館山(陸繋島)
⑩ー青函トンネル
⑪ー青森ヒバ(日本三大美林)
⑫ー白神山地(世界自然遺産,ブナ原生林)
⑬ー大潟村(八郎潟の干拓)

⑭ー秋田スギ(日本三大美林)
⑮ー十和田湖(カルデラ湖,県境未画定)
⑯ー八戸市(漁港)
⑰ー三陸海岸(リアス海岸)
⑱ー仙台市(杜の都,七夕,政令指定都市)
⑲ー山形県(おうとう(さくらんぼ)栽培)
⑳ー天童市(伝統工芸ー将棋駒)
㉑ーシリコンロード(高速道路沿いにIC
　工場が林立)
㉒ー佐渡島(近世の金山開発,トキ)
㉓ー新潟市(柳都,政令指定都市)
㉔ー阿賀野川流域(第二水俣病)
㉕ー中越地震(2004年発生)
㉖ー中越沖地震(2007年発生)
㉗ー東日本大震災(2011年発生)

□関東・中部地方

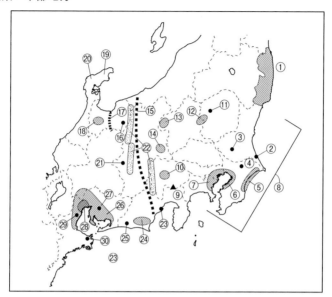

①－福島県浜通り(原子力発電所)
②－鹿嶋市(臨海工業地域, 掘り込み式港)
③－つくば市(筑波研究学園都市, 万博)
④－成田(門前町, 成田国際空港)
⑤－九十九里平野(海岸平野, 納屋集落)
⑥－京葉工業地域
⑦－京浜工業地帯
⑧－関東ローム層(火山灰が堆積)
⑨－富士山(世界文化遺産)
⑩－甲府盆地(扇状地, 果樹栽培)
⑪－日光(世界文化遺産)
⑫－渡良瀬川流域(足尾銅山鉱毒問題)
⑬－浅間山麓(高冷地農業)
⑭－八ヶ岳山麓(高冷地農業)
⑮－糸魚川－静岡構造線(フォッサマグナ西縁)
⑯－黒部ダム(日本最大規模のダム)

⑰－神通川流域(イタイイタイ病)
⑱－砺波平野(散村, 屋敷森)
⑱－砺波平野(散村, 屋敷森)
⑲－能登地震(2024年発生)
⑳－能登半島(伝統工芸－輪島塗)
㉑－木曽ヒノキ(日本三大美林)
㉒－日本アルプス(飛騨・木曽・赤石の3山脈)
㉓－三保松原(世界文化遺産)
㉔－牧ノ原台地(洪積台地, 茶の栽培)
㉕－浜松(楽器・オートバイ)
㉖－中京工業地帯
㉗－豊田(日本最大の自動車工業)
㉘－濃尾平野(木曽・長良・揖斐の下流, 輪中集落)
㉙－四日市(四日市ぜんそく)
㉚－伊勢(伊勢神宮, 鳥居前町)

147

□関西・中国地方

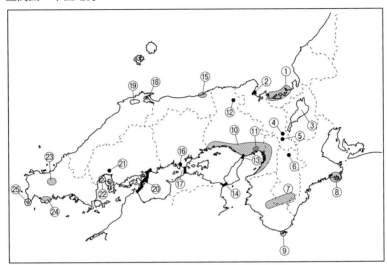

①ー若狭湾(リアス海岸，原子力発電所)
②ー天橋立(砂州)
③ー琵琶湖(日本最大の湖，京阪神の水がめ)
④ー京都(平安京，世界文化遺産)
⑤ー伏見(清酒)
⑥ー奈良(平城京，世界文化遺産)
⑦ー紀伊山地(世界文化遺産)
⑧ー英虞湾・五ヶ所湾(真珠養殖)
⑨ー潮岬(陸繋島)
⑩ー阪神工業地帯
⑪ー灘(清酒)
⑫ー豊岡市(コウノトリ繁殖)
⑬ー明石海峡大橋

⑭ー大鳴門橋
⑮ー鳥取砂丘(海岸砂丘，防砂林，なし・らっきょう)
⑯ー水島(石油コンビナート)
⑰ー瀬戸大橋
⑱ー中海(汽水湖)
⑲ー宍道湖(汽水湖)
⑳ー瀬戸内しまなみ海道
㉑ー広島市(政令指定都市，原爆ドーム)
㉒ー厳島神社(世界文化遺産)
㉓ー秋吉台(日本最大のカルスト地形)
㉔ー宇部・小野田(セメント)
㉕ー関門海峡(壇ノ浦，巌流島)

□四国地方

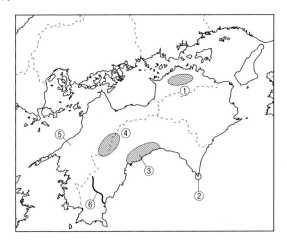

①—讃岐平野(ため池, うどん)　④—四国カルスト
②—室戸岬(海岸段丘)　　　　⑤—愛媛県—みかん栽培
③—高知平野(促成栽培)　　　⑥—四万十川(最後の清流)

□九州・沖縄地方

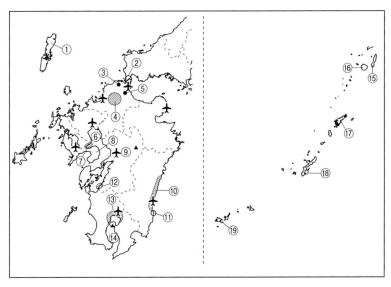

①—対馬(ツシマヤマネコ)
②—関門海峡(壇ノ浦, 巌流島)
③—八幡製鉄所(日本最初の近代製鉄所)
④—筑豊炭田(日本最大規模, 閉鎖)
⑤—平尾台(カルスト地形)
⑥—有明海(遠浅, のり養殖)
⑦—諫早湾(干拓問題)
⑧—雲仙岳(溶岩円頂丘)
⑨—阿蘇山(世界最大級のカルデラ)
⑩—宮崎平野(促成栽培)
⑪—青島(波食棚, 波状岩)
⑫—水俣湾(水俣病)
⑬—シラス台地(火山灰が堆積)
⑭—桜島(火山島)
⑮—種子島(鉄砲伝来, 宇宙センター)
⑯—屋久島(世界自然遺産)
⑰—奄美大島(アマミノクロウサギ)
⑱—沖縄島(さとうきび・パイナップル, 米軍基地, ヤンバルクイナ)
⑲—西表島(イリオモテヤマネコ)

※シリコンアイランド＝九州の別名の一つで, 半導体関連企業が集積する九州についた呼び名(九州では空港の近くにＩＣ工場が立地・✈マークは空港を表す)。

━━━━━ **例題1** ━━━━━

日本のいくつかの地理的事象に関して, 地図1, 2を見て, 下の各問いに答えよ。

地図1

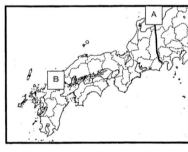

地図2

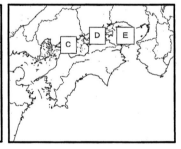

問1　地図1のＡの太線はフォッサマグナの西縁にあたる。この線が通り, 日本海に面している新潟県の都市を答えよ。

問2　地図1のＢには, 本州と九州との移動を容易にしている関門トンネルがある。このトンネルの出入り口にあたる福岡県側の都市の説明として正しいものを, 次のア〜エから1つ選び, 記号で答えよ。

ア　この都市の天神地区は九州で最も商業集積度が高く, 九州全域からの顧客を集めている。

イ　現在でも人口が増加傾向にあるこの都市は, 古くから製鉄業が栄え, 近年の工業品出荷額の統計を見ても, 製鉄業の割合が増加

していることが確認できる。

ウ　九州全体の政治・経済・文化の中心都市であり，あらゆる都市
機能が集中し，全天候型スポーツ施設も立地している。

エ　九州最初の政令指定都市であり，現在，門司港レトロ地区など
の観光や半導体関連企業の誘致等，町づくりへ動きが見られる。

問3　次の説明は，地図2におけるC，D，Eのいずれかの本州と四国を
つなぐルートである。説明されたルートを図2のC，D，Eから1つ
選び，記号で答えよ。

このルートに，1988年に完成した大橋は，鉄道と自動車道路併用
の橋である。この大橋は，五つの島を六つの橋梁とそれらを結ぶ高
架橋で構成されている。架橋以来，島同士だけでなく，近畿圏と四
国との物流が増加した。

問4　次の表は県別農産物のデータ(2022)を表し，F～Iは福岡県，熊
本県，宮崎県，鹿児島県のいずれかを示している。(1)，(2)の問いに
答えよ。

	小麦(トン)	きゅうり(トン)	みかん(トン)	豚(千頭)
F	116	3,330	9,700	1,153
G	313	64,500	6,940	818
H	20,600	15,300	75,000	338
I	75,400	4,310	17,600	79

（『データでみる県勢』2024より作成）

(1)　F～Iの組合せとして正しいものを，次の①～⑤から1つ選び，
番号で答えよ。

	①	②	③	④	⑤
F	鹿児島	鹿児島	宮崎	福岡	福岡
G	宮崎	熊本	福岡	熊本	宮崎
H	熊本	宮崎	熊本	宮崎	鹿児島
I	福岡	福岡	鹿児島	鹿児島	熊本

(2) 九州地方におけるきゅうり生産は促成栽培によるものが多い。その理由について，気候に着目して説明せよ。

解答 問1 糸魚川市 問2 エ 問3 D 問4 (1) ①
(2) 温暖で日照時間の長い気候条件を利用して，きゅうりの早期生産ができ，フェリーや高速道路網の整備により大都市への輸送が可能となり，端境期のメリットがより大きくなったから。

解説 問1 フォッサマグナとはラテン語で「大きな溝」の意味であり，日本列島を東北日本と西南日本にわける断層地帯である。西縁の糸魚川＝静岡構造線では大規模な断層地形がみられるが，東縁は火山噴出物に覆われているため不明瞭である。 問2 関門トンネルは山口県下関市と福岡県北九州市を結ぶ海底トンネルである。北九州市は，1901年の八幡製鉄所の操業開始を契機に，重化学工業都市として栄えた。アの天神地区は福岡市の商業中心地であり，ウも九州の中心都市である福岡市の記述である。また，北九州市の人口は近年減少しており，イは間違いとなるため，答えはエとなる。北九州市は1963年に門司・小倉・戸畑・八幡・若松の5市が合併したことで誕生した，九州初の政令指定都市である。 問3 本州四国連絡橋のうち，鉄道・道路併用橋は1988年に完成した瀬戸大橋(児島・坂出ルート)のみであり，Dとなる。東から，E 神戸・鳴門ルート，D 児島・坂出ルート，C 尾道・今治ルート(瀬戸内しまなみ海道)となっている。 問4 (1) Fは，豚の頭数が多いことから，豚の飼育頭数が全国1位の鹿児島県とわかる。Gは，きゅうりが多いことから，冬季の温暖多照な気候と，地理的な標高差を活用し，全国の生産量の約10％を占める宮崎県とわかる。Hは，みかんが多いことから熊本県，Iは，小麦が多いことから，小麦の生産量全国第2位の福岡県であるとわかる。 (2) 温暖な宮崎平野では，夏野菜であるきゅうりをビニールハウスで生産し，出荷時期を早める促成栽培が行われており，12月〜5月にかけて全国の市場へと出荷されている。

■■■■■■■ 例題2 ■■■■■■■

次の(1)～(3)に答えよ。

(1) 次のア～エは，新潟県，茨城県，大分県，鹿児島県の地形別面積割合をそれぞれ表している。このうち，大分県について表しているものを1つ選び，記号で答えよ。

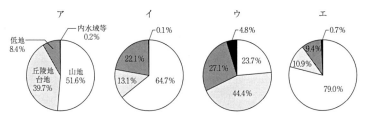

資料：『データでみる県勢』2023より作成

(2) 次の表は，日本国内における産業別の製造品出荷額等の上位5位までの都道府県を表したものである。A～Cにあてはまる項目を選択肢ア～ウの中からそれぞれ選び，その記号を書け。また，表中①～④にあてはまる都道府県名を，それぞれ書け。

(億円)

	A		B		C		パルプ・紙・紙加工品	
第1位	①	22,695	③	3,584	東京	7,846	④	8,608
第2位	②	20,277	大阪	2,831	②	7,350	愛媛	5,475
第3位	③	17,890	岡山	2,304	大阪	4,477	②	5,087
第4位	兵庫	17,270	福井	2,137	③	2,367	③	3,867
第5位	神奈川	15,610	滋賀	1,924	福岡	1,908	大阪	3,418

資料：『データでみる県勢』2024より作成

ア　印刷・同関連業　　イ　食料品　　ウ　繊維工業

(3) 湖の成因について，次の①，②に答えよ。

① 桧原湖(福島県)，中禅寺湖(栃木県)，河口湖(山梨県)は，すべて同じ成因の湖である。どのように形成されたのか，簡潔に説明せよ。

② 芦ノ湖(神奈川県)を成因から区別した場合，次のア～エのどれに属するか。正しいものを1つ選び，記号で答えよ。

　　　ア　断層湖　　イ　海跡湖　　ウ　マール　　エ　火口原湖

解答　(1)　エ　　(2)　Ａ　イ　　Ｂ　ウ　　Ｃ　ア　　①　北海道
　　②　埼玉県　　③　愛知県　　④　静岡県　　(3)　①　火山活
　　動・山崩れ・地すべりなどによって岩石や土塊が流下し，河川が
　　堰き止められたことによって形成された。(堰止湖)　　②　エ

解説　(1)　大分県は山地の比率が高いことでよく知られている。
　　(2)　ＡはＢとＣを選んだ後に消去法で判断する。　Ｂ　大阪府は
　　繊維工業が盛んである。　Ｃ　首都圏は印刷業が多い。したがっ
　　てＡは食料品である。　①は食料品が1位なので北海道，②は首
　　都圏で印刷業が多い埼玉県，③は繊維工業が1位の愛知県である。
　　また，④の静岡県は東部に多くの製紙工場がある。　(3)　①　堰
　　止湖以外には火口湖やカルデラ湖等の構造湖がある。　②　芦ノ
　　湖は火口原に水がたまった火口原湖である。同じく火口原湖には
　　榛名湖がよく知られている。

例題3

日本に関する次の問いに答えよ。

(1)　日本の自然環境の授業において，高校生から次のア・イの質問が
　　出た。各質問に対して，下の語群の語句をそれぞれ1つずつ選び，そ
　　の語句を用いて，それぞれ高校生が理解できる内容で説明せよ。た
　　だし，選んだ語句の使用回数は自由とする。
　　ア　「リアス海岸とフィヨルドのでき方は，どう違うのですか。」
　　イ　「成帯土壌と間帯土壌の違いは何ですか。」
　　　語群：気温，堆積，沈水，降水，気候，離水，風化，造山

(2)　本州付近のプレート境界を示した図として，最も適当なものを1つ
　　選び，記号で答えよ。

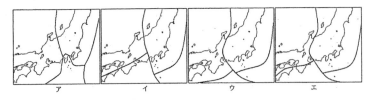

(3) 次の文の空欄に適することばを補い，文を完成させよ。

気温の日較差は，その日の最高気温と最低気温との差で求める。

気温の年較差は，その年の(　　)で求める。

(4) 日本の降水に関する次の文の空欄に適する語句を，Xは6文字，Yは4文字で答えよ。

梅雨は小笠原気団と(　X　)気団との境界付近の前線性降雨であるのに対して，北陸の降雪は(　Y　)風による地形性降雨である。

(5) 日本海沿岸のいくつもの都市の大火は，フェーン現象の発生時に起きたものが多い。北陸地方がフェーン現象で高温・乾燥となる時の気象条件として，最も適当なものを1つ選び，記号で答えよ。

ア　移動性の高気圧が，日本海から北陸上空を通り太平洋に通過する時。

イ　移動性の低気圧が，対馬海峡から北海道に向けて日本海を通過する時。

ウ　三陸海岸沖の低気圧から伸びる寒冷前線が，本州の南の海上に停滞する時。

エ　日本海に高気圧が，太平洋に低気圧が，それぞれ勢力をもって張り出す時。

(6) 下のア〜エの文は，日本の環境問題の授業における教師の発問に対する答えである。ア〜エのうち，下線部の内容が適当でないものを1つ選び，記号で答えよ。

発問　日本はさまざまな公害や災害等の被害を体験し，対策を講じてきました。現在は，その経験を支援として発揮することが，国際社会で期待されています。では，どのような地域に，どのような支援をすべきだと思いますか。

ア　「工場排煙等による大気汚染地域に，排煙脱硫装置や排煙脱硝装置の技術者の派遣や資金援助をすべきだと思います。」

イ　「有機水銀汚染が起きている金の採掘地域に対して，水俣病に関する研究者や技術専門家を派遣すべきだと思います。」

ウ　「カドミウム汚染が起きている銅の採掘地域に対して，イタイイタイ病に関する研究者や医師を派遣すべきだと思います。」

エ 「地震等で倒壊した建物のがれき処理を行っている地域に，<u>ダイオキシン被害</u>の専門家や医師を派遣すべきだと思います。」

(7) 次の地図は，世界各地のおもな食べ物の分布を示したものである。図中のア〜オにあてはまる語句の組合せとして最も適当なものを，下の1〜8から1つ選べ。

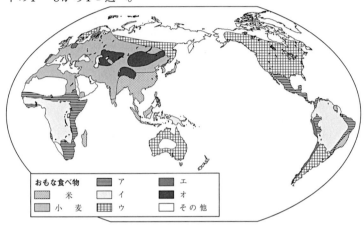

（『朝日百科 世界の食べもの』ほかより作成）

	ア	イ	ウ	エ	オ
1	とうもろこし	いも類	麦類・じゃがいも	小麦・肉	肉・乳製品
2	いも類	肉・乳製品	小麦・肉	とうもろこし	麦類・じゃがいも
3	麦類・じゃがいも	肉・乳製品	とうもろこし	小麦・肉	いも類
4	肉・乳製品	麦類・じゃがいも	いも類	とうもろこし	小麦・肉
5	とうもろこし	いも類	小麦・肉	麦類・じゃがいも	肉・乳製品
6	いも類	とうもろこし	麦類・じゃがいも	肉・乳製品	小麦・肉
7	いも類	小麦・肉	肉・乳製品	麦類・じゃがいも	とうもろこし
8	小麦・肉	麦類・じゃがいも	とうもろこし	いも類	肉・乳製品

(8) 次のア〜エは，「肉類」「大豆」「とうもろこし」「木材」について，日本の輸入相手国別輸入額割合(2022年)を示したものである。「肉類」に該当するものを1つ選び，記号で答えよ。(『日本国勢図会2024/25』による)

ア	アメリカ合衆国 64.4%	ブラジル 22.8%	アルゼンチン 6.9%
イ	アメリカ合衆国 71.4%	ブラジル 16.8%	カナダ 1.8%
ウ	アメリカ合衆国 26.8%	タイ 14.5%	オーストラリア 12.4%
エ	ベトナム 12.1%	中国 11.8%	カナダ 10.1%

解答 (1) ア　リアス海岸は河食によるV字谷が沈水してできたのに対して，フィヨルドは氷食によるU字谷が沈水してできたものである。　イ　成帯土壌は気候の影響を強く受けてできた土壌であるのに対して，間帯土壌は気候の影響を受けた土壌ではない点が異なる。　(2) ア　(3) 最暖月平均気温と最寒月平均気温との差　(4) X　オホーツク海　Y　北西季節　(5) イ
(6) エ　(7) 5　(8) ウ

解説 (1) ア　リアス海岸は，日本の三陸海岸やスペインのリアスバハス海岸などでみられる。フィヨルドは，ニュージーランド南島やノルウェーでみられる。日本では氷食によるU字谷がなく，フィヨルドはみられない。　イ　間帯土壌は気候というより母岩の影響が大きい。一方，気候の影響が大きい成帯土壌は，各気候の分布とほぼ等しく土壌が分布している。　(2) 日本の周辺には4枚のプレートが存在する。大陸プレートであるユーラシアプレートと北アメリカプレート，海洋プレートである太平洋プレートとフィリピン海プレートである。糸魚川・静岡構造線の位置から，ウとエが誤りであることがわかる。中央構造線はプレートの境界ではないので，イは誤りである。よって解答はアとなる。
(3) 年較差とは別に，1年間の最高気温と最低気温の差を「絶対年較差」という。　(4) 南の高温湿潤な小笠原気団と北の低温湿潤なオホーツク海気団の境界となる梅雨前線が6月と7月に日本上空に停滞し，雨が続く梅雨となる。北陸の降雪は，シベリア気団からの寒波が日本海からの水蒸気を含み，脊梁山脈によって持ち上げられ降水となり，気温が低いので雪となる。一方太平洋側

は，山からおりてくるからっ風によって乾燥する。　(5)　フェーンとはもともと，ヨーロッパアルプスの北側を吹く風のことである。北陸地方の場合は，低気圧が日本海を通過する際に，中心に向かって吹き込む風が発生する。そのため，日本海側は風下となるので，フェーン現象により高温・乾燥となる。　(6)　イの水俣病は熊本県，ウのイタイイタイ病は富山県神通川流域での公害である。新潟水俣病と四日市ぜんそくをあわせて四大公害病という。エの文は正しくはアスベスト被害。ダイオキシン被害は，日本では都市ゴミの焼却施設からの排出量が多いとされ，それによる被害である。地震等で倒壊した建物のがれき処理を行っている地域に対しては，例えば東日本大震災では陸上自衛隊などの人材が活躍している。　(7)　アはメキシコを代表とする中央アメリカに多いため，とうもろこし。イはアフリカで食されるタロいも，ヤムいもなどのいも類。ウは南北アメリカとオーストラリアに広く分布することから，小麦・肉であると考える。エはヨーロッパの高緯度地域にあることから，麦類・じゃがいも。内陸部に分布するオは遊牧民が多いことから，肉・乳製品。　(8)　まず1位がベトナムであることから，エが木材となる。ウは2位がタイ，3位がオーストラリアであるので，肉類である。ア，イは，アは3位がアルゼンチン，イは3位がカナダであることから，アがとうもろこし，イが大豆である。

例題4

自然環境について，次の(1)〜(3)の各問いに答えよ。

(1)　日本の地形と自然災害について，①，②の各問いに答えよ。

　①　次の図1は，岩手県中部から福島県北部の太平洋沖において，東北地方太平洋沖地震の際に起こった津波の特徴を示したもので，●は分析地点である。図中の[a]・[b]付近では，津波遡上域の面積の大小，津波遡上限界線付近の標高の高低に明らかな違いがみられる。これらの差異とその理由について述べた文として正しいものをア〜エより1つ選び，記号で答えよ。

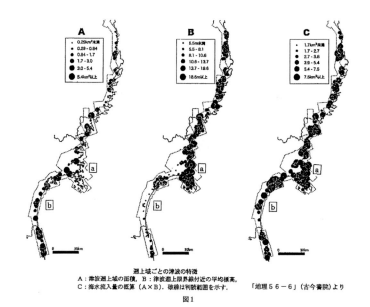

遡上域ごとの津波の特徴
A：津波遡上域の面積，B：津波遡上限界線付近の平均標高，
C：海水流入量の概算（A×B）．破線は判読範囲を示す．　　「地理５６－６」（古今書院）より
図1

ア　ⓐ付近は，ⓑ付近に比べ，津波遡上域の面積は大きい地点が
　　多く，津波遡上限界線付近の平均標高は低い地点が多い。これ
　　はⓐ付近の沿岸部が，ⓑ付近に比べ，緩傾斜で単調な海岸であ
　　るためである。

イ　ⓐ付近は，ⓑ付近に比べ，津波遡上域の面積は大きい地点が
　　多く，津波遡上限界線付近の平均標高は低い地点が多い。これ
　　はⓐ付近の沿岸部が，ⓑ付近に比べ，急傾斜で入り組んだ海岸
　　であるためである。

ウ　ⓐ付近は，ⓑ付近に比べ，津波遡上域の面積は小さい地点が
　　多く，津波遡上限界線付近の平均標高は高い地点が多い。これ
　　はⓐ付近の沿岸部が，ⓑ付近に比べ，緩傾斜で単調な海岸であ
　　るためである。

エ　ⓐ付近は，ⓑ付近に比べ，津波遡上域の面積は小さい地点が
　　多く，津波遡上限界線付近の平均標高は高い地点が多い。これ
　　はⓐ付近の沿岸部が，ⓑ付近に比べ，急傾斜で入り組んだ海岸
　　であるためである。

② 西日本の太平洋沿岸では，東海から四国の沖合いにのびる南海トラフを震源とする巨大地震や津波の発生が懸念されている。南海トラフは，2つのプレートの境界であるが，この2つのプレートの名称を答えよ。

(2) 次の文は九州の3つの火山について述べたものである。3つの火山の名称の正しい組合せをア～カから1つ選び，記号で答えよ。

D：1990年から始まった噴火で成長した溶岩ドームが崩落し火砕流が発生。多くの被害を出した。溶岩ドームは後に平成新山と名付けられた。

E：20を超える火山群の1つで，2011年1月に噴火。火山灰や軽石が風下の地域に降下。住民の一部は避難を余儀なくされた。

F：始良カルデラの南縁に成長した火山。大正の噴火で半島と陸続きになる。特に夏季には県庁所在都市にも降灰がみられる。

	ア	イ	ウ	エ	オ	カ
D	雲仙普賢岳	雲仙普賢岳	雲仙普賢岳	新燃岳	新燃岳	新燃岳
E	桜島	新燃岳	新燃岳	雲仙普賢岳	雲仙普賢岳	阿蘇山
F	阿蘇山	阿蘇山	桜島	阿蘇山	桜島	桜島

(3) 次の図2は気温の年較差を示したものである。これをみて，①，②の各問いに答えよ。

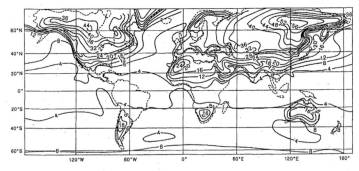

＊陸地は破線で簡略化し示してある。
＊図中の数字の単位は℃である。

「やさしい気候学」（古今書院）より

図2

① 年較差について述べた次のア～エの文のうち，正しいものを1つ

選び，記号で答えよ。

ア　全体的に低緯度より高緯度の方が年較差が大きいのは，地軸が傾いているため高緯度ほど夏と冬の受熱量の差が大きいからである。

イ　全体的に低緯度より高緯度の方が年較差が小さいのは，地軸が傾いているため低緯度ほど夏と冬の受熱量の差が大きいからである。

ウ　全体的に沿岸部と内陸部では，内陸部の方が年較差が大きいのは，比熱が小さい海洋の影響を受けにくいからである。

エ　全体的に沿岸部と内陸部では，沿岸部の方が年較差が大きいのは，比熱が大きい海洋の影響を受けにくいからである。

②　図2から，ユーラシア大陸の中〜高緯度の年較差は，東岸と西岸で大きく異なることがわかるが，これは，特に両岸の冬の気温の違いが影響している。これらの地域の冬の気温の違いについて説明した次の文の空欄に適する語句を答えよ。

ユーラシア大陸の中〜高緯度の西岸では，沖合を（　G　）が流れるため同緯度の東岸に比べ暖かい。一方，東岸では，冬は（　H　）高気圧が発達し低温となる。

解答　(1)　①　エ　　②　フィリピン海プレートとユーラシアプレート
(2)　ウ　(3)　①　ア　　②　G　暖流(北大西洋海流)
H　シベリア

解説　(1)　①　図1のAの地図では，ⓐ付近はⓑ付近よりも円の面積が小さい。これは遡上が長距離にわたって進まないことを示し，斜面が急傾斜であることがわかる。　②　海洋プレートであるフィリピン海プレートは南から北上しており，大陸プレートであるユーラシアプレートとぶつかる。一方，フォッサマグナ以東の大陸プレートは北アメリカプレートとなり，フィリピン海プレートとの境界は相模トラフと呼ばれる。　(2)　雲仙普賢岳は1991年に噴火し，死者・行方不明者44名を出す被害となった。新燃岳は鹿児島県と宮崎県の県境にあり，2011年の噴火では西風の影響で宮崎県を中心に火山灰による被害が出た。桜島は現在も噴火が続い

ており，近隣では噴煙の行方が日々注目されている。　(3)　①
極地で白夜や極夜が存在するように，高緯度地域では夏と冬での
受熱量が大きく異なる。　②　ユーラシア大陸の中～高緯度の西
岸は一年中北大西洋海流とその上空に吹く偏西風の影響を受ける
ため，気温や降水量の年較差は大きくない。一方，東岸は大陸内
部の大気の影響が大きく，季節風の影響を受けるため，気温，降
水量の年較差が大きい。

例題5

次の図1は，日本周辺のプレートの分布とその境界を表したものであ
る。この図1を見て，下の①～③の各問いに答えよ。

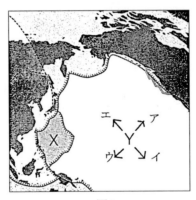

図1

① 図1中のXのプレート名を答えよ。

② 図1中のYのプレートの移動方向として正しいものを，図1中のア
　～エから1つ選び，記号で答えよ。

③ 異なる方向に動くプレートの境界一帯は，地殻変動が活発で変動
　帯と呼ばれる。次の写真1は1995年の阪神淡路大震災の原因となっ
　た兵庫県淡路島にある野島断層である。この断層に働く力の方向と
　断層の動きの模式図として適当なものを，後の図2のア～エから1つ
　選び，記号で答えよ。

（新詳地理B　帝国書院より）

写真1

 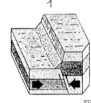  

ア　　　　　　イ　　　　　　ウ　　　　　　エ

図2

解答　① フィリピン海プレート　　② エ　　③ イ

解説　①　日本列島は，4つのプレートの上に乗っている。海側のプレートには，Xのフィリピン海プレートとYの太平洋プレートがあり，陸側のプレートにはユーラシアプレートと北アメリカプレートがある。なお，東日本大震災を引き起こした地殻の破壊が茨城県沖で止まったのは，フィリピン海プレートによるものであることが，海洋研究開発機構の調査で判明している。　②　Yの太平洋プレートは，日本周辺ではエの方向（北西）の方向に移動している。③　イの野島断層は横ずれ成分をもった逆断層で，淡路島の北淡町野島平林付近では，約150mにわたり最大で水平方向210cm，上下方向120cmのずれが生じている。野島断層の全長は，北東から南西方向に伸び，淡路島北部の旧北淡町から旧一宮町（現淡路市）にかけて断続的に地表に現れ，その長さは約9kmに達する。

例題6

日本とロシア（ソヴィエト連邦を含む）の国境の変化を示した次のA
～Dの地図を年代の古い順に並べたものとして正しいものを①～⑧の

中から1つ選べ。

A

B

C

D

① A→B→C→D ② A→B→D→C
③ B→A→C→D ④ B→A→D→C
⑤ C→A→B→D ⑥ C→A→D→B
⑦ D→A→B→C ⑧ D→C→B→A

解答 ⑤

解説 Aは1875年の樺太・千島交換条約，Bは1905年のポーツマス条約，Cは1855年の日露和親条約，Dは1951年のサンフランシスコ平和条約によって決まった国境である。

第 3 章

高校地歴
（日本史）

高校地歴(日本史) 原始・古代

ポイント

　高等学校の日本史は，中学校の歴史と比べると，より専門的な内容になっていると言える。そして，時代を問わず，史料を用いた出題が特に顕著である。これらに対応できるような学習が求められる。加えて，教員を採用するための試験なので，教職教養，特に学習指導要領に関する出題も多い。このことも十二分に留意しておきたい。

　「原始・古代」では，やはり古代の分量が圧倒的に多い。原始は旧石器時代から弥生時代までを含むが，受験予定の地方自治体に遺跡などがあれば，出題の可能性もあるので注意しておきたい。古代は大和時代から平安時代までがおおよその範囲だが，この中では出題に時代的な偏りはあまり見られなかった。ただ，政治の動きだけではなく，文化に関する出題もなされているので，それぞれの文化の特徴や代表的な作品を理解し，問われれば的確な説明ができることが求められよう。史料問題では，特に中国の史書に見える倭国関係の記事，『続日本紀』記載の奈良時代の記事，平安初期の政治の問題点を列挙した三善清行の「意見封事十二箇条」などは，まず原文から覚えておきたい史料だ。何故ならば史料の一部を補えという出題もなされているからである。

　学習指導要領の勉強もしっかりしておこう。こちらの方も内容の仔細を問うたり，場合によっては一部を補足したり，内容を踏まえた上での学習指導の方法を述べたりすることが求められる。必ず最新のものをよく読み込み，頭の中に入れておいてから試験に臨むようにしたい。

□原始日本の遺跡

①岩宿遺跡　　⑫板付遺跡
②茂呂遺跡　　⑬菜畑遺跡
③野尻湖遺跡　⑭泉福寺洞穴遺跡
④浜北人　　　⑮垂柳遺跡
⑤港川人　　　⑯登呂遺跡
⑥三内丸山遺跡　⑰唐古・鍵遺跡
⑦亀ヶ岡遺跡　⑱荒神谷遺跡
⑧加曽利貝塚　⑲吉野ヶ里遺跡
⑨大森貝塚　　⑳入江貝塚
⑩夏島貝塚　　㉑垣ノ島遺跡
⑪鳥浜貝塚　　㉒大船遺跡

○ 旧石器時代
▲ 縄文時代
◎ 弥生時代

□中国の史書の倭国関係の記事

夫れ楽浪（らくろう）海中に倭人有り。分（わか）れて百余国と為（な）る。歳時を以て来（きた）り献見（けんけん）すと云（い）ふ。

　『漢書』地理志。中国の史書に載った倭国の記事では最も古いもの。楽浪は楽浪郡のこと。前漢の武帝は紀元前108年に衛氏朝鮮を滅ぼし，朝鮮に四郡を設置した。楽浪郡もその一つで，現在の平壌付近にあった。紀元前後の日本は**小国分立**の状態で，中国の王朝とは定期的な交渉があったという内容。

167

> 建武中元二年，倭の奴国，貢を奉じて朝賀す。使人自ら大夫と称す。倭国の極南界なり。光武，賜ふに印綬を以てす。

『後漢書』東夷伝。「建武中元二年」は後漢の年号で，**西暦57年**。「光武」は光武帝のことで，後漢の初代皇帝。「印綬」は印章と付随の紐のことで，官職を示すもの。のちに福岡県志賀島で「**漢委奴国王**」と彫られた金印が土中から発見され(1784年)，この記事が事実と証明された。

> 倭人は帯方の東南大海の中に在り。…倭国乱れ，相攻伐して年を歴たり。乃ち共に一女子を立てて王と為す。名を卑弥呼と曰ふ。鬼道を事とし，能く衆を惑はす。…景初二年六月，倭の女王，大夫難升米等を遣し郡に詣り，天子に詣りて朝献せんことを求む。…「今汝を以て親魏倭王と為し，金印紫綬を仮し，装封して帯方の太守に付し汝に仮授せしむ。」

『魏志』倭人伝。正確には『三国志』魏書・烏丸鮮卑東夷伝といい，倭人伝はその中の一条。「帯方」は帯方郡のことで，後漢末に楽浪郡の南部に新設された。「卑弥呼」は邪馬台国の女王で，鬼道(呪術)によって民を導いたとされる。「景初二年」は三国時代の魏の年号だが，この記述は誤りで，景初三年(**西暦239年**)が正しいとされている。この年に卑弥呼は「難升米」たちを帯方郡に派遣して魏に朝貢したとある。これに対し，魏から「親魏倭王」の称号と「金印紫綬」が贈られた。

> 倭国は高驪の東南，大海の中に在り。…順帝の昇明二年，使を遣はして上表して曰く，「封国は偏遠にして，藩を外に作す。昔より祖禰躬ら甲冑を擐き，山川を跋渉し，寧処に遑あらず。東は毛人を征すること五十五国，西は衆夷を服すること六十六国，渡りて海北を平ぐること九十五国，王道融泰にして土を退畿に廓す。累葉朝宗して，歳を愆らず。」…詔して，**武**を使持節都督倭・**新羅・任那・加羅・秦韓・慕韓六国諸軍事安東大将軍**倭王に除す。

『宋書』倭国伝。「高驪」は高句麗のこと。「順帝」は南朝宋の第8代

皇帝で，「昇明二年」はその治世中の年号で，西暦478年にあたる。この年，倭王「武」が使者を派遣して上表文を奉った。「武」は倭の五王の一人で埼玉県稲荷山古墳出土鉄剣銘にみえる「獲加多支鹵大王」。雄略天皇に比定されている。この頃の日本は「好太王碑文」に見えるように朝鮮半島に勢力を拡大しており，「武」も自らの権威を増すために南朝宋と交渉をもったと考えられる。このことは「武」に与えられた称号に朝鮮各地の地名が入っていることからもうかがえる。

大業三年，其の王多利思比孤，使を遣して朝貢す。使者曰く，「聞くならく，海西の菩薩天子，重ねて仏法を興すと。故，遣して朝拝せしめ，兼ねて沙門数十人，来りて仏法を学ぶ」と。其の国書に曰く，「日出づる処の天子，書を日没する処の天子に致す。恙無きや，云々」と。帝，之を覧て悦ばず。鴻臚卿に謂ひて曰く，「蛮夷の書，無礼なる有らば，復た以て聞する勿れ」と。明年，上，文林郎・裴(世)清を遣して倭国に使せしむ。

『隋書』倭国伝。「大業三年」は西暦607年にあたり，「帝」すなわち隋の煬帝の年号。聖徳太子が小野妹子に持たせた国書を読んだ煬帝が怒り，鴻臚卿(外務大臣)にもう取り次ぐなと言ったことが記されている。しかしながら，翌年に隋から裴世清という人物が答礼のために日本へ派遣されており，聖徳太子はこれまでの朝貢外交から対等外交へ転換することに成功したといえる。

□古代の土地制度

公地公民制	大化の改新によって豪族の土地私有を廃止。土地と人民を朝廷の直接支配とした。
班田収授法	律令制度の一環として，6歳以上の男女に口分田を班給。6年ごとの実施(六年一班)が原則。
律令農民の困窮	重い負担に耐えかね，農民の浮浪・逃亡・偽籍などが相次ぐ。有力者のもとへ身を寄せる農民も増加。
三世一身法 (723年)	新規開墾は3代，既存の施設による開墾は1代に限っての土地私有を承認。
墾田永年私財法 (743年)	墾田の永久私有を認めたが，身分による制限があった。
荘園の拡大	初期荘園から寄進地系荘園に至り，多くの荘園が摂関家に集中。
荘園整理令	増え続ける荘園の整理は幾度か試みられた。後三条天皇の延久の荘園整理令(1069年)が有名。
知行国制度	院政期から盛んになり，平氏政権は数十か国の知行権を掌握。

□古代の文化

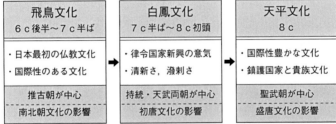

飛鳥文化 6c後半〜7c半ば	白鳳文化 7c半ば〜8c初頭	天平文化 8c
・日本最初の仏教文化 ・国際性のある文化	・律令国家新興の意気 ・清新さ，潑剌さ	・国際性豊かな文化 ・鎮護国家と貴族文化
推古朝が中心	持統・天武両朝が中心	聖武朝が中心
南北朝文化の影響	初唐文化の影響	盛唐文化の影響

弘仁・貞観文化 9c	国風文化 10〜11c	院政期の文化 11c半ば〜12c末
・密教芸術の開花 ・漢詩文の隆盛	・唐風文化の消化 ・貴族文化と浄土教	・地方への文化波及 ・末法思想と庶民文化
嵯峨朝〜清和朝が中心	摂関期に隆盛	院政期〜平氏政権
晩唐文化の影響	―	―

□**伽藍配置** 寺院の建物の配置様式。一定の法則が見られ，それぞれに代表的な寺院の名称が冠されている。

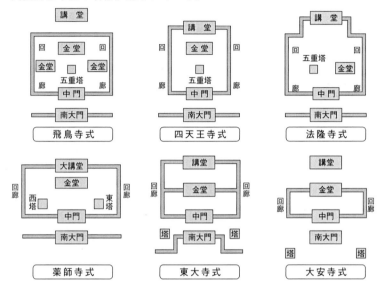

飛鳥寺式／四天王寺式／法隆寺式／薬師寺式／東大寺式／大安寺式

例題1

仏教伝来当初と奈良時代の寺院の伽藍配置の変遷について，代表的な寺院と建物の役割に触れて80字以内で説明せよ。

解答 仏教伝来当初は，飛鳥寺に代表されるように仏舎利を納める塔が寺院の中心であった。奈良時代は，東大寺に代表されるように本尊が安置されている金堂が寺院の中心となった。(80字)

解説 伽藍配置は，仏教寺院の堂塔(伽藍)の配置様式のこと。古代寺院，特に奈良時代までの寺院は，中門・塔・金堂・講堂などの伽藍を一定の様式によって配置していた。塔を中心として，その東・北・西に金堂を置く飛鳥寺式伽藍配置が最も古く，塔・金堂・講堂を一直線に並べる四天王寺式がこれに次ぐ。以後，法隆寺式・薬師寺式・東大寺式などがあり，時代が下るにつれ，塔の位置が中心から遠ざかる。一方，奈良時代には金堂が中心となり，金堂の北

171

に講堂，その間左右に鐘楼，経楼を配置し，僧房は講堂の三方を
取巻き，その北から東に食堂がおかれた。

■■■■ **例題2** ■■■■

原始・古代の政治・経済・文化について，次の問いに答えよ。

問1　次の表は旧石器時代から縄文時代にかけて使用された石器を示し
ている。表中Ａ〜Ｄについて説明した文として正しいものを，下の
ア〜エから1つ選び，記号で答えよ。

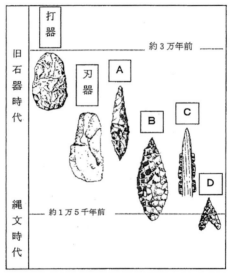

（清水書院『要解日本の歴史』より作成）

ア　Ａは，斧形に加工された石斧であり，打製以外にも磨製のもの
があって，原始農耕に用いられたと考えられている。

イ　Ｂは，木の葉形をした槍先形尖頭器であり，手槍，投槍の尖端
に付けられて狩りの道具として用いられたと考えられている。

ウ　Ｃは，切ったり削ったりすることに用いられたナイフ形石器で
あり，北方から日本に伝わったと考えられている。

エ　Ｄは，中小動物を捕らえるために製作された矢の尖端となる細
石器であり，三角形や台形などの幾何学的な形状が特徴である。

問2　次の地図中のA〜Dは，静岡県内に見られる遺跡の位置を示している。これらの遺跡について説明した文として正しいものを，下のア〜エから1つ選び，記号で答えよ。

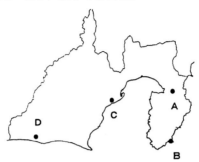

ア　Aは，弥生時代後期から古墳時代前期にかけての竪穴住居跡や水田跡などが発見された山木遺跡である。

イ　Bは，縄文時代後期から晩期にかけての加曽利貝塚であり，住居群と死者を屈葬した墓地群が見られる。

ウ　Cは，弥生時代後期の集落跡や木製農具が出土した登呂遺跡であり，水田跡からは39個の銅鐸がまとまって発見された。

エ　Dは，弥生時代後期から古墳時代前期にかけて築造された新沢千塚古墳群であり，東国では最大規模の群集墳である。

|解答|　問1　イ　　問2　ア

|解説|　問1　イ　昭和24(1949)年に相沢忠洋が岩宿(群馬県)で発見し，日本列島に旧石器時代があったことが確認されるきっかけとなった石器もこのタイプである。　ア　Aは石斧ではなくナイフ形石器である。木や骨にはめ込んで，ナイフ・槍・鎌として用いられた。なお，石斧は表のいちばん左である。　ウ　Cの細石器は，東日本からは北方型(シベリア型)，西日本からは南方型(華北型)が出土し，関東と中部地方の一部では両者が混在している。

エ　Dは縄文時代の石器なので，細石器ではなく石鏃である。

問2　ア　伊豆の国市の山木遺跡は，Cの登呂遺跡(静岡市)とともに，弥生時代後期の大規模な水田跡や竪穴住居跡が発見されている。　イ　Bは下田市の了仙寺横穴遺跡である。古墳時代の有

力者の墓と推定される洞窟遺跡である。加曽利貝塚は千葉市にある。　ウ　Cは登呂遺跡だが，39個の銅鐸がまとまって発見されたのは島根県雲南市の加茂岩倉遺跡である。　エ　Dは浜松市の伊場遺跡である。弥生時代から平安時代の複合遺跡である。新沢千塚古墳群は奈良県橿原市にある。

━━━━━━━━━ 例題3 ━━━━━━━━━

次の文章を読んで，下の各問いに答えよ。

> 　古代の日本ではたびたび(a)宮都が移され，持統天皇は本格的な都城である藤原京への遷都を行った。8世紀初めに元明天皇は平城京に遷都した。平城京には官営の市も開かれ，(b)調・庸など律令制下で徴収された税も集められるなど経済の中心地であるとともに，大寺院が多く建立されて仏教文化の中心地でもあった。桓武天皇は平城京から山背国の長岡京に遷都したが，藤原種継の暗殺などもあり，平安京に再遷都した。

問1　下線部(a)に関連して，7世紀の宮都について述べた文X・Yにあたる場所と，地図中a〜dの組合せとして正しいものを，下の1〜4から1つ選べ。

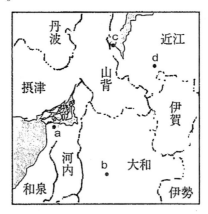

X　大化改新の際，飛鳥からこの地に宮都が移された。
Y　白村江の戦いの後，中大兄皇子によってこの地に宮都が移され

た。

1 X・a　　Y・c
2 X・a　　Y・d
3 X・b　　Y・c
4 X・b　　Y・d

問2 下線部(b)に関連して，飛鳥時代から平安時代にかけての税制・土地制度について述べた文として正しいものを，次の1～4から1つ選べ。

1 改新の詔では豪族の田荘・部曲を廃止し，人民・田地の調査，統一的な税制の施行などが目指された。

2 律令制度では成人男性を中心に租・調・庸・雑徭などの税が課せられ，口分田は6歳以上の男女に班給されたが，私有の奴婢の分は班給されなかった。

3 8世紀後半～9世紀には農民の貧窮化が進んで班田収授が困難となったため，桓武天皇は畿内に公営田を設けて財源の確保に努めた。

4 10世紀には受領が田に耕作を請け負わせ，田堵(負名)に官物・臨時雑役といった税を課すようになり，土地へ課税する律令体制の原則は崩れていった。

解答　問1 1　　問2 1

解説　問1　X　645年に行われた大化の改新の際，都は飛鳥から難波宮(a)に移された。　Y　663年に起きた白村江の戦いの後，都は琵琶湖のほとりの大津宮(c)に移された。　問2 2　私有の奴婢も，良民の3分の1の班田を支給された。　3　公営田は，財政の確保を目的とした官田で，平安時代の823年に初めて大宰府管内でつくられた。桓武天皇は，それ以前の809年に没している。　4　律令体制の税制は，「土地へ課税」するのではなく，戸籍に基づく「人身支配」を原則とした。10世紀以降，律令制による税制は維持できなくなったため，戸籍に基づく人身支配に代わり，土地に対する課税へと切り替えられた。

━━━━━━━━━━ 例題4 ━━━━━━━━━━

次の各問いに答えよ。

(1) 縄文時代の人びとの生活について述べた文として適当なものを, A～Dから1つ選び, 記号で答えよ。

　A　狩猟には弓矢が使用され, 矢の先端には青銅製の鏃がつけられた。

　B　植物性食糧の重要性が高まり, 木の実をすりつぶす鉄製の小刀が数多く出土している。

　C　釣針・銛・やすなどの骨角器とともに石錘・土錘がみられ, 網を使用した漁法も盛んであった。

　D　日本最古の船は, 弥生時代の丸木船であることから, 縄文人は外洋航海術をもっていなかったことが考えられる。

(2) 弥生時代の遺跡とその所在する県の組合せとして適当なものを, A～Dから1つ選び, 記号で答えよ。

　A　加茂岩倉遺跡－島根県　　B　菜畑遺跡－福岡県

　C　唐古・鍵遺跡－兵庫県　　D　板付遺跡－大分県

|解 答| (1)　C　　(2)　A

|解 説| (1)　AとBについて, 金属器は縄文時代には存在しない。Dは, 縄文時代, すでに丸木船は存在していた。　　(2)　Bの菜畑遺跡は佐賀県の遺跡である。Cの唐古・鍵遺跡は奈良県の遺跡である。Dの板付遺跡は福岡県の遺跡である。

━━━━━━━━━━ 例題5 ━━━━━━━━━━

中国・朝鮮半島と日本の外交関係について, 次の(1)～(6)の問いに答えよ。

(1) 百済から日本に論語・千字文をもたらしたとされる人物名を漢字で答えよ。

(2) 渤海と日本との通交について, その時期や周辺諸国との関係を含め, 説明せよ。

(3) 次の史料を読んで, (a)・(b)の問いに答えよ。

　　…(　　)は朕の東藩なり。日本は(　　)に密邇し, 開国以来, 亦時

176

に中国に通ず。朕の躬に至つて一乗の使も以て和好を通ずること無し。…故に特に使を遣はし，書を持して朕が志を布告せしむ。冀くば，今より以往，問を通じ好を結び，以て相親睦せん。…

（『蒙古国牒状』より）

(a) （　　）内には同じ国名が入る。あてはまる国名を漢字で答えよ。

(b) この国書が到着して以後の，朝廷や幕府がとった態度について説明せよ。

(4) 1419年に朝鮮が日本に対し起こした事件について説明せよ。

(5) 大隈内閣期と寺内内閣期に日本が中華民国に対してとった行動を，次の中からそれぞれ1つずつ選び，記号で答えよ。

ア　西原借款　　イ　張作霖爆殺事件　　ウ　山東出兵

エ　二十一カ条の要求

(6) 次の文章は，ある外交文書の一節である。この外交文書の名称を漢字で答えよ。

…日本側は，中華人民共和国政府が提起した「復交三原則」を十分理解する立場に立って国交正常化の実現をはかるという見解を再確認する。…

解答 (1) 王仁　　(2) 渤海は唐・新羅との対抗関係から727年に日本に国交を求め，日本も新羅との対抗関係から友好的に通交した。
(3) (a) 高麗　　(b) 幕府が返牒を拒否した後も，再三にわたり使者が来日したため，朝廷は返牒することを決定したが，幕府が反対して中止となった。　　(4) 宗氏の当主が交代し，倭寇の活動が活発になったため，朝鮮軍が倭寇の本拠地と考えていた対馬を襲撃した。　　(5) 大隈内閣期：エ　　寺内内閣期：ア
(6) 日中共同声明

解説 (1) 『古事記』によれば，王仁(和邇吉師)が応神天皇のときに論語・千字文を伝えたとされる。　　(2) 渤海は高句麗の遺民の大祚栄が，契丹の反乱で唐の支配が動揺した隙をついて建てた国で，最盛期には遼東半島から朝鮮北部までの地域を支配し，「海東の盛国」と称された。　　(3) (a) 高麗は1259年にモンゴル帝国に服属していた。　　(4) 事件とは応永の外寇のこと。朝鮮が倭寇の根拠地と

みなした対馬を襲撃した事件。　(5)　イの張作霖爆殺事件(満洲某重大事件，1928年6月4日)とウの山東出兵(1927～28年)は田中義一内閣のときのできごとである。日本は蒋介石の北伐に干渉して山東出兵を行い，北伐軍の侵攻で北京を脱出し本拠地である満洲に戻ろうとした奉天軍閥の張作霖の乗る列車を爆破して殺した。張作霖爆殺事件は関東軍により実行されたもので，首相の田中義一は関東軍に対する処分の曖昧さを昭和天皇に叱責され退陣することになった。　(6)　資料中に「中華人民共和国政府」「国交正常化の実現」といった文言があるので，田中角栄首相が訪中して日中国交を正常化させた日中共同声明であると分かる。

例題6

次のA～Eの文を読み，問いに答えよ。

A　この人物は，鳥羽法皇の死後，藤原通憲(信西)らの進言により，(a)平清盛・源義朝らの武士を動員して(b)崇徳上皇方を攻撃して破った。

B　(c)この人物は，畿内・西国の武士や大寺院の僧兵などを味方として，北条義時追討の兵を挙げたが失敗し，土御門・順徳両上皇とともに配流された。

C　この人物は，(d)時の執権の外戚であり有力御家人でもあったが，幕政の主導権を巡って内管領の平頼綱と対立して滅ぼされた。

D　(e)この人物は，当時，陸奥守の任にあったため，清原氏一族の内紛に介入し，藤原清衡を援助して内紛を平定した。

E　(f)この人物は，藤原定家に学んで和歌に励むなど京風文化の摂取に熱心であったが，右大臣拝賀のため鶴岡八幡宮に詣でた直後，甥の公暁により殺害された。

(1)　下線部(a)は，日宋貿易を推進するため，どのようなことを行ったか，説明せよ。

(2)　下線部(b)の中心人物で，学問にすぐれ日記「台記」を著したほか，左大臣をつとめたことでも知られる人物は誰か，答えよ。

(3)　下線部(c)の人物のような朝廷の主宰者を意味し，上皇が朝廷を主宰する院政の確立にともなって用いられるようになった用語を答えよ。

(4) Bの文で説明する出来事の後，新補率法が定められ，新しく置かれた地頭の一部について，その給与を保障することとしたが，新補率法について説明せよ。

(5) 下線部(d)は誰か，答えよ。

(6) 下線部(e)は誰か，答えよ。

(7) 下線部(f)が編纂した歌集の名称を答えよ。

(8) A・B・Cの各文で説明する出来事はそれぞれ何と呼ばれているか，その名称を答えよ。

(9) A〜Eの各文で説明する出来事を，それらが起こった年代の古いものから順に並べ替えよ。

解答 (1) 摂津の大輪田泊を修築するなど，瀬戸内海航路を整備して，宋商人を積極的に畿内へ招こうとした。 (2) 藤原頼長

(3) 治天(治天の君) (4) 田畑11町ごとに1町の土地，田地1段につき5升の米(加徴米)，山や川からの収益の半分，をそれぞれ地頭に与えるというもの。 (5) 北条貞時 (6) 源義家

(7) 金槐和歌集 (8) A 保元の乱 B 承久の乱 C 霜月騒動(弘安合戦) (9) D→A→E→B→C

解説 (1) この人物は後白河天皇。大輪田泊がキーワード。 (2) 関白藤原忠通の弟。保元の乱で敗死した。 (3) この人物は後鳥羽上皇で鎌倉時代に院政を行ったが，このような立場の上皇に対する尊称。 (4) 1223年に制定された法定率。免田(荘園領主に対する年貢や課役を免除された田地)・加徴米・山川からの収益の三点を書くこと。 (5) Cは霜月騒動に関する文章。この人物は安達泰盛，北条貞時は時宗の子で9代執権。 (6) Dは後三年合戦に関する文章である。源義家は頼義の子である。前九年合戦と混同しないこと。 (7) この人物の源実朝は，鎌倉幕府の3代将軍。歌集の名は鎌倉の大臣の歌集という意味。 (8) Aは平治の乱と混同しないこと。Bは1221年に起こり，朝廷に対し幕府側が優位になった事件。 (9) A 1156年。 B 1221年。 C 1285年。 D 1083年。E 1219年。

■■■■■■■■■■■ 例題7 ■■■■■■■■■■■

次のＡ～Ｄの史料について，下の(1)～(10)の設問に答えよ。

Ａ　夫れ楽浪海中に倭人有り，ア分れて百余国と為る。歳時を以て来り献見すと云ふ。(『漢書』地理志)

Ｂ　其の一に曰く，昔在の天皇等の立てたまへる子代の民，処々の（　イ　），及び，別には臣・連・伴造・国造・村首の所有るウ部曲の民，処々の田荘を罷めよ。仍りて食封を大夫より以上に賜ふこと，各差あらむ。(日本書紀)

Ｃ　(養老七年四月)辛亥，太政官奏すらく，「頃者，百姓漸く多くして，田池窄狭なり。望み請ふらくは，天下に勧め課せて，田疇を開闢かしめん。其の新たに溝池を造り，開墾を営む者有らば，多少を限らず，給ひて（　エ　）に伝へしめん。若し旧き溝地を逐はば，其の一身に給せん」と。(続日本紀)

Ｄ　夫れ往生極楽の教行は，オ濁世末代の目足なり。道俗貴賤，誰か帰せざる者あらんや。但しカ顕密の教法は，其文，一に非ず。事理の業因は，其の行惟れ多し。(往生要集)

(1)　史料Ａは，日本の何世紀の様子を述べたものか，書け。

(2)　下線部アについて，当時のどのような状況を述べたものか，書け。

(3)　（　イ　）に適する語句を書け。

(4)　下線部ウの読み方を書け。

(5)　史料Ｂの詔が出された時の天皇は誰か，書け。

(6)　（　エ　）に適する語句を書け。

(7)　史料Ｃは，土地政策に関する法令である。この法令が出された背景について説明せよ。

(8)　下線部オの背景となったのは末法思想である。この思想について説明せよ。

(9)　下線部カについて，密教における中心仏であり，宇宙の根本仏とされるのは何か，書け。

(10)　史料Ｄにみられる信仰にもとづいて建立された寺院として適当でないものを，次の①～④から1つ選び，その番号を書け。

　　①　中尊寺　　②　興福寺　　③　平等院　　④　法成寺

解答 (1) 紀元前1世紀 (2) 百余の小国に分立し，中国に定期的に朝貢していた。 (3) 屯倉 (4) かきべ (5) 孝徳天皇 (6) 三世 (7) 律令制下，租税負担や労役に苦しむ農民の中には，土地を捨てて浮浪・逃亡するものがあらわれ，口分田の多くが荒れ果てたり，豪族が不正に占有するようになり，口分田の減少が深刻化した。 (8) 釈迦が没した後の時代を，正法・像法・末法の三つにわけて考え，特に釈迦の教えが及ばなくなった末法の時代には，正しい仏法が行われなくなるという終末論のことである。特に，日本では1052(永承7)年が末法元年とされ，人々に恐れられた。 (9) 大日如来 (10) ②

解説 (3)～(5) 史料Bは孝徳天皇が646年に発した改新の詔の一部である。 (6) 史料Cは723年に発布された三世一身法である。(7) 三世一身法では開墾地が3代で収公されるため，3代目になると耕作されず荒廃してしまうので，更に743年に墾田永年私財法が発せられることになった。 (10) Dの源信著『往生要集』は浄土信仰の教えを説いた書物である。奈良の興福寺は南都六宗の一つ法相宗の本山であり，浄土信仰とは無関係である。

━━━━━━━━━━ **例題8** ━━━━━━━━━━

縄文時代の人々の信仰や呪術的な風習について，遺物や葬法に触れながら述べよ。

解答 自然に大きく依拠した生活を送っていた縄文時代の人々は，あらゆる自然物や自然現象，道具などに精霊が宿ると考えた。これをアニミズムとよぶ。そして，呪術によって災いを避け，豊かな収穫を祈った。こうした呪術的な習俗を示す遺物として，女性をかたどった土偶や男性を表現した石棒などがある。人々は自然の恵みや子孫の繁栄を願い，集落中央の広場などで，これらを用いて祭祀を行ったと考えられている。

解説 縄文時代の中頃から盛んになった抜歯は，通過儀礼の一つとして成人式の際などに行われた風習と考えられ，集団の統制の厳しさを窺わせる。また，死者の多くは屈葬されているが，これについ

ては，死後の安らぎを願って母の胎内での姿をとらせたとする考え方や，死者の霊が生者に災禍を及ぼすことを恐れたためなど，幾つかの理由が考えられている。

─────── **例題9** ───────

日本を訪れた外国人に関する次の史料について，下の(1)〜(5)の問いに答えよ。

　時に①大和上揚州大明寺に在り，衆僧のために律を講ず。栄叡・普照師大明寺に至り，大和上の足下に頂礼して具に本意を述べて曰く，「②仏法東流して日本国に至る，其の法有りと雖も，法を伝ふるの人無し。本国に昔聖徳太子有りて曰く，二百年後に聖教日本に興らむと。今此の運に鍾る。願はくは和上東遊して化を興せ」と。……和上曰く，「是法事のためなり。何ぞ身命を惜しまむ。諸人去かざれば，我即ち去くのみ」と。……天平十二載歳次癸巳十月十五日壬午，日本国使大使特進藤原朝臣清河等来りて延光寺にいたり，和上に白して曰く，……十五日壬子，③四舟同じく発つ。

(1)　下線部①の「大和上」とは誰か。その人物名を書け。

(2)　下線部①の人物の肖像彫刻が作られて国宝となっている。その制作に使われた技法は何と呼ばれるか。その呼び名を書け。

(3)　下線部②に関して，わが国に仏教が公伝した年代には二つの説がある。そのうち戊午年(538年)説の根拠となっている史料は何か。その史料名を一つ書け。

(4)　下線部③に関して，この時四つの船がすべて帰国できたわけではなかった。帰国できず，大使藤原清河と同様，中国にとどまって亡くなり，望郷の和歌を残したことで知られる人物は誰か。その人物名を書け。

(5)　寺院の建物の配置様式を伽藍配置という。時代による伽藍配置の変遷について生徒に説明するとき，あなたはどのような説明をするか。塔と金堂の二つの語句を使って，簡潔に書け。

[解答] (1)　鑑真　　(2)　乾漆像　　(3)　『上宮聖徳法王帝説』または『元興寺縁起』　　(4)　阿倍仲麻呂　　(5)　〈解答例〉最初は仏舎利を

納める塔が尊ばれて中心に配置されたが，仏像が重視されるようになると，それを安置した金堂が中心に置かれるようになった。

解説 (1) この史料は『唐大和上東征伝』。 (2) 唐招提寺の鑑真和上像のこと。 (3) 壬申(552年)説の根拠は『日本書紀』。 (4) 百人一首に「天の原ふりさけみれば…」というその和歌が入っている。

――――――――――――――― **例題10** ―――――――――――――――

次の史料を参考にし，下の各問いに答えよ。

(延暦二十四年十二月壬寅) 是の日，中納言近衛大将従三位藤原朝臣内麻呂，殿上に侍る。勅有りて参議右衛士督従四位下藤原朝臣緒嗣と参議左大弁正四位下菅野朝臣真道とをして天下の徳政を相論せしむ。時に緒嗣，議して云く，「方今，天下の苦しむ所は_a軍事と_b造作となり。此の両事を停めば百姓安んぜむ」と。真道，異議を確執して肯えて聴かず。_c帝，緒嗣の議を善しとし，即ち停廃に従ふ。(『日本後紀』)

問1 下線部a，bの軍事と造作とは，具体的にそれぞれ何を指すか，答えよ。

問2 下線部cの帝とは誰を指すか，答えよ。

問3 下線部cの帝の時代の政治及び社会の状況について，正しいものを次のア～エのうちから1つ選び，記号で答えよ。

ア 増加する初期荘園の増大に際し，政府は南都の寺院などの保護の立場から，寺院領を除き加墾禁止を命じた。

イ 東北や九州を除いて軍団と兵士を廃止し，かわりに郡司の子弟を健児として採用し，各国の軍事力とした。

ウ 社会の実情にあわなくなった律令を補足・修正するため弘仁格式を編纂し，以降三代格式と総称される格式の編纂が続けられた。

エ 南都の寺院が政治に介入し弊害をもたらした反省から，最澄の伝えた密教が支持され，その拠点の延暦寺には戒壇が設けられた。

問4 奈良時代から平安時代にかけて，律令に規定されていない官，いわゆる令外官が多く設けられた。次のア～キのうち，下線部cの帝の時代に設置されたものを2つ選び，記号で答えよ。

ア 蔵人頭 イ 参議 ウ 検非違使 エ 征夷大将軍

オ　関白　　カ　勘解由使　　キ　追捕使

解答　問1　a　蝦夷征討　　b　平安京造営　　問2　桓武天皇
問3　イ　　問4　エ・カ

解説　延暦24年は西暦805年で，桓武天皇の治世の晩年にあたる。
問3　アは称徳天皇の765年。ウは嵯峨天皇の820年。エの延暦
寺の(大乗)戒壇は嵯峨天皇の822年に実現した。　問4　ア・ウ
は嵯峨天皇，イは聖武天皇，オは藤原基経を実質的に任じた光孝
天皇，キは朱雀天皇。

―――――――――――――― **例題11** ――――――――――――――

次の(1)～(6)の文章は，考古学上重要な遺跡について記したものである。それぞれの遺跡名を都道府県名を付して答えよ。

(1)　旧石器文化の遺跡。1946年関東ローム層の中から石器が発見され，1949年に発掘調査が行われて関東ローム層中に石器の存在が確認された。この発掘調査が日本旧石器文化の本格的研究の端緒となった。

(2)　約5,500年前から4,000年前まで長期間にわたって定住生活が営まれた縄文時代最大級の集落遺跡。1992年からの発掘調査により，ヒョウタン，ゴボウ，マメなどの栽培植物が出土し，DNA分析によって栗の栽培が明らかになった。

(3)　弥生時代の大規模な多重環濠集落を中心とする遺跡。環濠の周辺には墓域が形成され，1996年には2つの突堤からなる船着場の遺構も見つかっている。『魏志倭人伝』に記載された一支国の拠点集落である。

(4)　弥生時代の青銅器出土地。1984年の発掘調査により，それまで知られていた弥生時代の銅剣の出土総数約300本を上回る358本の銅剣が出土した。さらに翌年には，銅剣出土地から約7メートル離れて銅鐸6個，銅矛16本が出土した。

(5)　弥生時代の青銅器出土地。1996年道路工事中に，一か所の出土としてはこれまで最多の39個の銅鐸が発見された。銅鐸の多くは大鐸の中に小鐸を入れた状況で埋められ，同じ鋳型で鋳造した銅鐸も3組みられた。

(6)　1998年多数の富本銭や鋳棹が出土し，富本銭の鋳造場所であるこ

とがわかった7世紀後半から8世紀初めの工房遺跡。富本銭はまじないの目的で作られた厭勝銭とみられていたが，この発見によって『日本書紀』天武12(683)年に「今より以後，必ず銅銭を用いよ」と記載されている銅銭にあたる可能性が高くなった。

解答 (1) 群馬県岩宿遺跡　　(2) 青森県三内丸山遺跡　　(3) 長崎県原の辻遺跡　　(4) 島根県荒神谷遺跡　　(5) 島根県加茂岩倉遺跡　　(6) 奈良県飛鳥池遺跡

解説 (1) 相沢忠洋が旧石器の最初の発見者。　(2) 本州北端の地。縄文時代のイメージがかなり変わった発掘であった。　(3) 九州の壱岐島にある。　(4)・(5) 出雲王権の存在をうかがわせる。(6) 大和政権の中心地であり，高松塚古墳などもある。

━━━━━━━━━━ **例題12** ━━━━━━━━━━

次の古代の都の変遷図をみて，下の各問いに答えよ。

　藤原京　→　平城京　→　A　長岡京　→　B　平安京
　→　福原京　→　平安京

問1　畿内の国のうち，Aが造営された国はどこか，当時の表記で答えよ。

問2　Bの造営に協力した秦氏は渡来系氏族である。機織りの技術を伝え，秦氏の祖とされる人物は誰か，次の1〜4から1つ選べ。

　1　弓月君　　2　王仁　　3　司馬達等　　4　阿知使主

解答 問1　山背　　問2　1

解説 問1　長岡京は，桓武天皇が人心一新のため784年より現在の京都府長岡京市と向日市を中心とした地に造営したものである。この地があったのは，旧国名では山背国であった。山背国は，平安京遷都の折に山城国となった。　問2　2は西文氏の祖。3は古代の渡来人で，継体天皇のときに来日し，蘇我馬子と協力して仏教の興隆に努めた。4は東漢氏の祖である。

高校地歴（日本史）　中世

ポイント

　「中世」では，鎌倉時代が頻出である。我が国最初の武家政権の意義，守護・地頭の設置による土地制度の変容，経済・産業の新局面などが問われるだろう。また文化に関しては，いわゆる鎌倉新仏教の学習が不可欠である。各宗派の開祖や教義の内容，及び互いの相違点などがかなり細かく問われている。

　次いで，室町時代が多い。南北朝の動乱から幕府支配の確立，内紛や一揆の頻発，戦国大名の割拠までの流れをおさえておくことも必要だが，この時代には経済や文化の面で見るべき発展があったので，そちらの方もしっかりと学習してほしい。経済では諸産業の発達や座の成立，または惣村の形成などの民衆の自立についての設問が見られ，文化では北山・東山の両文化の特徴と比較，絵画・芸能の新展開などについての出題が見られている。

　史料問題の多さは「原始・古代」と変わらない傾向だが，「中世」においては絵画の利用も増えている。鎌倉時代では伯耆国の東郷荘のような下地中分の絵図や『一遍上人絵伝』など，室町時代では如拙が開拓し雪舟が大成した水墨画などが割合よく用いられている。勿論，文献史料も頻出である。『御成敗式目』や『建武以来追加』のような武家法，室町時代にしばしば起こった騒動を記録した史料などをおさえておこう。

□鎌倉時代の流れ

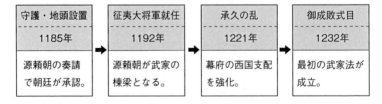

守護・地頭設置	征夷大将軍就任	承久の乱	御成敗式目
1185年	1192年	1221年	1232年
源頼朝の奏請で朝廷が承認。	源頼朝が武家の棟梁となる。	幕府の西国支配を強化。	最初の武家法が成立。

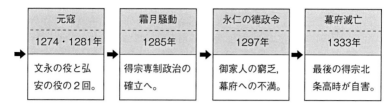

元寇	霜月騒動	永仁の徳政令	幕府滅亡
1274・1281年	1285年	1297年	1333年
文永の役と弘安の役の2回。	得宗専制政治の確立へ。	御家人の窮乏，幕府への不満。	最後の得宗北条高時が自害。

□御成敗式目（貞永式目）

> 一、諸国守護人奉行の事
> 右，右大将家の御時定め置かるる所は，大番催促・謀叛・殺害人（付，夜討・強盗・山賊・海賊）等の事也。…

『御成敗式目』は1232年に第3代執権・北条泰時が制定した我が国最初の武家法であり，その年号をとって『貞永式目』ともいう。全51カ条。上に引用したのはその第3条である。文中の「右大将家」とは源頼朝のことである。彼が守護の基本的権限として定めたのは，（京都）大番役の催促や謀叛人・殺害人の逮捕の大犯三カ条だというのが上の条文の大意であり，その後の省略した部分は守護の職権濫用を戒めた内容となっている。この第3条は試験などでよく出題される箇所である。

> さてこの式目をつくられ候事は，なにを本説として注し載せらるるの由，人さだめて謗難を加ふる事に候歟。ま事にさせる本文にすがりたる事候はねども，ただどうりのおすところを被記候者也。…この式目は只かなをしれる物の世間におほく候ごとく，あまねく人に心えやすからせんために，武家の人へのはからひのためばかりに候。これによりて京都の御沙汰，律令のおきて，聊かもあらたまるべきにあらず候也。

これは『御成敗式目』を定めた泰時が，六波羅探題だった弟の重時に送った手紙の一部であり，式目制定の意図がはっきりと示されている。「どうり（道理）」を基準にしたと3行目に書かれている。この武家社会の道理と先の『御成敗式目』第3条からもうかがえるような頼朝以来の先例が，式目制定の二本柱である。そして5行目辺りから記されて

いるように，『御成敗式目』は全国一円に適用される法律ではなく，朝廷管轄下の公家法・荘園領主管轄下の本所法と住み分けをしながら施行された**武家法**だったのである。式目制定の基準と適用範囲についても，よく問われるところである。

□鎌倉新仏教

<table>
<tr><td colspan="2"></td><td>宗 派</td><td>開 祖</td><td>特 色</td><td>著 書</td><td>本 山</td></tr>
<tr><td rowspan="3">浄土教系</td><td></td><td>浄土宗</td><td>法然</td><td>専修念仏
他力易行</td><td>『選択本願念仏集』</td><td>知恩院
(京都)</td></tr>
<tr><td></td><td>浄土真宗</td><td>親鸞</td><td>悪人正機
絶対他力</td><td>『教行信証』
『歎異抄』 (弟子の唯円の著)</td><td>本願寺
(京都)</td></tr>
<tr><td></td><td>時宗</td><td>一遍</td><td>踊念仏
遊行</td><td>『一遍上人語録』 (没後)</td><td>清浄光寺
(神奈川)</td></tr>
<tr><td></td><td></td><td>日蓮宗
(法華宗)</td><td>日蓮</td><td>題目
四箇格言</td><td>『立正安国論』
『開目抄』</td><td>久遠寺
(山梨)</td></tr>
<tr><td rowspan="2">禅宗系</td><td></td><td>臨済宗</td><td>栄西</td><td>公案
不立文字</td><td>『興禅護国論』
『喫茶養生記』</td><td>建仁寺
(京都)</td></tr>
<tr><td></td><td>曹洞宗</td><td>道元</td><td>只管打坐
身心脱落</td><td>『正法眼蔵』
『正法眼蔵随聞記』
(弟子の懐奘の著)</td><td>永平寺
(福井)</td></tr>
</table>

□鎌倉文化の建築様式

▲大仏様(天竺様)〔東大寺南大門〕

▲禅宗様(唐様)〔円覚寺舎利殿〕

▲和様〔蓮華王院本堂(三十三間堂)〕

▲折衷様(新和様)〔観心寺金堂〕

□鎌倉・室町両幕府のしくみ

＜鎌倉幕府＞

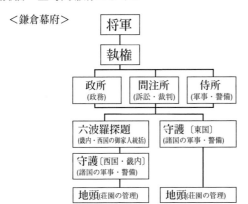

＜室町幕府＞

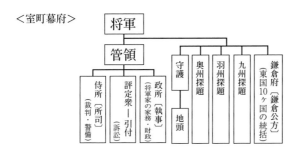

□室町時代の流れ

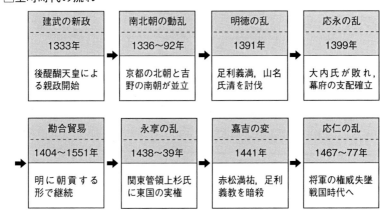

建武の新政	南北朝の動乱	明徳の乱	応永の乱
1333年	1336〜92年	1391年	1399年
後醍醐天皇による親政開始	京都の北朝と吉野の南朝が並立	足利義満，山名氏清を討伐	大内氏が敗れ，幕府の支配確立

勘合貿易	永享の乱	嘉吉の変	応仁の乱
1404〜1551年	1438〜39年	1441年	1467〜77年
明に朝貢する形で継続	関東管領上杉氏に東国の実権	赤松満祐，足利義教を暗殺	将軍の権威失墜 戦国時代へ

□土一揆

> 天下の土民蜂起す。徳政と号して酒屋・土倉・寺院等を破却せし
> め雑物等恣に之を取り，借銭等悉く之を破る。管領之を成敗
> す。凡そ亡国の基，之に過ぐべからず。日本開白以来，土民蜂
> 起是れ初めなり。

『大乗院日記目録』より正長の土一揆の記録。1428年に近江の馬借の
蜂起から始まり，私徳政が行われた。管領畠山満家が出陣するなど大
規模な一揆だった。

> 近日，四辺の土民蜂起す。土一揆と号し，御徳政と称して借物
> を破り，少分を以て押して質物を請く。…侍所多勢を以て防戦
> するもなお承引せず，土民数万の間，防ぎ得ずと云々。…今土民
> 等，代始に此の沙汰は先例と称すと云々。言語道断の事なり。

『建内記』より嘉吉の土一揆の記録。将軍の代替わりの徳政を求めて
起こった。幕府は要求に屈し，正長の時には出さなかった公式の徳政
令を山城一国平均に発布した。幕府の権威は失墜し，その後も同様の
一揆がしばしば起こった。

□足軽の登場

> 此たびはじめて出で来れる足がるは超過したる悪党なり。其故は
> 洛中洛外の諸社・諸寺・五山十刹・公家・門跡の滅亡はかれらが
> 所行なり。かたきのたて籠たらん所にをきては力なし，さもな
> き所々を打ちやぶり，或は火をかけて財宝をみさぐる事は，ひと
> へにひる強盗といふべし。かかるためしは先代未聞のこと也。

『樵談治要』より足軽出現の記録。「此たび」とは応仁の乱のこと。
著者の一条兼良は都の荒廃を「ひる(昼)強盗」たる彼らのせいだと断
じている。足軽とは徒歩の雑兵をいうが，戦国時代には各大名によっ
て組織化され，長槍や鉄砲を用いて集団戦を行う主要な戦力となった。

例題1

次の史料Ａ〜Ｄを読み，あとの問1〜問10に答えよ。

Ａ　もろこし，我が朝に，もろもろの智者達の沙汰し申さるる観念の念にも非ず。又，学文をして念の心を悟りて申念仏にも非ず。ただ往生極楽のためには，南無阿弥陀仏と申て疑なく往生するぞと思ひとりて申外には別の子細候はず。…(中略)…念仏を信ぜん人は，たとひ一代の法を能々学すとも，一文不知の愚どんの身になして，尼入道の無智のともがらに同して，智者のふるまひをせずして，唯一向に念仏すべし。…(後略)

(『一枚起請文』)

Ｂ　「_a<u>善人なをもちて往生をとぐ，いはんや悪人をや</u>。しかるを，世のひとつねにいはく，『悪人なを往生す，いかにいはんや善人をや』と。この条，一旦そのいはれあるににたれども，本願他力の意趣にそむけり。そのゆへは，自力作善のひとは，ひとへに他力をたのむこころかけたるあひだ，弥陀の本願にあらず。…(後略)」

Ｃ　それ往生極楽の教行は，濁世末代の目足なり。道俗貴賤，誰か帰せざる者あらん。ただし_b<u>顕密の教法</u>は，その文，一にあらず。事理の業因，その行これ多し。利智精進の人は，いまだ難しと為さらんも，予が如き頑魯の者，あに敢てせんや。

　　この故に，念仏の一門に依りて，いささか経論の要文を集む。これを披いてこれを修るに，覚り易く行ひ易からん。惣べて十門あり。分ちて三巻となす。…(後略)

(『往生要集』)

Ｄ　年ニソヘ日ニソヘテハ，物ノ[　　]ヲノミ思ツヅケテ，老ノネザメヲモナグサメツツ，イトド，年モカタブキマカルママニハ，世中モヒサシクミテ侍レバ，昔ヨリウツリマカル[　　]モアハレニオボエテ，神ノ御代ハシラズ，人代トナリテ神武天皇ノ御後，百王トキコユル，スデニノコリスクナク，八十四代ニモ成ニケルナカニ，保元ノ乱イデキテノチノコトモ，マタ_c<u>世継ガモノガタリ</u>ト申スモノモ(「ヲイ」ト傍記)カキツギタル人ナシ。…(後略)

(『愚管抄』)

191

問1　史料Aの著者が，1198年に九条兼実の要請で撰述した書物は何か，書け。

問2　京都栂尾に高山寺を開き，『摧邪輪』で史料Aの著者の所説に反論した人物は誰か，書け。

問3　史料Bの中の「善人」，「悪人」の意味を明確にしながら，下線aの内容を書け。

問4　史料Bは，著者の師の法語とその教説に反する異議への批判を編さんしたものである。この書物は何か，書け。

問5　史料Cの著者が往生極楽するために，何がもっとも重要だと説いたか，漢字2字で書け。

問6　史料Cの下線bに関して，律宗の僧侶で戒律の復興に努め，病人救済などの社会事業を行い，北山十八間戸を設立した人物は誰か，次のア〜エの中から1つ選び，記号で答えよ。

　　ア　貞慶　　イ　忍性　　ウ　覚盛　　エ　叡尊

問7　史料Dでは，著者は歴史の変化を何によって説明しようとしたか，[　　]にあてはまる語句を書け。

問8　史料Dの下線cは，藤原道長を中心とする藤原氏の栄華を，対談形式で説いた歴史物語である。それは何というか，書け。

問9　史料Dはある出来事の直前に書かれたとされている。その出来事とは何か，次のア〜エの中から1つ選び，記号で答えよ。

　　ア　承平・天慶の乱　　イ　平治の乱　　ウ　治承・寿永の乱
　　エ　承久の乱

問10　鎌倉仏教(新仏教)が，旧仏教と比べより広く民衆に受け入れられた理由を，比較して書け。

解答　問1　選択本願念仏集　　問2　明恵(高弁)　　問3　自分の力だけで悟りをひらくことが出来ると考えている善人ですら救ってくださるのだから，自らの内なる悪と戦いながらそれでもなお必死に救いを求めてやまない悪人を救ってくださらない筈がない。
問4　歎異抄　　問5　念仏　　問6　イ　　問7　道理
問8　大鏡　　問9　エ　　問10　すべての人が実践できるやさしい行(易行)をすすめたから。

解説　問1　史料Aの著者は法然。浄土宗の教義を説いた書。
問2　明恵(高弁)は華厳宗の復興者で，鎌倉新仏教に対する理論
的批判の第一人者。　　問3　史料B『歎異抄』の著者は親鸞の弟
子唯円。　　問4　唯円はその師親鸞の教えが正しく伝えられてい
ないのを憂えてこの本を著した。　　問5　史料Cの著者は源信。
浄土信仰の根拠を示した。　　問6　北山十八間戸は奈良市にある
現存最古の慈善救済施設で，ここで忍性はハンセン病患者を救済
した。　　問7　史料D『愚管抄』の著者は慈円。古今を通しての
当然の筋道として時勢の推移を説明した観念。　　問8　『大鏡』は
『世継物語』ともよばれ，四鏡の一つ。大宅世継の翁と夏山繁樹
の対話形式で書かれている。　　問9　『愚管抄』は13世紀初めの成
立。アは931〜941年，イは1159年，ウは1180〜1185年，エは
1221年。　　問10　浄土諸宗の称名念仏，日蓮宗の題目にそれが
見られる。

例題2

次の文を読み，下の各問いに答えよ。

　1183年，(a)源頼朝は[　ア　]から(b)「東国」の支配権を承認され，
1190年には右近衛大将に任命された。その後，[　ア　]の没後の1192
年には征夷大将軍に任命され，名実ともに鎌倉幕府が成立したといわ
れている。源氏将軍が三代で絶えると，後鳥羽上皇は権威を取り戻す
絶好の機会ととらえ，1221年，執権[　イ　]追討の命令を出し挙兵した。
しかし，逆に幕府側に京都へ攻め込まれ敗北し，これにより，後鳥羽
上皇は[　ウ　]へ流された。また，幕府は京都に六波羅探題を設置し朝
廷の監視と京都の警備にあたらせ，武家政権は大きく伸張していった。
問1　下線部(a)について，彼が伊豆に配流されることになった事件と
　　して最も適当なものを，次の①〜④から1つ選べ。
　①　石橋山の戦い　　②　保元の乱　　③　平治の乱
　④　鹿ヶ谷事件
問2　[　ア　]にあてはまる最も適当な人物を，次の①〜④から1つ選
　　べ。

① 白河法皇　②　後白河法皇　③　崇徳上皇　④　鳥羽上皇

問3　下線部(b)について，このとき支配権を承認された「東国」として最も適当なものを，次の①〜④から1つ選べ。

① 東山道・東海道　②　東山道・北陸道
③ 東海道・北陸道　④　東海道・南海道

問4　[　イ　]にあてはまる最も適当な人物を，次の①〜④から1つ選べ。

① 北条時政　②　北条時宗　③　北条泰時　④　北条義時

問5　[　ウ　]にあてはまる最も適当な場所を，次の①〜④から1つ選べ。

① 壱岐　②　隠岐　③　讃岐　④　佐渡

解答　問1　③　　問2　②　　問3　①　　問4　④　　問5　②

解説　問1　源氏の嫡流源義朝は敗死し，その子頼朝は捕らえられ，配流された。こののち平氏政権の時代になる。　問2　鳥羽上皇の子で，後鳥羽上皇の祖父。源頼朝に平氏を打倒させた。
問3　北陸道は木曽義仲の勢力範囲であり，南海道は平氏の支配下にあった。　問4　北条時政の子で，2代執権。　問5　後醍醐天皇も配流されている。なお，佐渡へは順徳上皇が流されている。

━━━━━━ **例題3** ━━━━━━

　1425年，室町幕府の5代将軍足利義量が嗣子を残さず死去すると，幕府は4代将軍義持の僧籍に入っていた弟たちの中から青蓮院義円をくじ引きで次の将軍に決定した。これが6代将軍足利義教である。しかし義教の将軍就任には反対者も多く，特に自ら将軍就任の意志を持ち，これに敗れた鎌倉公方足利持氏はあからさまに対立の姿勢を見せていた。義教は持氏討伐のため関東に遠征軍を送って1438年これを滅ぼした。これを永享の乱という。義教は4・5代将軍時には途絶えていた日明貿易を再開し，幕府収益の改善を図る現実的な政策も展開したが，一方で身分・男女を問わず自分の意に沿わない者を弾圧するなど恐怖政治を展開する専制君主化がはなはだしかった。その結果1441年有力守護の赤松満祐に暗殺されてしまうことになる。現役の将軍が暗殺さ

れたこの事件の結果，将軍の権威は揺らぎ，その権力は弱体化していくのである。

(1) 足利義教の時代に起きた出来事として正しいものを，次のa～dから1つ選び，記号で答えよ。

 a 猿楽能の観阿弥を見いだしてこれを保護し，猿楽能発展に寄与した。

 b 日蓮宗の日親は他宗と過激な宗論を戦わせるなどしたので，幕府に迫害された。

 c 東山に山荘を建設したが，そのなかで採用された書院造とよばれる建築様式は，その後の和風住宅の基本となった。

 d 夢窓疎石を政治顧問として重用したため，この後臨済宗は幕府の保護を受けて大いに栄えることになる。

(2) 永享の乱以後の15世紀に，鎌倉府の長官である鎌倉公方はどのような変遷をたどるか。次の2つの用語を使用して説明せよ。

 「関東管領」「北条早雲」

解答 (1) b (2) 永享の乱以降，鎌倉公方は古河公方と堀越公方に分裂して弱体化し，実権は関東管領の上杉氏に移った。そして15世紀末に堀越公方は北条早雲によって滅ぼされてしまう。

解説 (1) aは足利義満，cは足利義政，dは足利尊氏の時代。日親は，日蓮が辻説法により他宗を攻撃した伝統を受けついだ。 (2) 鎌倉公方が堀越公方と古河公方に分裂したこと，その後関東管領に実権を奪われたこと，堀越公方は北条早雲に滅ぼされたことの3点がポイント。古河公方も事実上北条氏康に滅ぼされた。

━━━━━━ **例題4** ━━━━━━

次の史料を読んで，あとの各問に答えよ。

 爰に京都の聖断を聞奉るに，記録所・決断所をゝかるといへども，近臣臨時に内奏を経て非義を申行間，綸言朝に変じ暮に改りし程に，諸人の浮沈掌を返すが如し。(略)又，天下一統の掟をもて安堵の綸旨を下さるゝといへども，所帯をめさるゝ輩，恨をふくむ時分，公家に口ずさみあり。尊氏なしといふ詞を好みつかひける。

195

〔問1〕この史料で示された政権によって置かれた職や職制に関する次の記述ア〜エの組合せとして適切なものは，下の1〜4のうちのどれか。

ア　政所が一般政務や財政を担当し，長官を別当といった。

イ　京都の警備を担当する機関として武者所をおいた。

ウ　東北地方の軍事・民政を担当するために，奥州探題・羽州探題が置かれた。

エ　地方には国ごとに国司と守護を置き，行政と治安維持にあたらせた。

1　ア・ウ　　2　ア・エ　　3　イ・ウ　　4　イ・エ

〔問2〕この史料が成立した時代の文化に関する記述として適切なものは，次の1〜4のうちのどれか。

1　一条兼良が有職故実や古典の研究に力を入れ，『公事根源』をあらわした。

2　世阿弥が能の真髄をのべた理論書である『風姿花伝』(花伝書)を残した。

3　二条良基が『菟玖波集』を撰し，連歌の規則書として『応安新式』を制定した。

4　古今伝授が東常縁によって整えられ，宗祇によってまとめられていった。

解答　問1　4　　問2　3

解説　史料中に「記録所」「決断所(雑訴決断所のこと)」，「綸旨」とあることから，綸旨を乱発した建武の新政について述べたものであることが窺える。出典史料は1349(貞和5)年頃に成立したと考えられる梅松論である。　問1　鎌倉幕府，建武の新政，室町幕府それぞれの政治機構について問う形式で，頻出である。本問は史料で示された政権の機構を問うており，つまり建武の新政の政治機構を答えればよい。アは鎌倉幕府の，ウは室町幕府の機構を説明している。　問2　室町時代の文化についての問題で，頻出ではあるがやや難。室町時代の文化は時期的に，南北朝文化，北山文化，東山文化に分類されるため，どの文化に各人物や著作があて

はまるのかを考える必要がある。1の一条兼良は，政治意見書『樵談治要』を将軍義尚に送ったことでも有名であり，東山文化に該当する。2で述べられている能の大成は北山文化である。4にある東常縁から宗祇への古今伝授は，正風連歌の確立と関係しており，東山文化に分類される。正答は3となるが，二条良基とその著書『菟玖波集』は，連歌の地位向上に寄与した南北朝期の文化である。

<hr>

例題5

次の史料を読み，下の各問いに答えよ。

> 一，　足がるといふ者，長く停止せらるべき事。
> 　昔より天下の乱るることは侍れど，足がるといふことは旧記などにもしるさざる名目也。…　此たびはじめて出来れる足がるは超過したる悪党なり。其故は①洛中洛外の諸社・諸寺・②五山十刹・公家・門跡の滅亡はかれらが所業也。

問1　下線部①に関連して述べた次の文X・Yの正誤の組合せとして正しいものを，下のア〜エの中から1つ選び，記号で答えよ。

　X　龍安寺の一休宗純に弟子入りした村田珠光は茶と禅の精神の統一を主張し，侘茶を創出した。

　Y　吉田兼倶は反本地垂迹説にもとづき，神道を中心に儒学・仏教を統合しようとする唯一神道を完成した。

　　ア　X　正　　Y　正　　イ　X　正　　Y　誤
　　ウ　X　誤　　Y　正　　エ　X　誤　　Y　誤

問2　下線部②に関連して，五山・十刹の制について100字以内で説明せよ。

問3　史料の出典を答えよ。

解答　問1　ウ　　問2　五山・十刹の制は南宋の官寺の制にならい，足利義満の時代にほぼ完成した。臨済宗の寺院を保護・統制する制度で，南禅寺を五山の上におき，京都五山と鎌倉五山の下に十刹があった。　問3　樵談治要

解説　問1　Xは龍安寺が誤り。一休宗純は大徳寺の住持であった。

197

問2　臨済宗の寺院の保護・統制を目的とした寺格ということを柱に，南禅寺を五山の上に置き，京都五山，鎌倉五山の下に十刹があったことを説明したい。この制度によって，幕府は禅宗を管理した。また，制度の概要として，南宋の官寺の制度にならったことや，足利義満の頃に制度が整ったことを補記したい。

問3　足軽の出現について記された，公家である一条兼良の著。

<hr>
例題6
<hr>

中世におこった飢饉について述べた文として最も適当なものを，次の1～4から1つ選べ。

1　養和の飢饉では，坂本の馬借の蜂起を契機に，畿内で徳政を要求した一揆がおこった。

2　寛喜の飢饉では，飢饉の惨状に遭遇した浄土真宗の開祖親鸞が，絶対他力を提唱した。

3　寛正の飢饉では，8代将軍足利義政の無策に対して，光明天皇がその失政を批判した。

4　正嘉の飢饉では，社会不安が増大するなかで，日親が『立正治国論』で悟りの道を説いた。

解答　2

解説　1の養和の飢饉は，1181年に発生した大飢饉。記述の後半は，1428年の正長の土一揆に関するものである。3の寛正の飢饉は，1461年の飢饉。失政を批判したのは，光明天皇ではなく後花園天皇である。4の正嘉の飢饉は，1258年以後数年間続いた全国的飢饉。『立正治国論』が成立したのは，1439年のことである。なお，正答の2の寛喜の飢饉は，1230年から1231年に発生した大飢饉である。

高校地歴（日本史） 近世

ポイント

　「近世」では，何といっても江戸時代が中心となる。幕藩体制の成立や鎖国，対外関係，諸改革の子細，文化の特色，幕末の動乱など内容は多岐にわたる。できれば，政治，経済，文化などの各々の分野についてしっかりと学習することを勧めたい。

　安土桃山時代については，時期こそ短かったものの，歴史上の意義は大きな時代だったため，出題の頻度は決して少ないものではない。土地や商業などの経済面での動き，豪華絢爛な文化面の内容などがよく問われている。

　史料問題はここでも頻出である。安土桃山時代では太閤検地や刀狩，江戸時代では幕藩体制の基礎となった各種の法令，享保・寛政・天保のいわゆる三大改革の史料，そして経世済民の各思想家の文章などはまずおさえておきたい所である。国内だけではなく，イエズス会士や朝鮮通信使の文章も設問に用いられたケースがあったので，それにも対応できるような広く深い学習が必要になるだろう。

□織豊政権の政策

> 　　定　安土山下町中
> 一、当所中楽市として仰せ付けらるるの上は，諸座・諸役・諸公事等，悉く免許の事。
> 一、分国中徳政，之を行ふと雖も，当所中免除の事。
> 一、他国幷に他所の族，当所に罷越し有付候はゞ，先々より居住の者と同前，誰々の家来たりと雖も異儀あるべからず。…

　織田信長が安土山下町に出した楽市令の一部。1番目の条文では楽座のこと，2番目の条文では信長の領国で徳政が行われても当所(安土山下町)では除外することを述べている。3番目の条文は，当所(安土山下町)では誰が新しく来ても古くからの住民と待遇に差異はないことを述

199

べている。

> 一、仰出され候趣，国人幷に百姓共ニ合点行き候様ニ，能々申し聞かすべく候。…百姓以下ニ至るまで，相届かざるニ付いてハ，一郷も二郷も悉くなでぎり仕るべく候。

豊臣秀吉が**太閤検地**を行うにあたり，五奉行の一人・**浅野長政**に送った手紙の一部。検地の趣旨を国人や百姓によく説明し，納得しない者がいたら村の1つ2つを皆殺しにすべしという内容で，秀吉の検地にかける峻烈な意志が見られる。

> 一、諸国百姓，刀・脇指・弓・やり・てつはう，其外武具のたぐひ所持候事，堅く御停止候。
> 一、右取をかるべき刀・脇指，ついえにさせらるべき儀にあらず候の間，今度大仏御建立の釘，かすかひに仰せ付けらるべし。

同じく豊臣秀吉の**刀狩令**。1番目の条文が刀狩の命令部分で，2番目の条文ではその名目として，没収した武器は**方広寺**の**大仏建立**の釘などに用いられることを述べている。

□**桃山文化の特色**

城郭建築

▲姫路城天守閣

障壁画

▲狩野永徳「唐獅子図屏風」

茶道の大成（千利休）

▲妙喜庵待庵

□江戸幕府のしくみ

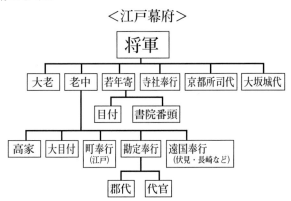

<江戸幕府>

□**鎖国**　江戸幕府の初期は豊臣秀吉と同じように，キリスト教と貿易を分け，前者を禁止し後者を推進する政策をとっていたが，次第に後者も厳しく制限するようになった。鎖国令はいくつかに分けて出されたので，年代に注意したい。なお，「鎖国」の言葉は19世紀初めに志筑忠雄が洋書の翻訳で使用したのが最初。

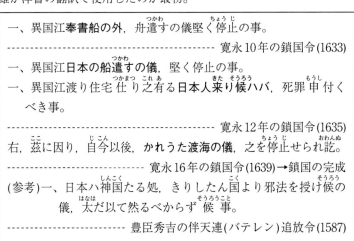

一、異国江奉書船の外，舟遣すの儀堅く停止の事。
-- 寛永10年の鎖国令(1633)
一、異国江日本の船遣すの儀，堅く停止の事。
一、異国江渡り住宅仕り之有る日本人来り候ハバ，死罪申付くべき事。
-- 寛永12年の鎖国令(1635)
右，茲に因り，自今以後，かれうた渡海の儀，之を停止せられ訖。
-- 寛永16年の鎖国令(1639)→鎖国の完成
(参考)一、日本ハ神国たる処，きりしたん国より邪法を授け候の儀，太だ以て然るべからず候事。
------------------------------ 豊臣秀吉の伴天連(バテレン)追放令(1587)

□江戸時代の対外関係

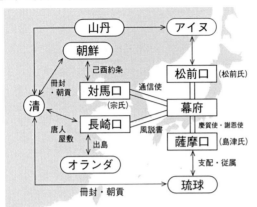

□**経世論**　「経世」は「経世済民」の略で，中国の古い言葉。世を経め民を済うという意味で，江戸時代には政治や社会の変革を主張する経世家が多く出た。また「経世済民」は別の略によって「経済」の語源にもなった。

> 一般に，**直耕**して，大小・上下すべて二品なきは**自然**なり。…真の仁は耕織する衆人に在り。耕さず，織らずして衣食を貪ること止むれば，鰥寡孤独窮民無し。

　八戸で医者を開業していた**安藤昌益**の文章。彼は封建制そのものに疑問を感じ，武士が農民の収穫物を搾取する社会構造を批判した。その上で**農本主義**の平等社会，**万人直耕の自然世**を理想としたが，著書はあまり出回らず一般への影響力はなかった。上は『**統道真伝**』からの引用，他に『**自然真営道**』という大著がある。

> 当世の俗習にて，異国船の入津ハ長崎に限りたる事にて，別の浦江船を寄ル事ハ決して成らざる事ト思リ。実に太平に鼓腹する人ト云べし。…細カに思へば，**江戸の日本橋より唐・阿蘭陀迄境なしの水路也**。然ルを此に備へずして，長崎にのミ備ルは何ぞや。

　海外事情に関心の高かった経世家・**林子平**の文章。彼は当時の沿岸

防備体制の甘さを批判し，外国の侵略を防ぐための**海防論**を展開したが，**寛政の改革**で処罰された。上は『**海国兵談**』からの引用で，前半は海防を甘く考えている平和ボケへの批判である。そして，後半は「鎖国していても日本は海を通じて世界とつながっている」ことを指摘した箇所であり，試験にもよく出てくる。林子平には他に『**三国通覧図説**』などの著書がある。

> 日本ハ海国ナレバ，渡海・運送・交易ハ固（もと）ヨリ国君（こくくん）ノ天職最第一（さいだいいち）ノ国務ナレバ，万国へ船舶ヲ遣（や）リテ，国用（こくよう）ノ要用（ようよう）タル産物及ビ金銀ヲ抜（ぬき）取リテ日本へ入レ，国力ヲ厚クスベキハ海国具足（ぐそく）ノ仕方（しかた）ナリ。

天文学や数学にも明るかった経世家・**本多利明**の文章。彼は開国によって重商主義的な貿易を行い，経済力の強化すなわち**富国策**を行うべきだと説いた。上は『**経世秘策**』からの引用で，他に『**西域物語**』などがある。ちなみに，蝦夷地を探検した最上徳内は彼の弟子である。

> 生熟スルモノハ，年数ノ短長ハアレドモ，大（たい）テイソレゾレノ持マヘアリテ死枯セザルハナシ。…**人ノ死シタルヲ鬼（き）ト名ヅク**。是レ亦（また）死シタル後ハ性根（しょうね）ナシ，心志（しんし）ナシ，コノ鬼ノ外ニ鬼（き）ナシ。

懐徳堂にも学んだ大坂の町人・**山片蟠桃**の文章。彼は独自の**無鬼論**(無神論)を展開したが，これは徹底した合理主義に立ったがためであり，天文学では地動説，経済学では自由経済を主張している。上は『**夢の代（しろ）**』からの引用で，文中の「鬼」とは霊魂をさす。

例題1

18世紀終わりから19世紀なかばまでの江戸幕府の外交政策について述べた次の文章を読み，あとの問いに答えよ。

18世紀終わり頃から，ロシア，イギリス，アメリカ船が日本近海に頻繁に現れるようになり，幕府は①外交政策の転換を迫られるようになった。1792年，ロシアの（ あ ）が根室に来航し②漂流民を届けたことを機会に，幕府は江戸湾・蝦夷地の海防の強化を諸藩に命じ，1798

年には最上徳内，近藤重蔵に蝦夷地・千島を調査させ，翌年，東蝦夷地を直轄地とした。1804年にはロシア使節③レザノフの来航をめぐってロシアとの関係が緊張したため，幕府は1807年に松前藩と蝦夷地をすべて直轄地とし，翌④1808年には（　い　）に樺太とその対岸を調査させた。ロシアとの関係は⑤ゴローウニン事件を機にひとまず改善されたため，幕府は1821年に蝦夷地を松前藩に還付したが，その後も各地の沿岸に頻繁に姿を見せる⑥外国船への対応に迫られた。

1　文中の（　あ　），（　い　）に入る人物名を書け。

2　下線部①について，次の史料1を読み，問いに答えよ。

〈史料1〉

> …当時長崎に厳重に石火矢の備有て，却って安房，相模の海港に其備なし。此事甚不審。細カに思へば江戸の日本橋より唐，阿蘭陀迄境なしの水路也。然ルを此に備へずして長崎にのミ備ルは何ぞや。

　(1)　史料1の著者名を書け。

　(2)　史料1は何を説いているか，書け。

　(3)　史料1が幕政への批判にあたるとして著者が処罰されたが，この時期の幕政改革の名を書け。

3　下線部②について，漂流民の名と，彼がロシアで謁見した女帝の名を書け。

4　下線部③について，レザノフの行動と幕府の対応，それに対するロシアの動きを書け。

5　下線部④について，同じ年に長崎で外国船が起こした事件の名を書け。

6　下線部⑤について，この事件でゴローウニンの釈放に尽力した淡路生まれの廻船業者の名を書け。

7　下線部⑥について，次の史料2の法令名と，それによって1837年に撃退されたアメリカ商船の名を書け。

〈史料2〉

> …一体いきりすニ限らず，南蛮・西洋の儀は，御制禁邪教の国ニ候間，以来何れの浦方ニおゐても…

解答 1 あ ラクスマン（ラックスマン） い 間宮林蔵 2 (1) 林子平 (2) 海岸の防備の必要性（海防論） (3) 寛政の改革 3 漂流民：大黒屋光太夫 女帝：エカチェリーナ2世 4 レザノフはラクスマンの持ち帰った入港許可証を持って長崎に来航したが，幕府が追い返したため，ロシア船は樺太や択捉島を攻撃した。 5 フェートン号事件 6 高田屋嘉兵衛 7 法令名：異国船打払令（無二念打払令） 商船名：モリソン号

解説 1 あ レザノフと混同しないこと。 い 間宮海峡を発見し，樺太が島であることを確認した。 2 (1) 史料は『海国兵談』 (2) 列強の接近に危機感を持ち書かれた。 (3) 寛政の改革の時期で，洒落本作家山東京伝らも処罰されている。 3 エカチェリーナ2世は，ロシアの啓蒙専制君主。エカテリーナまたはカザリンでもよい。 4 長崎に来航，幕府の通商拒否，択捉島などへの攻撃などを柱に論述する。 5 イギリス船名で呼ばれている。この事件で長崎奉行松平康英が引責自殺している。 6 択捉航路を開拓したが，ロシア側に捕らえられ，翌年解放された。 7 外国船が接近したら有無を言わせず撃退することを内容としている。なお，モリソン号事件後，幕府の外交政策を批判した高野長英や渡辺崋山らが逮捕される蛮社の獄が起きている。

━━━━━━ 例題2 ━━━━━━

江戸時代の社会経済に関する次の文章を読んで，文中の空欄（ ① ）～（ ⑳ ）に入る適切な語句を答えよ。

17世紀から18世紀にかけて，新田開発による耕地の拡大，深耕用の（ ① ）・脱穀用の千歯扱など農具の発明・改良，品種改良や（ ② ）・油粕・〆粕など金肥の使用，農書の出版による農業技術の普及などに

より，農業生産力は著しく向上した。また，四木〈(③)・茶・楮・桑〉や三草〈麻・(④)・藍〉などの商品作物の栽培が普及した。水産業では，網漁が摂津・和泉・紀伊などの上方漁民によって全国に普及し，九十九里浜では(⑤)網が発達した。製塩業では，中世の(⑥)法から潮の干満の差を利用した入浜法が発達した。鉱山は幕府・藩によって積極的に開発されていたが，1690年に住友吉左衛門が発見した民営の(⑦)銅山もあった。商品流通の進展とともに，交通・通信制度の整備も進んだ。陸上交通では五街道が整備され，宿駅には問屋場と大名・公家が宿泊する本陣や一般旅行者用の(⑧)などがつくられた。海上交通では，江戸・大坂間の南海路に(⑨)廻船や樽廻船が就航し，(⑩)は東廻り航路・西廻り航路を整備した。河川交通では(⑪)により天竜川・富士川などの水運が開かれた。

　産業・交通・都市の発達により，さらに商品流通が促進された。諸大名が徴収した年貢米や国産品は蔵物とよばれ，換金のために江戸や大坂に送られたが，これらの物資は，まず諸大名が設けた蔵屋敷に送られ，その出納・管理には(⑫)とよばれる町人があたり，(⑬)とよばれる町人が売却代金の保管や送金にあたった。江戸では蔵米取の旗本や御家人の代理として，幕府の米蔵から扶持米を受け取り委託販売を業とする(⑭)が現われた。蔵物とは別に，農村から直接問屋に入る(⑮)とよばれる商品も全国から三都へ流入したので商人の間に問屋・仲買・小売などの分業がすすんだ。また，商人の中には同業者で仲間を組織し，営業の独占をはかろうとする動きが現われた。幕府は金座などの特殊な業種にしか認めていなかった同業組合を，統制をしやすくするとともに，運上・(⑯)などの収益をあげるために，他の業種にも公認した。これを株仲間といい，大坂の(⑰)問屋や江戸の十組問屋などが有名である。こうして大都市で一時に大量の商品取引が行われるようになると，主要商品ごとに専門の卸売市場が設けられ，流通の円滑化がはかられた。大坂では三大市と称し，堂島の米市・天満の青物市・(⑱)の魚市が活況を呈した。商業の発達とともに，貨幣の流通も盛んになった。幕府は貨幣の鋳造権を独占して，三貨を発行した。金貨の単位は両・分・(⑲)で，1両は16(⑲)

だった。金貨・銭貨が計数貨幣であるのに対し，銀貨は(　⑳　)貨幣であり，1609年には金1両は銀50匁と定められていた。

解答　①　備中鍬　　②　干鰯　　③　漆　　④　紅花　　⑤　地引(地曳)　　⑥　揚浜　　⑦　別子　　⑧　旅籠　　⑨　菱垣　　⑩　河村瑞賢(軒)　　⑪　角倉了以　　⑫　蔵元　　⑬　掛屋　　⑭　札差(蔵宿)　　⑮　納屋物　　⑯　冥加　　⑰　二十四組　　⑱　雑喉場　　⑲　朱　　⑳　秤量

解答　②は鰯や鰊を日干しにしたもの。④は花弁から赤色染料を採る。⑯は商工業者の営業免許税である。⑰は大坂でつくられた商品別の荷積問屋の仲間。

▰▰▰▰ 例題3 ▰▰▰▰

次の文章を読んで，(1)～(3)の問いに答えよ。

江戸時代，①朱子学は幕府や藩に受け入れられた。江戸幕府では，徳川家康によって(　②　)が用いられ，その子孫は代々儒者として幕府に仕えて教学を担った。阿波では，藩主蜂須賀重喜の時代に(　③　)が儒官として迎えられ朱子学を講義した。この人物は，後に幕府に召されて寛政の改革に参画し「寛政の三博士」の一員として知られることになる。また，各藩では藩士子弟教育のために藩学が設立され，農村部には藩士や庶民を対象として④郷学がつくられた。

(1)　下線部①について，その理由を説明せよ。

(2)　(　②　)，(　③　)にあてはまる人物名をそれぞれ漢字で答えよ。

(3)　下線部④について，岡山藩主池田光政により設立された郷学の名称を漢字で答えよ。

解答　(1)　幕府や藩による支配を正当化する必要から，君臣・父子の別をわきまえ，上下の秩序を重んじる学問であった朱子学が受け入れられた。　(2)　②　林羅山　　③　柴野栗山　　(3)　閑谷学校

解説　(1)　儒学には，他に中国から伝わった陽明学や日本で生まれた古学などがあったが，幕府は寛政の改革の際に，昌平坂学問所では朱子学のみを講じることとし(寛政異学の禁)，朱子学優位の風潮

が広まっていった。　(2)　②　林羅山は林家の祖。藤原惺窩に師事した。　③　柴野栗山は讃岐の人で，江戸で林復軒に学び，徳島藩に仕えた後，幕府に召されて，昌平黌の教官となり，古賀精里・尾藤二洲とともに寛政の三博士の一人に数えられる。寛政異学の禁の立案者の一人でもあった。　(3)　閑谷学校は学校領が設定され，学田が作られるなど独自の財源を持ち，他領の人々へも門戸を開いていた。講堂が国宝に指定されたほか，24棟が重要文化財に指定されている。

―――――――――― 例題4 ――――――――――

近世の我が国の農民に関する次の各問いに答えよ。

問1　18世紀における農村の変化について，次の三つの語句を全てあげて説明せよ。なお，三つの語句には下線を引くこと

> 地主　　村方騒動　　商品経済

問2　次の史料はある書物の一部である。この書物の著者の主張を「武士」という語句を用いて簡潔に説明せよ。

> ……各耕シテ子ヲ育テ，子壮ニナリ，能ク耕シテ親ヲ養ヒ子ヲ育テ，一人之ヲ為レバ万万人之為テ，貪リ取ル者無レバ貪ラルル者モ無ク，転定モ人倫モ別ツコト無ク，転定生ズレバ，人倫耕シ，此ノ外一点私事無シ。是レ自然ノ世ノ有様ナリ。
>
> (『自然真営道』)

【解答】　問1　農村では，商品経済が浸透するとともに，農業経営に失敗して土地を失う農民と，土地を集積して地主経営を行う有力農民とに階層分化が進んだ。その結果，両者の対立が深まり，村役人の不正を追及し，村の公正な運営を求める村方騒動が各地でみられるようになった。　　問2　武士が農民を搾取する社会や身分制度を批判した。

【解説】　問1　18世紀の農村は，経済の変化の影響を受け，従来の本百姓を中心とした形態から異なるものへ変質していった。具体的には，

商品経済が浸透した農村で，農業経営に失敗した農民と，その土地を集め地主経営を行う豪農とに階層分化が進んだことを記すとよい。また指定語句から考え，小百姓・小作人と豪農との間に対立が生まれ，村役人の不正の追及や公正な村の運営を求める村方騒動が各地で頻発したことまで指摘するようにしたい。

問2 『自然真営道』の著者である安藤昌益は，史料にも記されているように，身分の上下・男女の別のない社会，誰もが自ら耕作する社会などを理想とした。つまり「武士」が農民を搾取する社会を，安藤昌益は批判していたということを記せばよい。

■■■■■■■ 例題5 ■■■■■■■

次の各問いに答えよ。

問1 寛政の改革について述べた文として適当なものを，A〜Dから1つ選び，記号で答えよ。

A 諸大名に，石高1万石につき100石の米穀を蓄えさせる囲米を命じた。

B 町入用節約分の7割を積み立てさせる七分積金を命じた。

C 旗本・御家人の救済を図るため，棄捐令を出して借上の債権を放棄させた。

D 全国の藩校において，朱子学以外の儒学を禁じる寛政異学の禁を発した。

問2 林子平の著書『三国通覧図説』の「三国」として適当でないものを，A〜Dから1つ選び，記号で答えよ。

A 朝鮮　　B 琉球　　C 蝦夷地　　D 清

解答 問1 B　　問2 D

解説 問1 A 囲米は石高1万石につき，50石の備蓄を命じた。

C 借上は鎌倉〜南北朝時代の高利貸し。正しくは札差。

D 寛政異学の禁で朱子学以外の学問を禁じたのは，湯島聖堂学問所での講義である。　問2 『三国通覧図説』では，日本を中心に朝鮮・琉球・蝦夷3国を図で示し解説している。

例題6

次の作品の作者について説明した文として最も適当なものを，下の1～4から1つ選べ。

1　多色刷版画の錦絵を完成させ，その技法で美人大首絵や役者絵，相撲絵を描いた。

2　画俳一致を主張した俳人で，明や清の影響を受け南宗画(文人画)を大成した。

3　西洋画法を学ぶとともに，エレキテルや寒暖計を製作した物理学者でもあった。

4　狩野派の画法を学び，さらに西洋や中国の遠近法を習得して客観的な写生画を創造した。

| 解答 | 4 |

| 解説 | 図の作品は，円山応挙作の国宝「雪松図屏風」である。応挙は18世紀に活躍した円山派の祖で，洋画の遠近法を取り入れ新しい画法を創造した。円山派は写生を重んじ，立体感のある作品を残した。1の多色刷りの浮世絵版画である錦絵は，鈴木春信が始めた。勝川春章らが完成させた「大首絵」の手法は，寛政期に喜多川歌麿，東洲斎写楽によって最高期を迎えた。歌麿は美人画，写楽は役者絵の傑作を残した。2は与謝蕪村についての説明である。蕪村は18世紀に活躍した俳人・画家である。3はエレキテルの記述ですぐに判断できるが，平賀源内についての説明である。 |

高校地歴（日本史） 近代・現代

ポイント

　「近代・現代」は時代を大まかに分けると，明治，大正，昭和の戦前と戦後（平成・令和含む）になるが，概ね偏りのない出題となっている。内容的には政治，外交，経済，文化など多岐に及び，また幾つかの時代にまたがる設問も見られ，試験問題の形式は様々である。

　史料問題の頻度も変わらず多いが，「近代・現代」の傾向として外交文書を出典とするものが多い。それらは例えば，日清・日露戦争の講和条約や韓国併合に関する各協定，ヴェルサイユ体制下での各軍縮条約，第二次世界大戦の各種の会談・宣言，戦後の対外条約などであり，史料集などでチェックしておきたい所である。他には，文明開化期の思想家や近代の政治家の文章なども用いられており，こちらの方にも注意を払っておくべきだろう。

　用語集などを見てもらえば分かるだろうが，「近代・現代」ではそれまでの日本史と比べて習う事項の数が急増する。現場の教師にとっては限られた時間数の中でいかに効率よく教えるかが悩みの種になっているそうだが，教員採用試験を受験しようとする者にとっても他人事ではない。それぞれの事項がどのような背景で生じたのかをまず自分が理解し，かつ他の事項と関連性はないのか，同時期には何が起こっていたのかもおさえ，整然と生徒に説明ができるようにしたい。そのような出題もなされているので要注意である。

□明治維新

政治制度	…太政官制 (1868)→内閣制度 (1885)→大日本帝国憲法発布 (1889)
土地制度	…版籍奉還 (1869)→廃藩置県 (1871)→地租改正 (1873)
軍事制度	…徴兵告諭 (1872)→徴兵令 (1873)→軍人勅諭 (1882)
身分制度	…四民平等 (1869)→秩禄処分 (1876)→華族令 (1884)
教育制度	…学制 (1872)→教育令 (1879)→学校令 (1886)→教育勅語 (1890)
殖産興業	…郵便制度・新貨条例 (1871)→国立銀行条例・富岡製糸場開業・鉄道開業 (1872)→内務省設置 (1873)→第 1 回内国勧業博覧会 (1877)

□明治の外交

	主な事項	条約改正関係
1869	外務省設置	
1871	**日清修好条規**	岩倉使節団出発(～73)
	琉球漁民殺害事件	
1873	**征韓論争**	
1874	台湾出兵	
1875	**樺太・千島交換条約**	
	江華島事件	
1876	**日朝修好条規**	
	小笠原領有宣言	
1879	**琉球処分**	
1882	壬午軍乱	
1883		鹿鳴館建設(欧化政策の一端)
1884	甲申事変	
1885	天津条約	
1886		**ノルマントン号事件**
1889		大隈外相襲撃事件
1891		**大津事件**
1894	甲午農民戦争(東学党の乱)	**日英通商航海条約**
	日清戦争(～95)	(領事裁判権撤廃・関税自主権の一部回復)
1895	**下関条約**	
	三国干渉	
1900	北清事変	
1901	北京議定書	
1902	**日英同盟**	
1904	**日露戦争**(～05)	
1905	ポーツマス条約	
	桂・タフト協定	
1910	**韓国併合**	
1911		日米通商航海条約改正
		(関税自主権回復)

□**韓国併合**　日露戦争で朝鮮の指導権を確立した日本は一気に韓国併合を行ったのではなく，日韓議定書(1904年)から3次に及ぶ日韓協約を経て，1910年の韓国併合条約というように段階を踏んで進めた。それぞれの細かい差異まで問われることがあるので要注意。なお，下関条約の後に朝鮮は清から独立して大韓帝国と改称した。そのため，「朝鮮併合」と答えたりすると間違いとなる。

① 第四条　第三国ノ侵害ニ依リ若ハ内乱ノ為，大韓帝国ノ皇室ノ安寧或ハ領土ノ保全ニ危険アル場合ハ大日本帝国政府ハ速ニ**臨機必要ノ措置ヲ取ルヘシ。**…

② 一　韓国政府ハ日本政府ノ推薦スル日本人一名ヲ**財務顧問**トシテ韓国政府に傭聘シ，…
一　韓国政府ハ日本政府ノ推薦スル外国人一名ヲ**外交顧問**トシテ韓国政府に傭聘シ，…

③ 第一条　日本国政府ハ，**在東京外務省ニ依リ今後韓国ノ外国ニ対スル関係及事務ヲ監理指揮スヘク，**…
第三条　日本国政府ハ，其代表者トシテ韓国皇帝陛下ノ闕下ニ一名ノ**統監**(レヂデントゼネラル)ヲ置ク，統監ハ専ラ外交ニ関スル事項ヲ管理スル為メ京城ニ駐在シ親シク韓国皇帝陛下ニ内謁スルノ権利ヲ有ス。

④ 第二条　韓国政府ノ法令ノ制定及重要ナル行政上ノ処分ハ予メ**統監ノ承認**ヲ経ルコト。

⑤ 第一条　韓国皇帝陛下ハ韓国全部ニ関スル**一切ノ統治権**ヲ完全且永久ニ日本国皇帝陛下ニ譲与ス。

①は日韓議定書(1904.2)で，日露戦争勃発を背景に韓国での軍事行動を認めた内容。②は第一次日韓協約(1904.8)で，日本政府推薦の財政・外交顧問を置く顧問政治を定めた内容。③は第二次日韓協約(1905)で，韓国の外交権を接収して保護国化した内容で，**統監府**が京城(漢城)に置かれた。④は第三次日韓協約(1907)で，**ハーグ密使事件**を契機に締結され，日本が韓国の内政権を掌握した内容。⑤は**韓国併合条約**(1910)で，その前年に併合反対派の**伊藤博文**が暗殺されている。

□**大正デモクラシー**　大正期には自由主義・民主主義的風潮が高揚し，社会・労働運動や教育運動など各方面で成果が見られた。政治面でも2度の護憲運動や普選運動が起こったが，その裏付けとして新しい政治思想の鼓吹があったことが挙げられる。

> 我々が視て以て憲政の根柢と為すところのものは，政治上一般民衆を重んじ，其間に貴賤上下の別を立てず，而かも国体の君主制たると共和制たるとを問はず，普く通用する所の主義たるが故に，**民本主義**といふ比較的新しい用語が一番適当であるかと思ふ。

　「民本主義」を提唱した**吉野作造**の文章。彼は政策の決定を一般民衆の意向によるべきだと主張し，その具体的な目標として**政党内閣制**と**普通選挙**の実現を掲げた。前者は第二次護憲運動後の「憲政の常道」，後者は1925年に制定され，それぞれ成果を収めた。なお，民本主義も民主主義も"democracy"の訳語だが，主権在君の明治憲法下にあって主権在民の民主主義と一線を画するために，民本主義の方を用いたと考えられている。

> 所謂**機関説**ト申シマスルノハ，国家ソレ自身ヲ一ツノ生命アリ，ソレ自身ニ目的ヲ有スル恒久的ノ国体，即チ法律学上ノ言葉ヲ以テ申セバ，**一ツノ法人**ト観念イタシマシテ，天皇ハ此法人タル国家ノ元首タル地位ニ在マシ，国家ヲ代表シテ国家ノ一切ノ権利ヲ総攬シ給ヒ，天皇ガ憲法ニ従ッテ行ハセラレマスル行為ガ，即チ国家ノ行為タル効力ヲ生ズルト云フコトヲ言ヒ現ハスモノデアリマス。

　「天皇機関説」は法人としての国家が主権の主体で，君主(天皇)はその国家の最高機関とする学説。東大の学者などが唱え，**美濃部達吉**は『憲法撮要』などの著書で論述した。昭和に入ると軍部から危険思想として攻撃されるようになり，美濃部自身(当時は貴族院議員)が釈明せざるを得なくなった。上の文章はその演説の一部である。それでも攻撃は止まず，時の岡田啓介内閣は**国体明徴声明**を発して天皇機関説を禁止するに至った。

□第二次世界大戦後の主権回復と外交

	事 項	内 閣
1951	サンフランシスコ平和条約	第 3 次 吉 田 茂 内 閣
	日米安全保障条約	〃
1954	MSA(日米相互防衛援助)協定	第 5 次 吉 田 茂 内 閣
1956	日ソ共同宣言	第 3 次 鳩 山 一 郎 内 閣
	国際連合加盟	
1960	日米新安保条約	第 2 次 岸 信 介 内 閣
1965	日韓基本条約	第 1 次 佐 藤 栄 作 内 閣
1968	小笠原諸島復帰	第 2 次 佐 藤 栄 作 内 閣
1972	沖縄復帰	第 3 次 佐 藤 栄 作 内 閣
	日中共同声明	第 1 次 田 中 角 栄 内 閣
1978	日中平和友好条約	福 田 赳 夫 内 閣
1985	プラザ合意	第 2 次 中 曽 根 康 弘 内 閣
1992	PKO(国連平和維持活動)協力法成立	宮 沢 喜 一 内 閣
2002	日朝首脳会談	第 1 次 小 泉 純 一 郎 内 閣

■■■■ 例題1 ■■■■

次のA〜Eの史料を読み，下の各問いに答えよ。

A

　余かつて桐生・(a)の機業地に遊び，聞いて極楽，観て地獄，職工自身がしかく口にせると同じく余もまたその境遇の甚だしきを見てこれを案外なりとせり。しかも(a)・桐生を辞して前橋に至り，製糸職工に接し更に織物職工より甚だしきに驚けるなり。労働時間の如き，忙しき時は朝床を出でて直に業に服し，夜業十二時に及ぶこと稀ならず。食物はワリ麦六分に米四分，寝室は豚小屋に類して醜陋見るべからず。　　　　　　　　　　　　　(『日本之下層社会』による)

問1　史料Aの作者を，次のア〜エの中から1つ選び，記号で答えよ。

　ア　西川光二郎　　イ　横山源之助　　ウ　細井和喜蔵

　エ　黒岩涙香

問2　空欄(a)にあてはまる地名は何か，答えよ。

問3　この書物は1899(明治32)年に刊行されている。この書物の刊行以

前に起きた出来事を，次のア～エの中から1つ選び，記号で答えよ。

ア　綿織物業の分野では，豊田佐吉が日本最初の木製動力織機を発明し，大量生産への道が開かれた。

イ　安部磯雄・片山潜・幸徳秋水らによって，日本で最初の社会主義政党である社会民主党が結成された。

ウ　憲政党は，政党結成をめざしていた伊藤博文に接近し，解党して伊藤派の官僚とともに立憲政友会を結成した。

エ　政府は軍事・経済上の必要から鉄道国有法を公布し，主要幹線の民営鉄道17社を買収して国有とした。

B

元始，女性は実に（　b　）であつた。真正の人であつた。今，女性は月である。他に依つて生き，他の光によつて輝く，病人のやうな蒼白い顔の月である。…(中略)…私共は隠されて仕舞つた我が（　b　）を今や取戻さねばならぬ。　　　　　　　　　　　　（『青鞜』創刊号による）

問4　空欄（　b　）にあてはまる語句は何か，答えよ。

問5　青鞜社は平塚らいてうを中心とした若い女性たちにより結成された文学団体である。平塚とともに青鞜社で活動した人物を，次のア～エの中から1つ選び，記号で答えよ。

ア　景山(福田)英子　　イ　山川菊栄　　ウ　奥むめお

エ　伊藤野枝

問6　『青鞜』は1916年に財政難のため52号で廃刊となったが，平塚と市川房枝らは1920年に新婦人協会を結成し，女性の政治活動を禁止した□□□□□第5条の改正運動をすすめた。空欄に入る漢字5文字は何か，答えよ。

C

漸次に選挙権を拡張する事は何等異議なき処にして，又他年国情こゝに至れば，所謂普通選挙も左まで憂ふべきにも非らざれども，階級制度打破と云ふが如き，現在の社会組織に向て打撃を試んとする趣旨より（　c　）資格を撤廃すと云ふが如きは，実に危険極る次第にて，…(以下略)　　　　　　　　　　　　　　　　　　（『原敬日記』による）

問7　空欄（　c　）にあてはまる語句は何か，答えよ。

問8　原敬内閣の時以外に起きた出来事を，次のア～エの中から1つ選び，記号で答えよ。

　ア　国際平和維持の機関として国際連盟が発足し，日本はその常任理事国の1つとなった。

　イ　株式市場の暴落を口火に戦後恐慌が発生し，綿糸・生糸の相場は半値以下に暴落した。

　ウ　大学令が制定されて，総合大学の帝国大学のほかに，単科大学や公立・私立の大学が認められた。

　エ　堺利彦・山川均らによって，日本共産党がコミンテルンの支部として非合法のうちに結成された。

問9　史料Cに見られるように，原内閣の時には普通選挙法は制定されなかった。普通選挙法が制定された時の内閣を，次のア～エの中から1つ選び，記号で答えよ。

　ア　第1次若槻礼次郎内閣　　　イ　加藤高明内閣

　ウ　高橋是清内閣　　　　　　エ　第2次山本権兵衛内閣

D

第1条　両締約国ハ両国間ニ平和及友好ノ関係ヲ維持シ且相互ニ他方締約国ノ領土ノ保全及不可侵ヲ尊重スヘキコトヲ約ス

第2条　締約国ノ一方カ一又ハ二以上ノ第三国ヨリノ軍事行動ノ対象ト為ル場合ニハ他方締約国ハ該紛争ノ全期間中中立ヲ守ルヘシ

　　　　　　　　　　　　　　（『日本外交年表竝主要文書』による）

問10　史料Dは，「日ソ中立条約」の一部である。モスクワでこの条約に調印した外務大臣を，次のア～エの中から1つ選び，記号で答えよ。

　ア　幣原喜重郎　　イ　広田弘毅　　ウ　加藤友三郎

　エ　松岡洋右

問11　この条約が調印された1941(昭和16)年に起きた出来事を，次のア～エの中から1つ選び，記号で答えよ。

　ア　政府は，援蔣ルートの遮断と南方進出の足がかりとして，北部仏印(フランス領インドシナ)進駐を開始した。

　イ　国家総動員法第4条に基づき国民徴用令が公布され，一般国民が軍需産業に動員されるようになった。

　　ウ　野村吉三郎駐米大使とハル国務長官との間で日米交渉がおこな
　　　われたが，ハル＝ノートの提示で交渉は決裂した。
　　エ　津田左右吉の日本古代史の実証的研究が，皇室の尊厳を傷つけ
　　　るものとして，彼の著書が発禁となった。
問12　ソ連が，この条約を無視して日本に宣戦布告したのは西暦何年
　のことか，答えよ。

E

1　日本国とソヴィエト社会主義共和国連邦との間の戦争状態は，この
　宣言が効力を生ずる日に終了し，両国の間に平和及び友好善隣関係
　が回復される。

4　ソヴィエト社会主義共和国連邦は，（　d　）への加入に関する日本国
　の申請を支持するものとする。

9　日本国及びソヴィエト社会主義共和国連邦は，両国間に正常な外交
　関係が回復された後，平和条約の締結に関する交渉を継続すること
　に同意する。

　　　ソヴィエト社会主義共和国連邦は，日本国の要望にこたえかつ日
　本国の利益を考慮して，（　e　）及び（　f　）を日本国に引き渡すこと
　に同意する。ただし，これらの諸島は，日本国とソヴィエト社会主
　義共和国連邦との間の平和条約が締結された後に現実に引き渡され
　るものとする。　　　　　　　　　（『日本外交主要文書・年表』による）

問13　史料Eは，「日ソ共同宣言」の一部である。空欄（　d　）にあて
　はまる語句は何か，答えよ。

問14　空欄（　e　）・（　f　）にあてはまる語句の組合せとして正しいも
　のを，次のア～エの中から1つ選び，記号で答えよ。

　　ア　e　国後島　　　　f　択捉島
　　イ　e　択捉島　　　　f　歯舞群島
　　ウ　e　色丹島　　　　f　国後島
　　エ　e　歯舞群島　　　f　色丹島

問15　モスクワを訪問してこの宣言に調印した内閣総理大臣を，次の
　ア～エの中から1つ選び，記号で答えよ。

　　ア　吉田茂　　　イ　岸信介　　　ウ　鳩山一郎　　　エ　片山哲

| 解答 |

問1　イ　　　問2　足利　　　問3　ア　　　問4　太陽　　　問5　エ
問6　治安警察法　　　問7　納税　　　問8　エ　　　問9　イ
問10　エ　　　問11　ウ　　　問12　1945年　　　問13　国際連合
問14　エ　　　問15　ウ

| 解説 |

問1　アは社会主義者で，『労働世界』・『平民新聞』を発行。ウは『女工哀史』の著者。エは『万朝報』社主。　問2　足利は栃木県で桐生は群馬県。絹織物で有名。　問3　ア　1896年に発明。イ　1901年に結成。　ウ　1900年に結成。　エ　1906年に制定。
問4　原始・古代には，女性は社会生活の中心であったという意味。　問5　アは自由民権家，イは女性運動家で，赤瀾会を結成，ウは雑誌『婦人運動』を主宰。　問6　1900年，第二次山県有朋内閣が制定した。　問7　選挙権の有資格者の基準であった。
問8　1922年，加藤友三郎内閣の時に非合法で結成された。
問9　1925年，護憲三派内閣の時。　問10　国際連盟脱退通告の時の日本代表であり，三国同盟も締結した。　問11　ア　1940年に進駐。　イ　1939年に公布。　エ　1940年の出来事。
問12　原爆投下とソ連参戦が，日本降伏の直接原因となった。
問13　国際連盟としないこと。　問14　千島列島には属さない島々。　問15　第5次吉田茂内閣の後の首相。55年体制成立時の首相でもある。

━━━━━ **例題2** ━━━━━

次の年表を見て，問1〜問3に答えよ。

年表

西　暦	主　な　で　き　ご　と
1871	政府は⑦廃藩置県を断行し，府知事・県令が地方行政にあたった。
a ⇕	
1881	⑦明治十四年の政変によって，薩長藩閥の政権が確立した。
b ⇕	
1889	大日本帝国憲法が発布された。
c ⇕	
1900	伊藤博文を総裁として，立憲政友会が結成された。
d ⇕	
1913	第一次護憲運動により，桂太郎内閣が倒された。
e ⇕	
1925	加藤高明内閣は⑦普通選挙法を成立させ，協調外交を展開した。
f ⇕	
1935	岡田啓介内閣は国体明徴声明を出し，天皇機関説を否認した。
g ⇕	
1949	経済安定九原則の実行のため，⑤ドッジとシャウプが来日した。
h ⇕	
1955	日本民主党と自由党が合流して新たな政党が結成され，⑦55年体制とよばれる政治体制が始まった。

問1　年表について，(1)〜(6)に答えよ。

(1)　下線部⑦について，この政策の目的を簡潔に書け。

(2)　下線部⑦の際に出された「国会開設の勅諭」の内容を簡潔に書け。

(3)　下線部⑦について，1925年に成立した普通選挙法に関して述べた文として誤っているものを，ア〜エから選べ。

　ア　25歳以上の男子に選挙権を与え，30歳以上の男子に被選挙権を与えた。

　イ　選挙人は全人口の20パーセントを超えた。

　ウ　選挙人はそれまでの約4倍に増加した。

　エ　選挙人の納税に関する条件を，「直接国税納入額10円以上」から「制限なし」とした。

(4)　下線部⑤は，1ドル＝360円の単一為替レートを設定した。単一為替レートを設定した理由を簡潔に説明せよ。

220

(5) 下線部㋒の55年体制下において成立した内閣を述べた文として正しいものを，ア〜エから選べ。

ア　田中角栄内閣は，日韓基本条約を結び，日韓間の1910年以前の諸条約の失効を確認し，韓国との国交が樹立された。

イ　鳩山一郎内閣の下で，日米相互協力及び安全保障条約が調印され，アメリカの日本防衛義務が明文化された。

ウ　池田勇人内閣は，「寛容と忍耐」を唱えて革新勢力との対立をさけ，「所得倍増」をスローガンに経済政策を展開した。

エ　吉田茂内閣の下で，日ソ共同宣言が調印され，日本の国連加盟をソ連が支持したため，日本の国連加盟が実現した。

(6) 次のア〜ウは，それぞれ年表のa〜hのどの時期にあてはまるか，記号で答えよ。

ア　ロシアでは，首都のペテルブルクで労働者の大規模なストライキが起こり，駐屯する兵士もそれを支持したため，皇帝ニコライ2世は退位した。

イ　イギリスによる海上封鎖に対抗して，ドイツは中立国の商船をも攻撃する無制限潜水艦作戦を開始した。

ウ　清朝が幹線鉄道の国有化令を出すと革命派が武装蜂起して，14省が清朝からの独立を宣言し，翌年，南京で孫文を臨時大総統とする中華民国が樹立された。

問2　年表に関連した事項をまとめたカードA〜Fについて，(1)，(2)に答えよ。

〈カードA〉
○文官任用令を改正した（　①　）内閣は官僚に対する政党の影響力拡大に努めたが，シーメンス事件で退陣した。

〈カードB〉
○満州では，関東都督府が租借地を管理し，半官半民の（　②　）が，長春・旅順間の鉄道を経営した。

〈カードC〉
○外務大臣（　③　）は条約改正に努力したが，極端な欧化政策と，外国人裁判官採用を批判され，辞職した。

〈カードD〉
○下関条約調印後，満州進出をねらうロシアはドイツ，フランスともに（　④　）半島の返還を日本に勧告した。

〈カードE〉
○（　⑤　）を中心にして薩摩の不平士族らが起こした西南戦争は，規模が大きく，政府は鎮圧に7か月を要した。

〈カードF〉
○首相（　⑥　）は，盧溝橋事件後，不拡大方針を声明したが，華北への派兵を認め，戦線を拡大した。

221

  (1)　（　①　）〜（　⑥　）にあてはまる語句や人物の名を書け。

  (2)　カードA〜Fのできごとは，それぞれ年表のa〜hのどの時期にあてはまるか，記号で答えよ。

問3　次の写真，風刺画について，(1)，(2)に答えよ。

写真

説明
　〇この人物は，浜口内閣の蔵相として，一時的な不況を覚悟して，産業界の合理化を進め，日本経済の国際的競争力を育成しようと，金解禁を断行した。

風刺画

説明
　〇この風刺画は，料亭でろうそくがわりに百円札を燃やす「成金」を風刺している。当時は，海運業，造船業が著しく伸び，いわゆる船成金が続出した。

  (1)　写真の人物の名を書け。また，この人物が行った金解禁は，年表のa〜hのどの時期にあてはまるか，記号で答えよ。

  (2)　風刺画に描かれている内容は，年表のa〜hのどの時期にあてはまるか，記号で答えよ。

解答　問1　(1)　中央集権化するため　　(2)　10年後には国会を開設する。　　(3)　エ　　(4)　日本経済を国際経済と結びつけ，輸出の増加を図った。　　(5)　ウ　　(6)　ア　e　　イ　e　　ウ　d
　　問2　(1)　①　山本権兵衛　　②　南満洲鉄道株式会社
　　③　井上馨　　④　遼東　　⑤　西郷隆盛　　⑥　近衛文麿
　　(2)　A　e　　B　d　　C　b　　D　c　　E　a　　F　g
　　問3　(1)　名：井上準之助　　記号：f　　(2)　e

解説　問1　(1)　旧領主である知藩事を東京に集め，中央政府から県令・

府知事を派遣した。　　(2)　開拓使官有物払い下げ事件や政府内で大隈重信の国会早期開設論があって自由民権運動が高まり，危機感を持った政府は大隈を罷免し，国会開設の勅諭を出した。

(3)　1919年，原敬内閣のときに「直接国税3円以上」と改正されている。　　(4)　経済安定九原則には，インフレ抑制・円の価値の安定・輸出増進などが掲げられている。　　(5)　ア　日韓基本条約は佐藤栄作内閣が調印した。　　イ　日米安保条約を最初に調印したのは吉田茂内閣。1960年には岸信介内閣が新安保条約を結んでいる。　　エ　日ソ共同宣言は鳩山一郎内閣の時に調印。

(6)　ア　1917年のロシア革命中。　　イ　1917年の第一次世界大戦中。　　ウ　1911〜12年の辛亥革命。　　問2　(1)　ほとんど基本問題，全問正解が望ましい。　　(2)　A　1914年　　B　1906年　　C　1887年　　D　1895年　　E　1877年　　F　1937年
問3　(1)　のちに血盟団事件で暗殺されている。金解禁は1930年。金融恐慌以後不況が続いている時期。　　(2)　第一次世界大戦中の好景気のころ。

例題3

次のグラフは，日本の産業における生産額に関するものである。1914年から1919年にかけての工業生産額の変化の要因について150字以内で述べよ。その際，あとの語句を必ず使用し，解答文中で用いた語句には下線をつけて明示すること。

グラフ
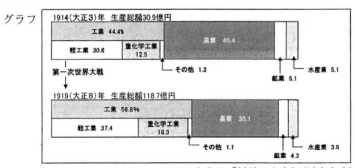

グラフの出典は『新詳日本史』(浜島書店)

> アジア市場　ドイツ　米国

解答 この期間の工業生産額の大幅な増加は，重化学工業においては，ドイツからの輸入が途絶えたことによる化学工業の勃興や，世界的な船舶の不足による造船業の活況を要因としている。軽工業においては，大戦で好景気となった米国向けの生糸やヨーロッパ諸国が撤退したアジア市場への綿織物の輸出の増加を要因としている。(147字)

解説 第一次世界大戦が始まった1914年と終戦翌年の1919年の日本の産業生産額統計を比較すると，生産総額が約４倍にも大きく増えていること，工業の割合が50％を超え，特に重化学工業の伸びが著しいことなどがわかる。重化学工業が大幅に伸びたのはドイツに依存していた肥料・薬品などの輸入が途絶えたために化学工業が勃興したこと，船舶が戦場のヨーロッパをはじめ世界的に不足したため，造船業が活況を呈したことがあげられる。また，軽工業では大戦景気に沸くアメリカ向けの生糸の輸出や，ヨーロッパからの輸入がほとんどなくなったアジア市場への綿織物の輸出が増加したことが考えられる。

━━━━━━ **例題4** ━━━━━━

ポツダム宣言にもとづいて連合国の占領下におかれた日本は，GHQ(連合国軍最高司令官総司令部)の指示を受け，経済の民主化を進めた。その一環として行われた第二次農地改革について，改革の実施にあたって制定された法律と改革の内容，及び成果について，120字以内で述べよ。その際，次の語句を必ず使用し，解答文中で用いた語句には下線をつけて明示すること。

> 小作人　寄生地主制

解答 自作農創設特別措置法を制定し，不在地主の全貸付地，在村地主の貸付地のうち一定面積をこえる分を国が強制的に買い上げ，小作人に優先的に安く払い下げた。その結果，小作地が大幅に減少

する一方で自作農が広範に創設され，寄生地主制が解体された。
(116字)

解説 政府は，1946年に行った第一次農地改革ではGHQ(連合国軍最高司令官総司令部)の同意を得られなかったため，GHQの勧告案に基づいて同年10月に自作農創設特別措置法を制定し，翌1947年から1950年にかけて第二次農地改革を実施した。この改革では在村地主の保有限度を1町歩(北海道のみ4町歩)に制限した上で，これを超える分は国が強制的に買い上げて小作人に優先的に安く払い下げるという方法で行われた。これにより小作地は1割程度に減少して大量の自作農が創出され，農村の封建的な体質の根幹を支えていた，不在地主による寄生地主制は解体された。

例題5

次の文を読んで，下の各問いに答えよ。

　教育制度の自由主義改革を実施するべく，1945年10月にGHQは，教科書の不適切な記述の削除と軍国主義的な教員の追放を指示し，つづいて修身・日本歴史・地理の授業を一時禁止した。ついでアメリカの教育使節団の勧告により，1947年，教育の機会均等や男女共学の原則をうたった(①)が制定された。また，大学も増設されて大衆化し，女子学生も増加した。

　一連の占領改革によって，思想や言論に対する国家の抑圧が取り除かれ，従来の価値観・権威は大きく否定された。人文・社会科学各分野の研究に新しい分野が開かれ，西欧近代との比較により日本の後進性を批判する(②)の政治学，大塚久雄の経済史学などが学生・知識人に大きな影響をおよぼした。また，1949年の(③)金堂壁画の焼損をきっかけとして，伝統的価値のある文化財を保護するために，翌年文化財保護法が制定された。さらに，伝統ある文化財を保護し，文化を復興するために，1968年には(④)が設置された。

(1) (①)に入る語として適当なものを，次のA～Dから1つ選び，記号で答えよ。

　A　教育基本法　　B　教育令　　C　学校令　　D　学校教育法

(2) （　②　）に入る人物として適当なものを，次のA～Dから1つ選び，
記号で答えよ。

　　A　大岡昇平　　B　野間宏　　C　丸山真男　　D　川島武宜

(3) （　③　）に入る語として適当なものを，次のA～Dから1つ選び，
記号で答えよ。

　　A　法隆寺　　B　東大寺　　C　興福寺　　D　薬師寺

(4) （　④　）に入る語として適当なものを，次のA～Dから1つ選び，
記号で答えよ。

　　A　科学技術庁　　B　環境庁　　C　総務庁　　D　文化庁

解答　(1)　A　　(2)　C　　(3)　A　　(4)　D

解説　(1)　義務教育が実質6年から，中学校までの9年間に延長された。
なお，Bは1879年，Cは1886年に出された。Dは教育基本法と同
時に出され，六・三・三・四制など学校制度の基本を定めた。
(2)　政治学者で東京大学教授。『日本政治思想史研究』『現代政
治の思想と行動』などで，戦前から戦後に至るまでの日本の国家
体制などを批判的に分析した。なお，Aは『俘虜記』，Bは『真空
地帯』などで知られる小説家，Dは法社会学者・民法学者で東京
大学教授である。　　(3)　白鳳文化の貴重な壁画12面が焼損した。
(4)　文部省の外局として文化財保護委員会が設置され，1968年
に同委員会と文化局(文部省の内部部局)を統合して発足した。初
代長官は作家の今日出海。2001年の中央省庁再編により文部科
学省の外局となり，現在に至っている。

第 4 章

高校地歴
(世界史)

高校地歴（世界史）　近代までのアジア

ポイント

　日本史と世界史を合わせた中学校の歴史では日本史の比重が大きいのに対して，高等学校の世界史は独立した専門科目として扱われ，かつ内容がより広くより深いものとなっている。これに加えて，教員を採用する試験であるため，教職教養，特に学習指導要領に関する出題が多い。これらのことを踏まえて，学習をしっかりと進められたい。

　まず，高校世界史について概観すると，日本史のような史料問題は少ない。その代わりに地図や画像を用いた問題が多い。また，交易，制度，技術などのあるテーマにスポットを当てた設問も見受けられる。これらは目先が変わっていて戸惑うこともあろうが，基本的な学習を確実に行っておけば対応できるものなので，基礎・基本を確実に身につけておきたい。

　「近代までのアジア」を地域別に見ると，中国が頻出である。ただひと口に中国といっても，中国本土のみならず周辺民族との関係やいわゆる征服王朝も含まれるので，北方遊牧民族や内陸アジア・東南アジアの歴史とも関連付けて学習しておきたい。

　次いで，イスラーム諸国の興亡が多い。アラビア半島に起こったイスラーム教は西アジアから北アフリカ，または中央アジアや南アジア，東南アジアに拡大したので，それだけ範囲は広くなるが，まずは開祖ムハンマドと教義，それから正統カリフ時代〜アッバース朝，及び各地のイスラーム諸王朝などというように系統立てて学習を進めたい。また，イスラーム文化の学習も必要である。固有の学問と外来の学問の相違点，各地域で栄えたイスラーム文化のそれぞれの特色などを学んでおきたい。

　その次に多いのは南アジアである。これはインド史が中心となるが，古代，イスラーム化〜ムガル帝国，イギリスの植民地化と民族

運動，独立後の動き，の4点が主な内容となっている。

また，アジア全体を対象とした設問もよく見られる。モンゴル帝国による東西の一体化や欧米列強の侵略，近代の民族活動などが主題となっているが，地域だけに目を向けるのではなく，横断的に歴史を見る力も養っておきたい。

最後に，地図を用いた設問が多いので，それぞれの王朝や首都の位置などを確認しておくことも怠らないようにしておきたい。

□**四大文明**

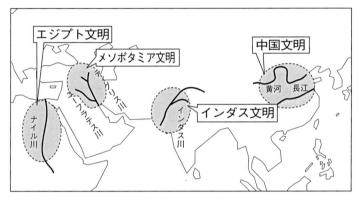

文 明	成立年代	河 川	民 族	特 徴
メソポタミア	BC3500年ごろ 3000年ごろ	ティグリス・ユーフラテス川	シュメール人 アッカド人 アムル人など	太陰暦 六十進法 楔形文字
エジプト	やや遅れて	ナイル川	エジプト人	太陽暦 十進法 ヒエログリフ
インダス	BC2500年ごろ	インダス川	モエンジョ=ダーロ	計画都市 インダス文字 印章
中 国	BC1500年ごろ	黄河	原中国人	仰韶文化(彩陶) 竜山文化(黒陶) 甲骨文字(殷)

□**春秋五覇**　中国の春秋時代に「尊王攘夷」をスローガンに諸侯を指導

した有力者を覇者という。斉の桓公・晋の文公・楚の荘王・呉王の闔閭・越王の勾践が代表的な5人の覇者とされるが，異説もある。

□**諸子百家**　春秋時代の末期から戦国時代にかけ，中国では実力主義の風潮が盛んとなり，様々な思想が噴出した。諸学派と書物の総称。

学派	人物	内　容
儒家	孔子	儒家の祖。魯の出身。「仁」や「礼」を重視し，「修身・斉家・治国・平天下」を説く。儒家では『論語』『春秋』『書経』などを重視。
	孟子	**性善説**…人の本性は善とする説。**易姓革命**…為政者が不徳ならば天命を失い，王朝の交替もやむを得ないとする説。
	荀子	**性悪説**…人の本性は悪とする説。だから「礼」による規制が必要とした。
墨家	墨子	墨家の祖。**兼愛**(無差別愛)・非攻(侵略否定)・尚賢(能力主義)などを説く。
道家	老子	道家の祖。孔子と同時期の人物とされる。**無為自然**を説く。
	荘子	万物斉同や逍遙遊などを説き，精神の自由の獲得を説く。
法家	商鞅	秦の孝公に仕えた政治家。**法治主義**に基づく改革を行って秦を強くしたが，その厳格さが憎まれて孝公の死後に処刑された。
	韓非	韓の公子。荀子に学び，師の教えを取り入れて法家思想を大成した。同門の李斯の陰謀のために自殺したと伝わる。
	李斯	秦王政(始皇帝)に仕えた政治家。丞相として法家思想に基づく政治を行い天下統一に貢献。始皇帝の死後に刑死。
兵家	孫子	春秋呉の孫武と戦国斉の孫臏の2人がいる。勝敗の機微を説くが，戦争はむしろ避けて，政略に意を用いるべきだとした。
	呉子	兵法家として各国に仕え功を立てた呉起のこととされる。
縦横家	蘇秦	**合従策**…強大化する秦に対抗するために他の6国が同盟する外交政策。蘇秦の遊説活動により一時的に成功。
	張儀	**連衡策**…秦が他国の共闘を防ぐため，それぞれ1対1の同盟関係に持ち込む外交政策。張儀は秦の宰相となってこれを実現させ，蘇秦の合従策を破った。
陰陽家	鄒衍	**陰陽五行説**を大成。後世の中国人の思考方法に大きな影響を及ぼし，また日本にも伝わった。
名家	公孫竜	名(名称)と実(本質)の関係を論ずる論理学の一派。次第に詭弁に陥った。

□**イスラーム教**　預言者ムハンマドにより創始。唯一神アッラーと聖典
『コーラン』を奉じ，六信五行を守り，メッカを聖地とする宗教。

□**ムスリム**　「神に帰依する者」の意で，イスラーム教の信徒の呼称。

□**カリフ**　「神の使徒(ムハンマド)の代理人」の意で，ムハンマド亡き後
のイスラーム世界の指導者の呼称。

□**正統カリフ**　ムハンマドの没後，信徒から選ばれたアブー＝バクル，
ウマル，ウスマーン，アリーの4人のカリフを指す。時代的には632年
から661年までをいい，ササン朝などを破って勢力を拡大した。

□**ウマイヤ朝**　アリーの暗殺後，シリア総督のムアーウィヤが創始した
王朝。661〜750年。都はダマスクス。カリフはウマイヤ家が世襲。ア
ラブ人を優遇。西ゴート王国を滅ぼしてイベリア半島を征服したが，
トゥール＝ポワティエ間の戦い(732)でフランク王国に敗れる。

□**アッバース朝**　アブー＝アルアッバースが創始した王朝。750〜1258
年。2代マンスールが新都バグダードを建設。5代ハールーン＝アッラ
シードが全盛期。ムスリムのアラブ・非アラブの不平等を解消。**タラ
ス河畔の戦い**(751)で唐軍を破り，**製紙法が西伝**。

□**後ウマイヤ朝**　ウマイヤ家の一族がイベリア半島に建国。756〜1031
年。アッバース朝に対抗しカリフを自称(西カリフ国)。都はコルドバ。

□**シーア派**　アリーの子孫を指導者(イマーム)と仰ぐイスラーム教の一
派。現在はイランやイラクに多い。イスラーム教全体では1割ほど。
シーア派以外の多数派をスンナ(スンニ)派という。

□**ファーティマ朝**　エジプトを支配したシーア派の王朝。909〜1171年。
アッバース朝に対抗してカリフを自称(中カリフ国)。カイロを建設し
て遷都。カイロ・バグダード・コルドバはイスラーム文化の中心地。

□**ブワイフ朝**　イランを支配したシーア派の軍事政権。932〜1055年。
946年にバグダードに入城し，アッバース朝から政治の実権を奪う。

□**セルジューク朝**　西アジア一帯を支配したスンナ派のトルコ系王朝。
建国者はトゥグリル＝ベク。1038〜1194年。ブワイフ朝を倒した功に
より，アッバース朝から**スルタン**の称号を授かる。

□**スルタン**　イスラーム世界の世俗君主の称号。宗教の最高権威のカリ
フに対し，政治権力の最高実力者と位置づけられる。

□モンゴルのユーラシア支配

国名 (興亡年)	建国者	領域 (首都)	宗教	滅亡
モンゴル帝国 (1206〜71)	チンギス＝ ハン	ユーラシア (カラコルム)		元と4ハン国に 分裂

国名 (興亡年)	建国者	領域 (首都)	宗教	滅亡
元 (1271〜1368)	フビライ (世祖)	中国 (大都)	上層部は チベット仏教	紅巾の乱
チャガタイ＝ハン国 (1227〜14c)	チャガタイ	中央アジア (アルマリク)	イスラーム教	東西分裂。西はテ ィムールに奪われた
キプチャク＝ハン国 (1243〜1502)	バトゥ	南ロシア (サライ)	イスラーム教	モスクワ大公 国の独立
イル＝ハン国 (1258〜1353)	フラグ	西アジア (タブリーズ)	イスラーム教	ティムール朝の 征服

□インドの植民地化

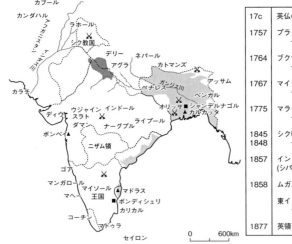

17c	英仏の進出開始
1757	プラッシーの戦い →仏勢力を駆逐
1764	ブクサールの戦い →ベンガル支配
1767	マイソール戦争(〜99) →南インド支配
1775	マラータ戦争(〜1818) →デカン高原支配
1845 1848	シク戦争(〜46／〜49) →パンジャブ地方支配
1857	インド大反乱 (シパーヒー(セポイ)の反乱)
1858	ムガル帝国滅亡 東インド会社解散 →本国が直接統治
1877	英領インド帝国成立

■ 1765年のイギリスの支配地域　▲ イギリスの通商基地
■ 18世紀末のムガル帝国領域　■ フランスの通商基地

■■■■■■■ 例題 1 ■■■■■■■

次の①〜⑤のうちから，(ア)が誤りで(イ)が正しいものを1つ選べ。

① (ア) イブン＝ルシュドは，アリストテレス哲学の注釈で中世ヨーロッパに名を知られていた。

(イ) イスラーム哲学を完成したイブン＝シーナーは，『医学典範』でギリシア・アラビア医学も集大成した。

② (ア) ファーティマ朝時代，カイロに建てられたアズハル学院は，のちにイスラーム正統派神学の中心となった。

(イ) スンナ派のセルジューク朝では，宰相ニザーム＝アルムルクにより学術の振興がはかられた。

③ (ア) イル＝ハン国の宰相ラシード＝ア(ウ)ッディーンが著した『集史』は，モンゴル史の重要史料として知られる。

(イ) 14世紀に登場したイブン＝ハルドゥーンは，『世界史序説』を著し，都市と地方(遊牧民)との関連をもとに歴史の法則を考察した。

④ (ア) ウマル＝ハイヤームの『ルバイヤート』は，ペルシア語の代表的な詩として世界的に著名である。

(イ) インド・イランなどの説話も融合された，『千夜一夜物語』は，アラビア語文学の傑作である。

⑤ (ア) モロッコ人イブン＝バットゥータは，『世界の記述』を著した。

(イ) イブン＝バットゥータは，インドや中国をおとずれたが，ちょうどそれは元が中国を支配している時代であった。

解答 ⑤

解説 ⑤の(ア)の『世界の記述』はマルコ＝ポーロ。イブン＝バットゥータは『三大陸周遊記』。

■■■■■■■ 例題 2 ■■■■■■■

東アジア，東南アジアの歴史について，次の(1) 〜 (4)に答えよ。

(1) 前漢の武帝の行ったこととして正しいものを，次のA 〜 Dより1つ選び，記号で答えよ。

A 赤眉の乱に乗じて挙兵し，農民や豪族とともに王莽を敗死させ，新を滅ぼした。

B 郡県制をしいて中央集権体制を確立し，文字・度量衡・貨幣などを統一した。

C 豪族の土地所有を制限し，自作農に土地を確保させる占田・課田法を発布した。

D 塩や鉄，酒を国家の専売品とし，物資の流通の調整と物価の安定を名目とした均輸・平準法を実施した。

(2) 唐の太宗(李世民)の治世を元号にちなみ何というか答えよ。

(3) 日本と東アジア諸国で起こったできごとのうち，同じ世紀に起こったできごとの組合せとして正しいものを，次のA～Dより1つ選び，記号で答えよ。

A 中大兄皇子らが蘇我氏を滅ぼす ── 隋が中国を統一する

B 菅原道真が遣唐使派遣の中止を建議する ── 李成桂が，高麗を倒して朝鮮(李朝)を建てた

C 白河天皇は上皇となり，院政を開始した ── 王安石が新法を行う

D 源頼朝が征夷大将軍に任ぜられる ── テムジンがチンギス＝ハンの称号を得た

(4) 図は，8～9世紀ごろジャワ島中部で建立された仏教遺跡である。遺跡名を答えよ。

図

 解 答 (1) D (2) 貞観の治 (3) C (4) ボロブドゥール遺跡

解 説 (1) A 後漢の光武帝 B 秦の始皇帝 C 西晋の武帝
(2) 官制は整備され，国力は充実した。

■■■■■■■■ **例題3** ■■■■■■■■

次の文は，世界史の教材研究にあたってのA先生とB先生の会話である。この会話文を読んで，あとの(1)～(7)の問いに答えよ。

A先生：最近ますます生徒の世界地理に関する基礎知識が薄くなっているねえ。この現状を踏まえて，高校生に世界史を教える必要があると思うんだが。

B先生：そうですね。私は各章の冒頭では必ずその地域の地理的な必須事項を概説しています。一般的な地理知識ばかりでなく，例えば，黄河・長江の流域で発生した中国古代文明については，農耕での雑穀と水稲との違いが，《　a　》のラインで区分される気候風土に因るということを話しました。

A先生：それは中国史の特徴である南北朝の分裂を理解する上で，非常に分かりやすいね。①中国史では「南北朝時代」といえば，4世紀から隋の統一までのものが最も一般的だけど，見方を変えれば戦国時代の（　b　）と他の六国との関係や，紹興の和議で国境が決まった南宋と（　c　）との関係も南北朝時代だとも言えるよ。

A先生：さてもう一つ，中学校では日本史中心で歴史を学んできているから，②世界史の学習では時代感覚のズレを日本史で修正するという方法も意外と有効だよ。中国史では紀元前から王朝が存在しているため，だいたい元ぐらいまで学習を進めてくると生徒はよく時代錯誤を起こすんだ。

B先生：そうですね，後の③明清時代が長く続いているため，余計に錯覚してしまうようです。授業では「元寇」を用いて日本の（　d　）時代が元と対応すると説明したら，ほとんどの生徒が「何やまだそんな時代なんか」という顔をしたのを覚えています。

A先生：最近は東アジア地域の一部として，日本史の事柄を見直す視点も重要になってきている。特に近現代史では，アジアの近代化の動きに与えた日本の影響を教えることは，生徒の視野の拡大を促し，自国を客観的にとらえる姿勢につながるんじゃないだろうか。例えば，日清戦争は清朝に（　e　）運動の不十分さを知らしめたばかりでなく，全世界に清朝の弱体化を証明することとなった。また，日露

戦争では西欧列強の一国であるロシア帝国に，アジアの日本が勝利したということで，ロシアの南下政策にさらされていたトルコばかりでなく，フランスから植民地侵略を受けていたベトナムでもファン＝ボイ＝チャウが（　f　）運動を唱えているからね。

B先生：アジアの中の日本という視点は，現在の私たちの立場を再考する意味からも大切ですね。

(1)　文中の《　a　》にあてはまる事柄として，適切なものを(ア)～(エ)から選び，記号で答えよ。

(ア)　淮河―秦嶺山脈　　　(イ)　渭水―太行山脈

(ウ)　松花江―大興安嶺　　(エ)　珠江―南嶺山脈

(2)　文中の（　b　）～（　f　）にあてはまる語句を正しい漢字で答えよ。ただし，b，cには漢字1字(国名)で，d～fには漢字2字で答えよ。

(3)　下線部①について，この時代の北朝に該当しない事項を，(ア)～(エ)から1つ選び，記号で答えよ。

(ア)　均田制の実施　　　(イ)　黄巾の乱　　　(ウ)　道教の成立

(エ)　鳩摩羅什の渡来

(4)　唐の滅亡から約50年ほどの間も，華北に5つの王朝が次々に建てられ，長江流域とは異なった動きを見せている。この間，北宋の歴史に大きな影響を与えることになるある地域が異民族の支配下に入った。その地域を何というか，漢字5字で答えよ。

(5)　下線部②について，高校の授業で用いる場合に適切であると考えられる日中関係史上の事例を1つ取り上げ，解答例のように授業での説明ポイントを簡潔に答えよ。

　解答例：弥生時代の卑弥呼が受けた親魏倭王の金印にある国名は，
　　　　　三国時代の魏のことである。

　注)　日本史の事項と対応させる中国史の事項には，それぞれ王朝名または時代名を記せ。

(6)　下線部③について，明末～清前期はスペイン・ポルトガルのアジア進出期である。そこでは中国宮廷でのイエズス会宣教師団の活躍が大きな鍵を握っていた。当時の宣教師としてあてはまらない人物を(ア)～(オ)から1つ選び，記号で答えよ。

   (ア)　フェルビースト　　　(イ)　マテオ＝リッチ

   (ウ)　アダム＝シャール　　(エ)　プラノ＝カルピニ

   (オ)　カスティリオーネ

(7)　19世紀以降のアジア諸国の近代化（＝西欧化）では，専制君主制を
   改革して西欧的な政治体制の確立を目指した。各国では新しい政治
   の柱として，何がつくられていったか。漢字2字で答えよ。

解答　(1)　(ア)　　　(2)　b　楚　　　c　金　　　d　鎌倉　　　e　洋務
　　　f　東遊　　　(3)　(イ)　　　(4)　燕雲十六州　　　(5)　室町時代の足
　　　利義満が始めた日明貿易は，靖難の変によって即位したばかりの
　　　明の永楽帝との間に行われた。　　　(6)　(エ)　　　(7)　憲法

解説　(1)　淮河—秦嶺山脈のラインで北は畑作地域，南は米作地域に大
　　　別される。　　　(2)　b　楚は戦国の七雄の一つ。　　　c　金は南宋を圧
　　　迫した。　　　(3)　(ア)　均田制は北魏の孝文帝がはじめた。
　　　(イ)　黄巾の乱は184年張角が起こしたもの。後漢末。　　　(ウ)　道
　　　教は，北魏の寇謙之が，古くからの神仙思想に道家の説を入れて，
　　　新天師道をはじめ，国家宗教として教団の形成に努めたもの。中
　　　国人一般の要求に合っていたので，長く民衆に信仰された。
　　　(エ)　鳩摩羅什は西域からやってきて，華北での仏教の布教や仏
　　　典の翻訳に活躍した。　　　(4)　遼（契丹）は五代の後晋の建国を助け
　　　た代償として河北・山西の北部（燕雲十六州）を領土に加え，宋が
　　　中国統一の余勢をかって奪回を企てた時も，これを撃退した。
　　　(6)　プラノ＝カルピニは元代にローマ教皇が遣わした使節である。

━━━━━━ **例題4** ━━━━━━

東南アジアの諸王朝について，次の(1)〜(8)の問いに答えよ。

(1)　現在の中国における広東・広西からベトナム北部を支配した南越
   を滅ぼした皇帝として適当なものを，A〜Dから1つ選び，記号で
   答えよ。

   A　始皇帝　　B　高祖（劉邦）　　C　武帝　　D　光武帝

(2)　ベトナム中部にあったチャンパーは，海上交易で栄え，中国とも
   通交した。次のうち，この国の中国名として適当でないものを，A

～Dから1つ選び，記号で答えよ。

A 林邑　　B 環王　　C 占城　　D 大越

(3) 7世紀頃，扶南に代わりメコン川流域を領有したカンボジアの主な民族として適当なものをA～Dから1つ選び，記号で答えよ。

A ピュー　　B モン　　C クメール　　D トーアン

(4) (3)の王国の最盛期に在位したジャヤヴァルマン7世は，仏教を篤く信仰したが，この王が造営した王都遺跡として適当なものを，A～Dから1つ選び，記号で答えよ。

A アンコール＝ワット　　B アンコール＝トム

C ボロブドゥール　　　　D プランバナン

(5) マラッカ海峡の航路をおさえて隆盛し，7世紀に中国の僧義浄が滞在した王国として適当なものを，A～Dから1つ選び，記号で答えよ。

A シュリーヴィジャヤ王国　　B アチェ王国

C マタラム王国　　　　　　　D アクスム王国

(6) ミャンマー最初の統一王朝で，上座部仏教を取り入れて栄えたが，のちに元の侵入によって滅んだ王朝として適当なものを，A～Dから1つ選び，記号で答えよ。

A パガン朝　　B ペグー朝　　C アユタヤ朝

D トゥングー朝

(7) 13世紀後半，ベトナムはモンゴル軍を撃退して独立を保ったが，このときの王朝として適当なものを，A～Dから1つ選び，記号で答えよ。

A 李朝　　B 陳朝　　C 黎朝　　D 阮朝

(8) 13世紀末から16世紀にかけて，ジャワ島中東部で成立したマジャパヒト王国の主要な宗教として適当なものを，A～Dから1つ選び，記号で答えよ。

A ヒンドゥー教　　B ゾロアスター教　　C マニ教

D イスラーム教

解答　(1) C　(2) D　(3) C　(4) B　(5) A　(6) A

(7) B　(8) A

解説　(1) Aの始皇帝が滅ぼしたベトナム北部の国家は，百越である。

Bの高祖(劉邦)は，南越を冊封している。Dの光武帝が即位した，25年より130年以上前の前111年に南越は滅亡している。

(2)　Dの大越は，チャンパーではなくベトナム北部の国家の国号。大越は，李朝第3代皇帝の聖宗によって採用された国号。チャンパーは，中国では林邑，8世紀半ば以降は環王と呼ばれ，その後，占城と呼ばれた。　(3)　Aのピューは，ミャンマーのイラワディ川流域の民族である。Bのモンは，ミャンマーのイラワディ川流域やタイのチャオプラヤ川下流域の民族である。Dのトーアンは，ミャンマー北部から中国南部の民族である。　(4)　Aのアンコール＝ワットは，寺院遺跡である。カンボジアのアンコール朝のスールヤヴァルマン2世によって造営された。Cのボロブドゥールは，アンコール朝ではなくジャワ島中部にシャイレーンドラ朝が造営した大乗仏教遺跡。Dのプランバナンは，ジャワ島中部にマタラム朝が造営したヒンドゥー教寺院である。　(5)　Bのアチェ王国は，15世紀末に成立した，スマトラ島北部のイスラーム国家。Cのマタラム王国は，16世紀末に成立した，ジャワ島東部のイスラーム国家。Dのアクスム王国は，エチオピアに存在した国家である。　(6)　Bのペグー朝は，16世紀にトゥングー朝に滅ぼされた。Cのアユタヤ朝は，タイの王朝。Dのトゥングー朝は，ミャンマー最初ではなく二番目の統一王朝であるので誤り。　(7)　Aの李朝は，13世紀前半に滅亡した王朝。Cの黎朝は，15世紀前半に成立した王朝。Dの阮朝は，19世紀初頭に成立した王朝である。　(8)　マジャパヒト王国は，東南アジア最後のヒンドゥー教国家である。

高校地歴(世界史) 近代までの欧米

ポイント

　「近代までの欧米」では，古代ギリシア・ローマ，近代ヨーロッパと海外進出，及びキリスト教関連の設問が頻出といえる。古代ギリシア・ローマは政治の変遷や文化，近代ヨーロッパは度々行われた国際戦争や条約の内容，封建制度から中央集権体制，絶対主義そして市民社会への流れをしっかりつかむことが肝心だろう。海外進出については，大航海時代の事項やイギリスの植民地形成の過程がよく問われている。キリスト教関連では，初期の成立〜迫害〜公認という流れ，宗教会議などによる教義の確定，教皇権の伸張と絶頂，及び宗教改革が問われる。キリスト教史という場合，いわゆる新旧両教を中心に捉えがちだが，ギリシア正教についても取り上げられることがあるので注意しておきたい。

　また，各国史としての出題もしばしば見受けられたが，イギリス，フランス，ドイツなど西欧の主要国と，アメリカ合衆国が個別によく取り上げられているので，こちらも留意しておきたい。

　設問形式として人名を答えさせるものもあるが，ヨーロッパの歴史上の人物にはかなり似通った名前が多い。国王などは誰々の何世までしっかり解答できるようはっきりと区別をつけて認識しておきたい。

□共和政ローマの内政の推移

年代	事　項	内　　　容
前494	護民官設置	聖山事件の後，平民保護のために設置。
前5c	平民会設置	貴族に対抗するために置かれ，立法に参与。
前451	十二表法	最初の成文法。従来の慣習法を明文化。
前367	リキニウス＝セクスティウス法	・2名のコンスル(執政官)のうち1名を平民から選出。 ・公有地の占有を制限。
前287	ホルテンシウス法	・平民会の決議は元老院の承認がなくても法律となる。 ・平民の法的平等化の達成

前133	グラックス兄弟の改革	大土地所有の制限などのためにリキニウス法復活を目指すが失敗　→“内乱の１世紀”へ

□帝政ローマの推移

元首政	アウグストゥス帝	前27〜後14	帝政開始・元首政・元老院尊重・トイトブルクの戦い
	五賢帝時代	96〜180	版図最大(トラヤヌス帝)　・辺境防衛(ハドリアヌス帝)　・哲人皇帝(マルクス＝アウレリウス＝アントニヌス帝)・大秦王安敦(〃)
	カラカラ帝	211〜217	市民権拡大・カラカラ浴場
	軍人皇帝時代	235〜284	この間に26人の皇帝擁立・帝国混乱
専制君主政	ディオクレティアヌス帝	284〜305	専制君主政・四分統治・元老院無視・皇帝崇拝
	コンスタンティヌス帝	306〜337	ミラノ勅令・ニケーア公会議・コンスタンティノープル遷都
	テオドシウス帝	379〜395	キリスト教の国教化・帝国の東西分割

□初期キリスト教の展開

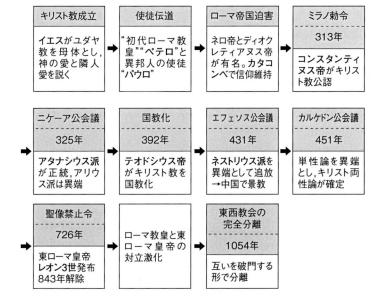

キリスト教成立	使徒伝道	ローマ帝国迫害	ミラノ勅令
イエスがユダヤ教を母体とし，神の愛と隣人愛を説く	“初代ローマ教皇”“ペテロ”と異邦人の使徒“パウロ”	ネロ帝とディオクレティアヌス帝が有名。カタコンベで信仰維持	313年　コンスタンティヌス帝がキリスト教公認

ニケーア公会議	国教化	エフェソス公会議	カルケドン公会議
325年　アタナシウス派が正統，アリウス派は異端	392年　テオドシウス帝がキリスト教を国教化	431年　ネストリウス派を異端として追放→中国で景教	451年　単性論を異端とし，キリスト両性論が確定

聖像禁止令		東西教会の完全分離
726年　東ローマ皇帝レオン3世発布843年解除	ローマ教皇と東ローマ皇帝の対立激化	1054年　互いを破門する形で分離

□中世の東西ヨーロッパ

西ヨーロッパ世界		東ローマ(ビザンツ)帝国
聖俗の権力主体が分裂	政治	皇帝が聖俗両権を掌握(**皇帝教皇主義**)
(契約的・双務的)**封建制度**	社会	官僚制(中央)・**軍管区(テマ)制**(地方)
荘園制・自給自足経済 貨幣経済浸透で商工業が復活	経済	**屯田兵制・プロノイア制** 東西貿易の要衝として商工業盛ん
ローマ文化とゲルマン文化が融合	文化	ギリシア文化の尊重
ラテン語	共通語	**ギリシア語**
ローマ=カトリック教会	宗教	**ギリシア正教**
イスラーム・ビザンツから文化吸収 **十字軍**による人と物の移動	意義	東方勢力に対する**西欧の防波堤** ギリシア文化の保護と西欧への伝播

□大航海時代

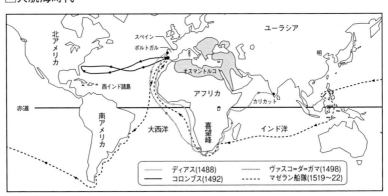

242

エンリケ航海王子	15c前半	アフリカ西岸の探検を奨励
バルトロメウ＝ディアス	1488	**喜望峰**到達
コロンブス	1492	大西洋を渡って**西インド諸島**に到達
カボット父子	1497・98	北アメリカ沿岸を探検
ヴァスコ＝ダ＝ガマ	1498	インドの**カリカット**に到達
カブラル	1500	ブラジルに漂着
アメリゴ＝ヴェスプッチ	1501	コロンブスが到達したのはアジアではない"新大陸"と確認
ヴァルトゼーミューラー	1507	新大陸を**アメリカ**と命名
バルボア	1513	パナマ地峡を横断し**太平洋**を発見
マゼラン船隊	1519〜22	**世界周航**を行って地球の球形を実証

□宗教改革

イタリア	ドイツ	フランス・スイス	イギリス
16c初 **贖宥状販売**	1517 **95カ条の論題**		
1521 教皇レオ10世，ルターを破門	1521 ヴォルムス帝国議会	1523 ツヴィングリの宗教改革（チューリヒ）	1521 ヘンリ8世，ルターを批判
	1524 ドイツ農民戦争（〜25）		1527 ヘンリ8世の**王妃離婚問題**
	1529 ルター派再禁止		
	1530 シュマルカルデン同盟	1531 ツヴィングリ戦死	1534 **首長法**
1534 **イエズス会創設**(パリ)			1536 修道院解散
		1541 **カルヴァンの宗教改革**（ジュネーヴ）	1549 一般祈禱書
1545 トリエント公会議(〜63)	1546 シュマルカルデン戦争		1555 メアリ1世の旧教復帰
	1555 **アウクスブルクの宗教和議**	1562 ユグノー戦争（〜98）	1559 **統一法**(エリザベス1世)
		1598 ナントの勅令	

旧教支配　　ルター派優勢　　旧教優勢　　英国国教会支配

□近代ヨーロッパの美術

◎ルネサンス（14〜16ｃ）

▲レオナルド＝ダ＝ヴィンチ
「モナ・リザ」

◎バロック様式（16ｃ後半〜18ｃ初）

▲レンブラント「夜警」

◎ロココ様式（18ｃ後半）

▲ワトー「シテール島への巡礼」

◎古典主義（18ｃ末〜19ｃ初）

▲ダヴィッド「ナポレオンの戴冠式」

◎ロマン主義（19ｃ前半）

▲ドラクロワ「民衆を導く自由の女神」

◎自然主義（19ｃ後半）

▲ミレー「晩鐘」

◎写実主義（19ｃ後半）

▲クールベ「オルナンの埋葬」

◎印象派（19ｃ後半〜20ｃ初）

▲モネ「印象・日の出」

例題1

次のＡ〜Ｃの文は，世界史の主題学習として多く扱われる「暦」「情報」「綿」に関するものである。これらの文を読んで，あとの(1)〜(7)の問いに答えよ。

Ａ　現在，世界で最も多く使われている暦はグレゴリウス暦である。古代エジプトの太陽暦が(ア)<u>古代ローマ</u>に伝えられて整備され，さらに16世紀にローマ教皇グレゴリウス13世によって改革されたものである。この暦は，ヨーロッパ諸国やその植民地では18世紀頃までには広く使用されるようになり，アジア諸国では19〜20世紀にかけて日本，韓国，そして中国でそれぞれ採用された。一方，イスラーム世界では月が神聖なシンボルとされ，太陰暦が守られている。このイスラーム世界の暦はムハンマドが迫害を逃れるためにメッカからメディナへ移住した年を起源とすることから（　イ　）暦と呼ばれている。

Ｂ　情報を伝達する最も一般的な手段は言語である。人類は北京原人の頃にはことばを話していたと考えられているが，限られた時間と空間だけの情報伝達であった。やがて，(ウ)<u>人類は時間と空間を越えた情報伝達の手段として文字を考案した。</u>以来，今日まで人類は文字を情報伝達の基本としている。しかし，（　エ　）の活版印刷術発明によって広域への情報伝達は大きく変革をとげたものの，情報伝達の手段としての文字の場合，その速さには限界があった。そこで，(オ)<u>人類は19世紀には新しい交通手段・通信技術を開発し</u>，さらに20

世紀にはマスメディアを発展させ，情報伝達の高速化を図ってきた。

C　綿はインドが原産地といわれ，綿布は古くからインドの主要輸出品であった。16世紀にヨーロッパにもたらされたインド綿布は珍重された。17 ～ 18世紀のイギリスでは，キャラコの名で呼ばれたインド産綿布が爆発的な人気を集め，国策会社であった東インド会社はインド産綿布を大量に確保するためにインド支配に力を注いだ。しかし，18世紀後半に(カ)産業革命がイギリスではじまると，機械生産による安価な綿布が大量に生産されるようになった。この結果，イギリス産綿布は逆にアジアに向かって大量に輸出されるようになり，(キ)この逆流現象は19世紀のアジアを大きく変えていった。

(1)　下線部(ア)において，エジプトの太陽暦をもとにユリウス暦を制定した統治者の名前を答えよ。

(2)　空欄(　イ　)に，あてはまる適切な語句を答えよ。

(3)　下線部(ウ)に関して，フランスのシャンポリオンが古代エジプト文字である神聖文字(ヒエログリフ)解読の手がかりとしたロゼッタ＝ストーンの特色を簡潔に説明せよ。

(4)　空欄(　エ　)に，活版印刷術の発明者の名前を答えよ。

(5)　下線部(オ)に関する組合せとして誤っているものを，次のa～dから1つ選び，記号で答えよ。

a　スティーヴンソン(英)―蒸気機関車試運転

b　モールス(米)―電話機発明

c　ダイムラー (独)―ガソリン自動車開発

d　マルコーニ(伊)―無線電信発明

(6)　下線部(カ)に関する発明品を時代順に正しく配列しているものを，次のa～cから1つ選び，記号で答えよ。

a　アークライトの水力紡績機　→　クロンプトンのミュール紡績機
　→　ハーグリーヴズの多軸紡績機

b　クロンプトンのミュール紡績機　→　ハーグリーヴズの多軸紡績機　→　アークライトの水力紡績機

c　ハーグリーヴズの多軸紡績機　→　アークライトの水力紡績機　→　クロンプトンのミュール紡績機

(7)　下線部(キ)に関して,「19世紀のイギリスとインド」という授業の導入部で,19世紀前半におけるイギリス・インドの関係を経済的観点から説明したいと考えた。次のグラフを読み取った上で,両国の経済的な立場がどう変化していくのかを生徒に分かるように説明せよ。

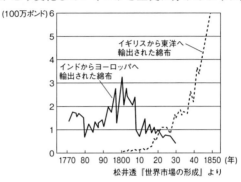

松井透『世界市場の形成』より

解答　(1)　カエサル　　(2)　ヒジュラ　　(3)　同一内容の文が神聖文字(ヒエログリフ),民用文字(デモティック),ギリシア文字の3種類で刻まれている。　　(4)　グーテンベルク　　(5)　b
(6)　c　　(7)　インドが世界に誇っていた綿布生産はイギリスの機械製綿布の流入により圧倒され,1820年前後には輸出入が逆転した。以降,インドは一次産品の輸出国・製品の輸入国に転落し,イギリスの植民地として経済的に従属した関係を強いられた。

解説　(1)　ユリウス暦は紀元前46年にエジプトの太陽暦を導入して制定された。1582年にグレゴリウス13世が改定してグレゴリウス暦となった。　　(2)　ヒジュラとは,622年,イスラームの開祖ムハンマドと信者が,メッカからメディナ(ヤスリブ)へ遷住したことをいう。「聖遷」ともいう。この年をイスラーム暦(ヒジュラ暦)の元年と定めた。　　(3)　ロゼッタ石は1799年ナポレオンのエジプト遠征の際に,ナイル川のデルタ地方のロゼッタで一将校が発見した。3様の文字で刻まれていることを述べればよい。　　(4)　グーテンベルクはドイツ人である。1450年頃に発明した。　　(5)　モールスは電信機を発明し,モールス信号を考案した。電話機の発明はベルである。　　(6)　ハーグリーヴズの多軸紡績機の発明は1764年頃,

アークライトの水力紡績機の発明は1769年, クロンプトンの
ミュール紡績機の発明は1779年である。 (7) イギリスで始まっ
た産業革命は18世紀後半のことである。これから約1世紀に渡っ
て技術革新や社会・経済上の変革があったのと時期を同じくして
いることに着目すればよい。

例題2

次は, アテネの民主政治の発展について説明するために作成した略年
表と資料の一部である。略年表中の(a), (b)に入る適切な人名
を下の語群の中から選び, 記号で答えよ。また, 下の(1)〜(6)について,
それぞれの問いに答えよ。

年代	出来事
前8世紀	(1)ポリスが形成される
前7世紀	(a)の成文法
前594年	(2)ソロンの改革
前561年	(b)の独裁
前508年	(3)クレイステネスの改革
前500〜前449年	(4)ペルシア戦争
前443〜前429年	(5)ペリクレス時代

資料1

これは, 僭主の出
現を予防するため
の制度で使われた
ものです。人びと
は, 僭主になりそ
うな人物の名前を
これに刻んで投票
したそうです。…

資料2

語群　A　タレース　　　　B　ホルテンシウス　　　　C　ドラコン
　　　D　リキニウス　　　E　ペイシストラトス

(1) 下線部(1)に関して, アテネとならぶポリスである農業国スパルタ
　で農耕に強制的に従事させられた隷属農民を何というか, 答えよ。

(2) 下線部(2)について, この改革の内容を, 簡潔に説明せよ。

(3) 下線部(3)について, 次のア, イの各問いに答えよ。

　ア　この改革では, 部族制を4部族制から10部族制に改めた。その

目的について，部族制の性格の変化にふれながら簡潔に説明せよ。

　イ　この改革について説明するために，資料1を作成した。資料1中の下線部の制度を何というか，答えよ。

(4)　下線部(4)に関して，次のア〜エの各問いに答えよ。

　ア　この戦争が始まったときのペルシアの王は誰か，答えよ。

　イ　前490年にアテネ軍がペルシア軍を退けた戦いが行われた場所を，次の地図中の①〜⑥から選び，記号で答えよ。

地図

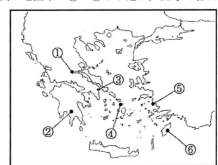

　ウ　この戦争の後，ペルシア軍の再来にそなえ，アテネを中心に結成された軍事同盟の本部が置かれた場所を，地図中の①〜⑥から選び，記号で答えよ。

　エ　この戦争を物語風につづった『歴史』の著者は誰か，答えよ。

(5)　下線部(5)の時代について，次のア，イの各問いに答えよ。

　ア　この時代にアテネで活躍した，弁論術や修辞法を教えた職業教師を何というか，答えよ。

　イ　前432年頃，ペリクレスの命により再建されたドーリア式建築の代表とされる神殿は何か，答えよ。

(6)　アテネの民主政治の発展について，生徒に説明するために，資料2を作成したい。資料中の点線の枠に入る説明文を，次の三つの語句を使って作成せよ。

　[　重装歩兵　　国防の主力　　武具　]

解答 a C　　b E　　(1)　ヘイロータイ(ヘロット)　　(2)　債務を帳消しにし，債務奴隷を禁止し，財産に応じた参政権と兵役の義務を定めた。　　(3)　ア　血縁的な部族制を解体し，地縁的部族制に改編して行政・軍事の単位とした。　　イ　陶片追放(オストラシズム)　　(4)　ア　ダレイオス1世　　イ　③　　ウ　④　エ　ヘロドトス　　(5)　ア　ソフィスト　　イ　パルテノン神殿　(6)　商工業の発達に伴い武具を自弁で装備した平民層の重装歩兵が国防の主力となったため，平民層の政治的発言力が強まり，貴族政から民主政へと移行していった。

解説 a　ドラコンはアテネの立法者。　b　ペイシストラトスは貴族出身の政治家で，平民層の支持を得て貴族層を抑え僭主政を敷いたが，その子供のヒッピアスがスパルタの後援を得たクレイステネスにより追放され，僭主政は打倒された。　(1)　ヘイロータイはドーリア人がラコニアに南下した際に征服された人々の子孫であった。　(2)　ソロンの改革の骨子は，財産政治と債務問題の解決(重荷降ろし)。財産政治は妥協的な性格のため，貴族・平民双方に不評で両者の対立を解消できなかった。　(3)　イ　追放期間は10年で，その後は帰国することができた。デマゴーゴスに悪用されたため，前5世紀末に中止された。　(4)　ア　ペルシア戦争が始まった時の王はアケメネス朝のダレイオス1世。　イ　③はマラトンの戦いの戦場を指している。　ウ　④はデロス同盟の本部が置かれたデロス島である。　エ　ヘロドトスは"歴史の父"と呼ばれる。　(5)　ア　有名な「人間は万物の尺度である」とはソフィストの代表プロタゴラスの言葉である。　(6)　国防の主力が貴族層の騎兵から，商工業の発達に伴い成長した富裕な平民層の重装歩兵へと移ったことで，平民層の発言力が強まり，更にペルシア戦争で無産市民が三段櫂船の漕ぎ手として活躍したことで，彼らの発言力が増大して，ペリクレスの時代に民主政治が完成した。

■■■■■■■■■ 例題3 ■■■■■■■■■

南北アメリカ大陸史に関連して，次の問いに答えよ。

〔問〕次のア～エの写真と関係の深い中南米各地の古代文明の組合せとして適切なものは，下の1～4のうちのどれか。

　　　ア　　　　　　　イ　　　　　　　ウ　　　　　　　エ

1　ア－アステカ文明　　　　　イ－オルメカ文明

2　ウ－オルメカ文明　　　　　エ－インカ文明

3　ア－チャビン文明　　　　　ウ－アステカ文明

4　イ－テオティワカン文明　　エ－マヤ文明

| 解答 | 4 |

| 解説 | アはアステカ文明の仮面，イはテオティワカン文明の太陽のピラミッドである。ウはオルメカ文明の巨人石頭，エはマヤ文明の遺跡チチェン・イッツァにある階段ピラミッドである。 |

■■■■■■■■■ 例題4 ■■■■■■■■■

奴隷制について述べた次の文の空欄に適する語句を答えよ。また，下線部に関する問いに答えよ。

　古代のアテネは市民，在留外国人，奴隷の3つの身分で構成され，奴隷には対外戦争による捕虜奴隷のほか，①債務奴隷も存在した。一方，②スパルタでは奴隷身分の者は（　ア　）と呼ばれ，農耕労働を強制された。

　古代ローマは，当初，③中小農民である平民が国家の中核であったが，領土の拡大の中で彼らは次第に没落し，代わって奴隷使役の（　イ　）と呼ばれる大土地経営が広まった。過酷な労働に対し，④シチリアでの反乱，前73年からの剣奴（　ウ　）が指導した奴隷反乱が起こり，ローマを恐怖に陥れた。帝政末期になると，奴隷経営の非生産性や捕虜奴隷の供給減によって，従来の奴隷制に立つ大土地経営は衰退し，代わっ

て（　エ　）と呼ばれる小作人が使われるようになった。彼らは家族を持ち，農具の一部を所有できたが，移動の自由を持てなかったという点で，中世農奴の起源をなすものであった。

　中世ヨーロッパの農奴は耕地や家庭を保有する一方で，⑤領主に対する経済的な負担を課せられたのを始め，世襲的な隷属などの身分的束縛を受けていた。しかし，貨幣経済の発達によって，彼らの地位は次第に向上し，⑥領主による収奪強化に対しては激しい抵抗をおこした。特に，イギリスでは農奴解放がいち早く進み，（　オ　）と呼ばれる独立自営農民が誕生していった。この点において，⑦フランスでは解放は遅れ，⑧東ヨーロッパは近代以降にむしろ農奴制が強化される現象が生じた。

　農奴など隷属的立場からの解放が進む中で，奴隷制度は世界史の中で依然として存続していった。コロンブスの新大陸到達以後，南北アメリカや西インド諸島ではアフリカ大陸からの奴隷貿易で運び込まれた黒人奴隷による農業経営が盛んに行われた。イギリスやフランスで法的に奴隷制度が廃止されるのは19世紀前半，アメリカでは1863年の（　カ　）による奴隷解放宣言と南北戦争による南部の崩壊であった。しかし，⑨解放された黒人奴隷には新たな経済的隷属が待ち構えていた。

(1)　下線部①に関し，アテネにおいて前6世紀初頭に平民と貴族の調停者として改革にあたり，債務の取り消しを実施した人物名を答えよ。

(2)　下線部②に関し，スパルタでは，主に商工業に従事する，市民より劣った身分の住民がいた。彼らは"周辺に住む者"という意味から何と呼ばれたか答えよ。

(3)　下線部③に関し，平民会の決議は元老院の認可なしに国法となることが定められ，貴族と平民の法的平等化を達成した法律名を答えよ。

(4)　下線部④に関し，シチリアがローマに属州化される契機となった戦争を答えよ。

(5)　下線部⑤に関し，領主に対する保有地からの収穫物を主にする生産物地代を何というか。

(6)　下線部⑥に関し，1358年にフランスで起きた農民反乱の名称を答

高校地歴（世界史）■近代までの欧米

えよ。

(7) 下線部⑦に関し，フランスで完全に農奴制が廃止されたのは何世紀か，答えよ。

(8) 下線部⑧に関し，ロシアで農奴解放令を公布したツァーリを答えよ。

(9) 下線部⑨に関し，奴隷制廃止後のアメリカ南部にあらわれた小作制度を何というか，答えよ。

解答 ア　ヘイロータイ(ヘロット)　　イ　ラティフンディウム
ウ　スパルタクス　　エ　コロヌス　　オ　ヨーマン
カ　リンカン　　(1)　ソロン　　(2)　ペリオイコイ
(3)　ホルテンシウス法　　(4)　第1回ポエニ戦争　　(5)　貢納
(6)　ジャックリーの乱　　(7)　18世紀　　(8)　アレクサンドル2世　　(9)　シェアクロッパー

解説 (4)　ポエニ戦争の長期化によってローマの国土は荒廃し，植民地からの安価な穀物の流入により中小農民が没落した。そして，貴族の大土地所有によるラティフンディウムが拡大していった。

(7)　フランス革命の成果の1つであり，1793年のジャコバン政権による封建的貢租の無償廃止により一応完了した。　(9)　分益小作人ともいう。奴隷解放宣言ののち多くの黒人奴隷は解放されたが，特に南部においては，この制度のために彼らの過酷な境遇はそれほど改善しなかった。

高校地歴（世界史） 第一次世界大戦とヴェルサイユ体制

ポイント

　「第一次世界大戦とヴェルサイユ体制」の学習としては，まず帝国主義と世界分割，列強の利害衝突とバルカン問題といった背景をおさえてから第一次世界大戦に進み，そしてヴェルサイユ体制及び国際連盟の概要，国際協調と新勢力ソ連(ロシア革命)，及び大きな転換点となった世界恐慌とファシズムと学んでいくのが標準的だろう。短期間の割に覚えるべき事項が多いので，最初に大まかな歴史の流れをつかんでおくようにすれば，細部についての理解も進みやすい。

　この時期の国際情勢は複雑な上に，数年程度のスパンでも様相ががらりと変わったりする。列強の利害や植民地の民族運動が相互に影響を与えたり与えられたりしているのも見逃さないようにしたい。また，多くの条約や協定などの概要，及び特定の事象に関する国際的あるいは国内的な背景についても詳細な説明ができるようにすることが求められる。

□帝国主義

第2次産業革命	重工業が発達し，企業の競争が激化。
生産・資本の独占化	競争を抑制するため，カルテルやトラストなどによる企業の集中・独占。
金融資本の成長	独占的になった産業資本は多くの資金が必要となって銀行資本と結合，金融資本を形成。
海外への進出	資源と低廉な労働力の確保，及び市場を求めて，海外へ資本や商品を輸出。
国家政策との結合	国家と金融資本の利害が一致し，植民地獲得の政策を推進。
世界分割	帝国主義化した列強による植民地再分割の競争が激しくなり，やがて互いの利害が衝突。

□アフリカ分割

　西欧列強7ヵ国による植民地分割が進み，20世紀初頭の段階で独立国

はエチオピアとリベリア(アメリカ解放奴隷の居住地。1847年独立)のみ。

□**ファショダ事件**

1898年，イギリスの縦断政策とフランスの横断政策がスーダンのファショダで衝突。最初の帝国主義の衝突となったが，フランス側が譲歩した。このことから英仏両国に協調の気運が生じ，1904年の英仏協商の成立につながった。

□**三国同盟**

ドイツ	３Ｂ政策でイギリス，**モロッコ事件**でフランスと対立。
オーストリア	バルカン半島進出をめぐってロシアと対立。
イタリア	「**未回収のイタリア**」問題で大戦中に同盟を離脱。

□**三国協商**

イギリス	３Ｃ政策でドイツと対立。勢力圏分割でロシアと妥協。
フランス	露仏同盟で孤立状態脱出。**モロッコ事件**でドイツと対立。
ロシア	バルカン半島進出をめぐってオーストリアと対立。

◎日本…日露戦争直前に日英同盟締結。戦後はロシアとも協約を締結。第一次世界大戦では日英同盟を理由にして連合国側で参戦。

□**ヨーロッパの火薬庫**　大戦前夜のバルカン半島の表現。オーストリアを中心とするパン＝ゲルマン主義と，ロシアを中心とするパン＝スラヴ主義が交錯し，半島諸国の戦意を煽り立てていた状況をいう。

□**バルカン戦争**　1912年と1913年の2回にわたってバルカン半島で起こった戦争。第1次戦争でトルコ，第2次戦争でブルガリアが敗退し，この両国は三国同盟に接近するようになった。

□**第一次世界大戦のまとめ**

勃発	1914.6.28　**サライェヴォ事件**
構図	同盟国…ドイツ・オーストリア・オスマン帝国・ブルガリア王国 連合国…イギリス・フランス・ロシア・日本など
戦局	東部戦線と西部戦線でドイツ軍の進撃が止められて膠着化 イタリアがロンドン密約により同盟を破棄して連合国側で参戦

転換	ドイツが無制限潜水艦作戦開始 (1917.2) →アメリカが連合国側で参戦 (1917.4) ロシア十一月革命で「平和に関する布告」(1917.11) →ブレスト＝リトフスク条約で戦線離脱 (1918.3)
終戦	1918.11.3　キール軍港の水兵暴動 1918.11.10　ドイツ革命(共和国宣言・皇帝退位) 1918.11.11　ドイツ休戦条約(ドイツ降伏)
意義	総力戦・新兵器(戦車・毒ガス・潜水艦・飛行機)・欧州諸国の消耗

□第一次世界大戦後の講和条約

条約	相手国	年代	主な内容
ヴェルサイユ条約	ドイツ	1919.6	全植民地の放棄・軍備制限・多額の賠償金など
サン＝ジェルマン条約	オーストリア	1919.9	二重帝国解体・領土割譲など
ヌイイ条約	ブルガリア	1919.11	領土割譲など
トリアノン条約	ハンガリー	1920.6	完全独立・領土割譲など
セーヴル条約	オスマン帝国	1920.8	治外法権の存続・軍備制限・領土割譲など

◎トルコはケマル＝パシャ (ムスタファ＝ケマル) 新政権がギリシアの侵略を撃退した上で，亡国的なセーヴル条約を改定し，連合国側と新たにローザンヌ条約を締結し直した。(1923.7)

□国際連盟　ウィルソン米大統領の「十四カ条の平和原則」を下敷きにして，1920年に正式発足。史上初の集団的国際安全保障機構であり，その役割に大きな期待が寄せられたが，多くの問題点を内包していた。

□**ヴェルサイユ体制**　1920年代はヴェルサイユ体制が機能し，国際協調や軍備縮小などの動きが盛んだったが，一面では欧州以外の民族運動への弾圧やファシズムの萌芽など不安要因も見られ，世界恐慌を契機に一気に崩れ去った。

国　際　協　調	各　国　の　動　向
1921-22　ワシントン会議 　　　→九ヵ国条約・四ヵ国条約 1925　ロカルノ条約 1927　ジュネーヴ軍縮会議 →不調 1928　不戦条約 1930　ロンドン軍縮会議	1919　ヴァイマル憲法制定(独) 1922　ローマ進軍(伊) 1923　ルール占領(独←仏・ベルギー) 1924　ドーズ案(独の新賠償方式) 1929　ヤング案(独の新賠償方式) 　〃　　世界恐慌

□**世界恐慌**　1929年10月24日，"暗黒の木曜日"ニューヨーク・ウォール街での株価大暴落から，世界中に大不況が波及した史上最大規模の恐慌。

□**ニューディール政策**　フランクリン＝ローズヴェルト米大統領が実施した恐慌克服のための諸政策。これまでの自由放任政策から**修正資本主義**政策に転換したことが大きなポイント。

対策	略称	内　容
農業調整法	ＡＡＡ	農業生産の管理。農産物価格の引き上げが目的。
全国産業復興法	ＮＩＲＡ	企業への国家統制強化。景気回復が目的。
テネシー川流域開発公社	ＴＶＡ	政府主導の総合地域開発で，失業者救済の側面もあった。
ワグナー法		労働者の権利拡張を認めた労働法。

□**ブロック経済**　本国と植民地との提携を強化して形成された，排他的・封鎖的な経済圏のこと。世界恐慌を克服するために，「持てる国」はブロック経済によって自国の市場から他国を締め出した。他方で，「持たざる国」は独自のブロック経済を設立するために侵略膨張政策を行ったが，このことも第二次世界大戦の要因となった。

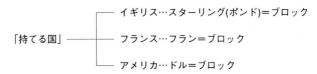

「持てる国」
- イギリス…スターリング(ポンド)=ブロック
- フランス…フラン=ブロック
- アメリカ…ドル=ブロック

□**ファシズム**　第一次世界大戦後に現れた，反民主主義・反自由主義的な政治体制及びイデオロギーをいう。独裁体制や国家優先主義・膨張主義などを特徴とし，イタリア(**ファシスト党**)やドイツ(**国家社会主義ドイツ労働者党(通称ナチス**))などでファシズム政権が誕生した。

例題1

次の各問いに答えよ。

問1　次のア～ウはアメリカ合衆国の太平洋進出について述べた文である。それぞれの内容の正誤について，その組合せとして正しいものを，下の(1)～(4)の中から1つ選べ。

ア　1867年，リンカン大統領は，ハワイ諸島をロシアから買収して領土とした。

イ　1898年，米西戦争に勝利したアメリカは，フィリピン・グアム島をスペインに代わって支配することになった。

ウ　1919年のヴェルサイユ条約の結果，ドイツから剥奪されたサイパン島などのマリアナ諸島やパラオ諸島は，その後，国際連盟の委託によってアメリカの委任統治領となった。

(1)　ア＝正，イ＝正，ウ＝誤

(2)　ア＝誤，イ＝正，ウ＝誤

(3)　ア＝誤，イ＝誤，ウ＝正

(4)　ア＝正，イ＝誤，ウ＝正

問2　次のア～エの説明とa～dの人名について，その組合せとして正しいものを，あとの(1)～(4)の中から1つ選べ。

【説明】

ア　1921年，クーデタによってイランの実権を握り，1925年にカージャール朝に替わるパフレヴィー朝を開いた。

イ　第一次世界大戦後，スルタン制を廃止し，1923年にはトルコ共

和国初代大統領に就任，カリフ制廃止など政教分離にもとづく急
激な近代化を進めた。

ウ　1927年にインドネシア国民党を創立してオランダからの独立運
動を指導，インドネシア共和国初代大統領に就任した。

エ　アラビア半島をほぼ統一し，1932年，ワッハーブ派イスラーム
教を国教とするサウジアラビア王国を発足させた。

【人名】

a　スカルノ　　b　イブン＝サウード　　c　ムスタファ＝ケマル
d　レザー＝ハーン

	ア	イ	ウ	エ
(1)	c	d	b	a
(2)	c	d	a	b
(3)	d	c	b	a
(4)	d	c	a	b

解答　問1　(2)　　問2　(4)

解説　問1　ア　ハワイ諸島×→アラスカ　　リンカン×→アンドルー・
ジョンソン　　ウ　アメリカ×→日本　　問2　cはケマル＝パ
シャ，ケマル＝アタテュルクともいわれている。

■■■■■■■■■ 例題2 ■■■■■■■■■

次の史料Ⅰ，Ⅱ，Ⅲは，第一次世界大戦から第二次世界大戦の間に成
立した条約あるいは協定である。これらに関して，あとの(1)〜(6)の
問いに答えよ。なお，史料は一部省略したり表記を改めてある。

史料Ⅰ　第一条　締約国は互に太平洋方面に於ける其の島嶼たる属地
及び島嶼たる領地に関する其の権利を尊重すべきことを約す

第四条　…ロンドンに於いて締結せられたる大ブリテン国及び日本
国間の協約はこれと同時に終了するものとす

史料Ⅱ　第一条　支那以外の締約国は左の通り約定す

一，支那の主権，独立並領土的及行政的保全を尊重すること

三，支那の領土を通して一切の国民の商業及工業に対する機会均等
主義を有効に樹立維持する為各尽力すること

史料Ⅲ　ドイツ，<u>連合王国</u>，フランスおよびイタリアは，ズデーテン，ドイツ人地域のドイツへの割譲に関して，すでに原則的に到達した一致を考慮し，この割譲を規定する以下の条件およびそれに伴う処置について同意した。さらに本協定によって4国はそれぞれ，その実施を確実にするために必要な処置について責任を負うものである。

1　〔ズデーテンの〕引渡しは10月1日より開始される。

2　連合王国，フランスおよびイタリアはつぎのことに同意する。すなわち，引渡しは現存施設をなんら破壊することなく，10月10日までに完了すること。および(　　)政府は，それらの施設に損傷を与えることなく引渡しを実行する責任をもつこと。

(1)　史料Ⅰ，Ⅱの両条約は，1921年に始まった国際会議で調印されたものである。この会議の開催を提唱したのは誰か。

(2)　史料Ⅰの条約名を答えよ。

(3)　史料Ⅱの条約で，日本の中国進出は第一次世界大戦前の状態に後退した。第一次世界大戦中の日本の中国進出について，簡潔に説明せよ。

(4)　史料Ⅲの協定が調印された都市はどこか，都市名を答えよ。

(5)　ドイツに対し，史料Ⅲの協定に象徴される宥和政策をとった，下線部の国の首相は誰か。

(6)　史料Ⅲ中の(　　)にあてはまる国名を答えよ。

解答　(1)　ハーディング　　(2)　四カ国条約　　(3)　日本は日英同盟を口実にドイツに宣戦し，ドイツの租借地である膠州湾(青島)を占領した。さらに中国の袁世凱政府に対し，山東半島のドイツ利権の継承など二十一カ条の要求をつきつけ，承認させた。

(4)　ミュンヘン　　(5)　ネヴィル＝チェンバレン　　(6)　チェコスロヴァキア

解説　(1)・(2)　第一次世界大戦後，列強の海軍拡張競争は拡大し，各国の財政を圧迫するまでになった。このため1921年にアメリカ大統領ハーディングの提案により，アメリカ，イギリスなどの主要国がワシントンで会議を開き，海軍軍縮を定めたワシントン海軍軍備制限条約や太平洋の領土における各国の権益を尊重する四カ

国条約，さらには，中国の領土保全などを定めた九カ国条約が結ばれた。なお，四カ国条約締結の結果，日英同盟は自動的に破棄された。　(3)　第一次世界大戦中，ヨーロッパ諸国がアジアを省みる余裕がなかったことを背景に，日本は対華二十一カ条の要求を袁世凱政府に突きつけた。なお，史料Ⅱは九カ国条約である。

(4)・(5)・(6)　オーストリア併合を達成したナチス＝ドイツは次にズデーテン地方に矛先を向け，このことがきっかけになりヨーロッパは一時戦争の危機が叫ばれた。そのため，イタリアのムッソリーニの仲介によってミュンヘン会談が開催され，戦争の危機は一時的に回避された。史料Ⅲは，そのときに結ばれたミュンヘン協定である。また，この会談においてイギリスの保守党のネヴィル＝チェンバレン首相，フランスのダラディエ首相はドイツとの戦争を恐れ宥和政策をとった。

例題3

産業革命と帝国主義について述べた次の文を読み，下の問いに答えよ。

18世紀に①世界で最初に産業革命を経験したイギリスは一時「（　Ａ　）」と呼ばれて他国の産業を圧迫したが，やがて機械の輸出解禁とともに②他国にも産業革命が波及し，欧米諸国を中心に資本主義体制が成立していった。

19世紀，③主要国の資本主義が発展し相互の競争が激しくなると，植民地の重要度が高まってきた。1880年代以降，④諸列強はアジア・アフリカに殺到し，植民地や勢力圏を打ち立てた。この動きが帝国主義である。

1　文中の（　Ａ　）に入る適切な語句を書け。

2　下線部①について，イギリスで最初に産業革命が起こった要因の1つに広大な海外市場が確保されていたことがあげられる。北アメリカ，インドにおけるイギリスとフランスの勢力争いについて，次の2つの語句を使って説明せよ。なお説明文中には，使用した語句に下線を引くこと。

〔　フレンチ＝インディアン戦争　　プラッシーの戦い　〕

3 下線部②について，日本が産業革命に突入した時期を次のあ～えから1つ選び，記号で答えよ。

あ 18世紀後半　　い 19世紀前半　　う 19世紀後半

え 20世紀前半

4 下線部③について，第2次産業革命を経た国の資本主義の発展という視点から，植民地獲得の目的を書け。

5 下線部④について，次の第一次世界大戦前の国際関係図を見て，問いに答えよ。

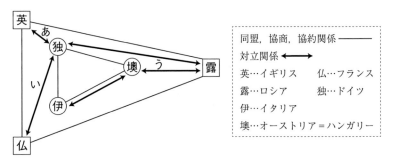

(1) 「あ」は両国の世界政策の対立を示している。それぞれが推進した世界政策の名を書け。

(2) 「い」は1905年と1911年に両国がある地域の支配をめぐって争った事件を示している。その事件の名を書け。

(3) 「う」はバルカン方面への勢力伸張をめぐるドイツ，オーストリア＝ハンガリーとロシアとの主張の対立を示している。双方の主張を書け。

(4) 19世紀末から第一次世界大戦にかけて国際対立の中心にはドイツが位置するようになるが，その背景にはドイツの指導者の交代にともなう外交政策の転換がある。この外交政策の転換について，指導者名を明示して説明せよ。

解答 1 世界の工場　　2 七年戦争に際して，イギリスは，北アメリカではフレンチ＝インディアン戦争で，インドではプラッシーの戦いでフランスを破って両地域における優位を確立した。

262

3　う　　4　資源供給地や輸出市場，資本の投下先を確保するた
め。　5　(1)　イギリス：3C政策　　ドイツ：3B政策
(2)　モロッコ事件　　(3)　ドイツ，オーストリア＝ハンガリー：
パン＝ゲルマン主義　　ロシア：パン＝スラヴ主義　　(4)　複雑
な同盟関係による列強の勢力均衡とフランスの孤立化によってド
イツの安全をはかったビスマルクを辞職させた皇帝ヴィルヘルム2
世が，資本主義の急速な発達を背景に強引な帝国主義政策を推進
した。

|解 説|　1　イギリスの経済学者ジェヴォンズが表現した用語。
5　(2)　モロッコ事件とは，ドイツ皇帝ヴィルヘルム2世が1905
年タンジールに上陸し，フランスのモロッコ進出に反対して列国
会議の開催を要求した。その結果1906年アルヘシラス会議が開か
れたが，列国がフランスを支持したのでドイツの主張は入れられ
なかった。その後も独・仏の対立はやまず，1911年ドイツはアガ
ディールに軍艦を派遣して威嚇したが，結局独仏協定により，ド
イツはフランス領のコンゴの一部の獲得を代償に，フランスのモ
ロッコ保護権を認めた。　(3)　パン＝ゲルマン主義(ドイツ中心)
とパン＝スラヴ主義(ロシア中心)の対立に加え，ドイツの3B政
策とイギリスの3C政策が衝突するバルカン半島は「ヨーロッパの
火薬庫」と呼ばれていた。

例題4

第一次世界大戦後のヨーロッパの新国際秩序となったヴェルサイユ体
制について，パリ講和会議から国際連盟成立までの事象を中心に，ヨー
ロッパやソ連，アメリカ合衆国などの動きについて説明せよ。ただし，
解答の際は＜指定語句＞を必ず用い，＜指定語句＞にはそれぞれに下
線を付すこと。

＜指定語句＞　民族自決　　ヴェルサイユ条約　　東ヨーロッパ
　　　　　　　孤立主義　　反ソ反共

|解 答|　第一次世界大戦の戦後処理は，1919年のパリ講和会議に始まった。
その基本原則は，アメリカ合衆国のウィルソン大統領が大戦中に

発表した十四カ条であり，その主な内容は，秘密外交の廃止，軍備縮小，民族自決，国際平和機構の設立などであった。しかし戦勝国は，植民地などの既得権益を手放さなかったため，アジアやアフリカに民族自決の原則は適用されなかった。一方，敗戦国ドイツには過酷な内容のヴェルサイユ条約を課して再起を封じた。また，社会主義革命を成功させたソ連を排除する意図もあり，民族自決の原則によって新たに誕生した東ヨーロッパの独立国は，ドイツを包囲するだけでなく，ソ運に対する防壁の役割も担っていた。ヴェルサイユ体制を補完するものとして，ウィルソン提案の国際連盟が設置されたが，提唱国アメリカは孤立主義のために参加できず，ドイツとソ連も排除されたため，実質的には，イギリスとフランスが主導するものとなった。このようにヴェルサイユ体制とは，国際協調を目標に掲げながらも，イギリスとフランスの利益を最優先し，対ドイツ制裁や反ソ反共体制が中心となっていた。

解説　第一次世界大戦終結の1918年から第二次世界大戦が勃発する1939年までの戦間期においては，ヴェルサイユ体制で決定した諸事項のほころびが噴出する時期でもあった。たとえば，民族自決が適用されなかったアジア・アフリカのうち，インドではイギリスによる支配が継続され，ガンディーらによる抵抗運動が発生した。また，ドイツは厳しい制裁の結果，自力での立ち直りが絶望的であり，社会不安がヒトラーとファシズムを生み出すことになった。さらに，戦争を抑止するはずの国際連盟が，アメリカの不在や制裁事項が経済制裁に限定されていたことなどから，日本・ドイツなどの脱退を生み出し機能不全に陥った。こういった反省をさらに踏まえたうえで，第二次世界大戦後の世界秩序の形成が模索されることになった。

高校地歴（世界史） 第二次世界大戦と冷戦

ポイント

　「第二次世界大戦と冷戦」については冷戦に関する設問が多いので，冷戦の構造と経過，対立と融和の過程，各地で起こった代理戦争の詳細，東側陣営の崩壊と冷戦終結，などをおさえることが肝要となる。東西陣営に属さなかった，いわゆる第三勢力についての学習も怠ってはならない。平和五原則やアジア＝アフリカ会議，非同盟諸国首脳会議についても学習しておく。

　他には，国際連合や軍縮などについての出題が見られた。前者については設立までのプロセス及び各機関の呼称・役割や平和維持活動，後者については国際的に結ばれた各種の軍縮条約及び核兵器に対する平和運動が中心となっている。

　また，最近の傾向として冷戦後の展開を問う出題が増えている。冷戦崩壊と民族紛争の頻発，テロリズムの活発化と各国の対策，アフガニスタン・イラクで起こった戦争，地域的経済統合の進行などが主な内容になっているので，「アラブの春」・南スーダンの独立など時事問題にも注意を払っておくことが不可欠である。

　現代史は覚える事項がとても多く，また世界の一体化が進んだために地域間の繋がりを強く意識しなければならないのが特徴である。ゆえにタテ(時間)とヨコ(地域)の座標位置をしっかりと把握しながら，学習を進められたい。そのためには年表・地図などを活用することが大切であるし，あるいは自分で使いやすいように作成または整理したりすることも有効な学習の方法である。

□第二次世界大戦中の連合国の首脳会談

会談	時期	参加国			内容
大西洋上会談	1941.8	米	英		大西洋憲章(国際平和機構の再建など)
カサブランカ会談	1943.1	米	英		シチリア島への上陸作戦を決定
カイロ会談	1943.11	米	英	中	日本の領土削減，朝鮮独立など

テヘラン会談	1943.11	米	英	ソ	第二戦線，北仏上陸作戦の協議など
ヤルタ会談	1945.2	米	英	ソ	ドイツ分割，ソ連の対日宣戦など
ポツダム会談	1945.7	米	英	ソ	日本の無条件降伏勧告，戦犯処罰など

□鉄のカーテン　チャーチルがアメリカのフルトンでの演説で使用した言葉。バルト海のシュテッティンからアドリア海のトリエステまで，「鉄のカーテン」が下ろされ，その東側にソ連が排他的な勢力圏を構築していると非難し，冷戦を象徴する表現として多用された。

□冷戦の動向

西暦	アメリカ・西欧(資本主義)	ソ連・東欧(社会主義)
1945	国際連合成立	
1947	トルーマン＝ドクトリン/マーシャルプラン	コミンフォルム結成
1948		ベルリン封鎖(～49)
1949	北大西洋条約機構(NATO)成立 ドイツ連邦共和国成立	ドイツ民主共和国成立
1950	朝鮮戦争(～53)	
1954	ジュネーブ休戦協定	
1955		ワルシャワ条約機構成立
1959	フルシチョフ訪米	
1961		ベルリンの壁構築
1962	キューバ危機	
1963	米・英・ソ 部分的核実験禁止条約調印	
1965	ベトナム戦争(～75)	
1968		ソ連，チェコスロバキア侵入
1972		東西ドイツ基本条約
1979	米ソ第2次戦略兵器制限交渉(SALTⅡ)調印	ソ連，アフガニスタン侵攻(～89)
1985		ペレストロイカ
1989	ブッシュ　マルタ会談　ゴルバチョフ	ベルリンの壁撤去・東欧諸国の民主化始まる
1990		東西ドイツ統一
1991		ワルシャワ条約機構・ソ連解体

□朝鮮戦争

1948	南に韓国(李承晩大統領)成立	北に北朝鮮(金日成首相)成立
1950.6	朝鮮戦争勃発(北朝鮮軍が侵攻)	
	← 北朝鮮軍，ソウルを占領し釜山付近まで南下	
9	国連軍が仁川に上陸し，北上して平壌を占領 →	
10	中国人民義勇軍参戦→ 戦況が膠着化	
1953.7	北緯38度の板門店で休戦協定(北朝鮮・中国連合軍×国連軍) (現在も休戦中である)	

□ベトナムの情勢

	1945. 9	ベトナム民主共和国が独立宣言(ホー=チ=ミン大統領)
イ ン ド シ ナ 戦 争	1946.12	インドシナ戦争勃発(フランスが軍事侵攻)
	1949. 6	フランスがベトナム国樹立(首都サイゴン，バオ=ダイ主班)
	1954. 5	ディエンビエンフーの戦い(フランス軍の根拠地陥落)
	7	ジュネーブ休戦協定(フランス軍撤退，アメリカは反対姿勢)
		北緯17度線を暫定軍事境界線として平和回復
ベ ト ナ ム 戦 争	1955.10	アメリカの支援でベトナム共和国成立
		(首都サイゴン, ゴ=ディン=ジエム大統領, 南北統一選挙拒否)
	1960.12	南ベトナム解放民族戦線結成
	1964. 8	トンキン湾事件(アメリカ軍が北ベトナムに攻撃されたと発表)
	1965. 2	北爆開始(トンキン湾事件を口実にベトナム戦争勃発)
	1970. 4	米軍と南ベトナム軍がカンボジアへ侵攻(補給路遮断の為)
	1971. 2	米軍と南ベトナム軍がラオスへ侵攻(戦局打開の為)
	1973. 1	ベトナム(パリ)和平協定
	3	アメリカ軍が全面撤退
	1975. 4	サイゴン陥落(南ベトナム政府の崩壊)
	1976. 7	ベトナム社会主義共和国成立(南北統一達成)

□**平和五原則**　1954年のネルー・周恩来会談で提唱。①領土・主権の尊重，②相互不侵略，③内政不干渉，④平等互恵，⑤平和共存。なお，ネルーはインドの初代首相，周恩来は中華人民共和国の初代首相。

□**アジア=アフリカ会議**　1955年，インドネシアのバンドンで開かれ，アジア・アフリカの29ヵ国が参加した会議。平和十原則を採択。

□**非同盟諸国首脳会議**　東西陣営のどちらにも属さず，反植民地主義，

平和共存などを第三の勢力として標榜する国々の首脳が集まる会議。
第1回会議は1961年にユーゴスラビアのベオグラードで開催され，25
カ国首脳が参加した。以後，数年おきに開かれて現在に至る。

□パレスチナ問題

年代	事　　　項
1948	**イスラエル建国**(初代首相ベングリオン) (前年の国連でのパレスチナ分割決議に基づき，入植ユダヤ人が建国を宣言)
1948 ～49	**第1次中東戦争**(パレスチナ戦争) 周辺アラブ諸国がイスラエルを攻撃 　　　→米英の支援を受けたイスラエルが勝利
1956	**第2次中東戦争**(スエズ戦争) **スエズ運河国有化を宣言したエジプトへイスラエルと英仏軍が侵攻** 　　　→エジプトが勝利
1964	**パレスチナ解放機構(PLO)結成** 　　　→議長アラファト，イスラエルに抵抗闘争
1967	**第3次中東戦争**(六日戦争) イスラエルが周辺アラブ諸国を先制攻撃 　　　→イスラエル勝利，エジプトのシナイ半島を占領
1973	**第4次中東戦争** エジプト・シリアがイスラエルに侵攻 　　　→アラブ側が石油戦略を発動するも，勝敗つかず
1979	**エジプト・イスラエル平和条約**(㊋カーター大統領, ㊍サダト大統領, ㋑ベギン首相) アメリカの仲介で締結，シナイ半島が返還(1982) 　　　→エジプトのサダト大統領は2年後に暗殺
1993	**パレスチナ暫定自治協定**(㋚アラファト議長, ㋑ラビン首相) アメリカの仲介でパレスチナ自治政府が成立 　　　→自治政府の領域はガザ地区とヨルダン川西岸地区， 　　　　内部対立やイスラエルとの紛争が頻発
2012	**パレスチナ，国連オブザーバー国家へ昇格** 国連総会で賛成多数で可決

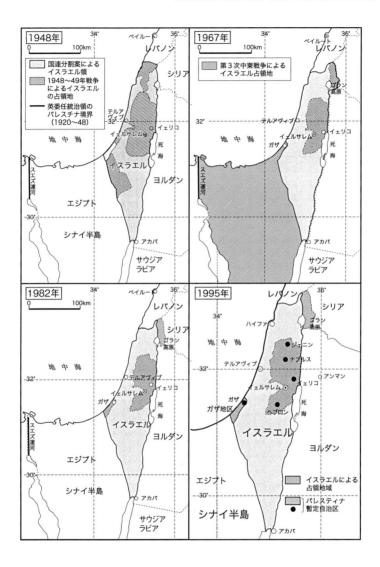

□軍拡と軍縮

軍拡	軍縮
1945 アメリカ，**原爆を実戦で使用** 1949 ソ連が核実験	
	1950 ストックホルム＝アピール
1952 イギリスが核実験 1954 **第五福竜丸事件**	
	1955 ラッセル−アインシュタイン宣言 **第1回原水爆禁止世界大会** 1957 第1回パグウォッシュ会議 1959 南極条約調印
1960 フランスが核実験	1963 **部分的核実験禁止条約調印**
1964 中国が核実験	1970 **核拡散防止条約発効** 1972 SALT Ⅰ調印 　　　生物兵器禁止条約採択
1974 インドが核実験	
	1978 第1回国連軍縮特別総会 1987 **INF全廃条約調印** 1991 START Ⅰ 調印 1993 化学兵器禁止条約調印 1996 包括的核実験禁止条約採択
1998 パキスタンが核実験	
	1999 対人地雷全面禁止条約発効 2003 **戦略攻撃力削減条約(モスクワ 条約)**発効
2006 北朝鮮が核実験	2010 **クラスター爆弾削減条約(オス ロ条約)**発効 2011 **新戦略兵器削減条約(新START)** 発効 2014 **武器貿易条約発効** 2019 INF全廃条約失効

━━━━━ **例題1** ━━━━━

次の文の(A)～(P)の中に適語を入れ，あとの各問いに答えよ。
　独ソ戦の開始後，チャーチルとF.ローズヴェルトは大西洋憲章を発表し，①戦後の民主主義と国際協調の実現などについての構想を明らかにした。1945年4～6月の(A)会議で国際連合憲章が採択され，10

月に正式に国際連合が成立した。しかし，国際連合結成にみられた国
際協力の気運は戦後まもなく冷却し，アメリカとソ連の対立がはじまっ
た。東欧諸国では共産党を中核とする連立政権がつくられ，ソ連の影
響力が増大した。アメリカは，（　B　）とトルコへの②共産主義の進出
を防ぐため，1947年3月にトルーマン＝ドクトリンを発表し，いわゆ
る「（　C　）政策」をとり，両国への援助を開始した。また，同年6月
アメリカの国務長官はヨーロッパ経済復興援助計画として（　D　）を提
示した。これに対し，ソ連は東欧6か国の共産党とフランス・（　E　）の
共産党で，③（　F　）(共産党情報局)を結成して対抗した。こうして戦
後のヨーロッパは東西「二つの世界」が対立する情勢となり，戦後世
界の東西対立は④「冷戦」と命名された。

　大戦後のアジアでは，各地域で独立運動がいっそう高まった。イン
ドでは1947年7月，イギリスの労働党内閣（　G　）首相のもとでインド
独立法が制定され，1947年にインドとパキスタンがイギリス連邦内の
自治領として分離独立した。両者は1950年にインド共和国，1956年に
パキスタン＝イスラーム共和国として完全独立したが，藩王国であっ
た（　H　）の帰属をめぐって1947年から武力衝突がくり返された。英領
セイロンも1948年にイギリス連邦内の自治領として独立，1972年には
スリランカ共和国と改称した。しかし，仏教徒で多数を占める（　I　）
人と少数派でヒンドゥー教徒の（　J　）人との対立がおこり，しばしば
内戦状態になった。

　仏領インドシナでは，日本占領下で（　K　）の指導するベトナム独立
同盟(ベトミン)が1945年にベトナム民主共和国の独立を宣言したが，
フランスがこれを認めず，1949年には（　L　）を首長とするベトナム国
を発足させ，⑤インドシナ戦争は長期化した。1954年に⑥ジュネーヴ休
戦協定が結ばれ，ベトナムは北緯（　M　）線を境として，北側にはベト
ナム民主共和国が，南側には（　N　）を大統領とするベトナム共和国が
樹立されて，冷戦構造に組み込まれた。

　フィリピンは，1946年フィリピン共和国として独立した。1951年8
月に米比相互防衛条約が締結され，1954年には⑦東南アジア条約機構
(SEATO)に加盟して，西側陣営に組み込まれた。

オランダ領東インドでは，大戦後の1945年に（　O　）の指導のもと，インドネシア共和国の成立を宣言した。そして，それを認めないオランダとの武力闘争に勝利して，1949年独立を達成した。1955年には（　P　）にアジア，アフリカの29カ国の代表を集めて（　P　）会議(アジア＝アフリカ会議)が開催された。

英領マレー(マレー連合州)は1957年にマラヤ連邦として正式に独立したあと，1963年にはシンガポール，サバ，サラワクを加えて⑧マレーシア連邦を結成した。

問1　下線部①について，次の問いに答えよ。

(1)　1944年8〜10月，米・英・ソ・中の代表が集まり，国際連合憲章の草案を作成した。この会議の名称を答えよ。

(2)　1944年7月，連合国側代表が大戦後の国際金融・経済協力構築のためブレトン＝ウッズで協議をした。この会議の合意により設立が決定され，1945年12月に発足した国際連合の2つの専門機関の名称を答えよ。

問2　下線部②について，次の文はチャーチルの「フルトン演説」の一部である。（　a　）〜（　c　）に適語を入れよ。

バルト海の（　a　）からアドリア海の（　b　）まで，大陸を縦断して（　c　）が降ろされました。この線の向こうには中部・東部ヨーロッパの旧国家のすべての首都があります。…(中略)…

彼らはすべて，なんらかのかたちでソヴィエトの影響力のもとに従属しているだけでなく，多くの場合に強力でしかもますます高まりつつあるモスクワからの支配の手段に従わされているのです。…〈以下略〉…

問3　下線部③について，民族主義的偏向と農業政策の非ソ連方式を理由に，1948年に共産党情報局を除名された国家はどこか。国家名を答えよ。

問4　下線部④について，『冷戦－アメリカ外交政策の研究』を著したアメリカのジャーナリストはだれか。人物名を答えよ。

問5　下線部⑤について，1954年フランス軍の根拠地が陥落して戦局が決定したが，この陥落したフランス軍の根拠地とはどこかを答えよ。

問6　下線部⑥について，ベトナムのほかに，この協定で国際的に独立が承認された国家名を2つ答えよ。

問7　下線部⑦について，東南アジア条約機構に加盟しなかった国家はどこか。次のア～オから1つ選び，記号で答えよ。

　　ア　フランス　　　　イ　ニュージーランド　　　ウ　パキスタン
　　エ　インドネシア　　　オ　タイ

問8　下線部⑧について，"ルック＝イースト"政策を主張し，1981年，マレーシア首相に就任した人物はだれか。人物名を答えよ。

[解答]　A　サンフランシスコ　　B　ギリシア　　C　封じ込め
　　D　マーシャル＝プラン　　E　イタリア　　F　コミンフォルム
　　G　アトリー　　H　カシミール　　I　シンハラ　　J　タミル
　　K　ホー＝チ＝ミン　　L　バオ＝ダイ　　M　17度　　N　ゴ＝ディン＝ジエム　　O　スカルノ　　P　バンドン

　　問1　(1)　ダンバートン＝オークス会議　　(2)　国際通貨基金(IMF)・国際復興開発銀行(IBRD，世界銀行)　　問2　a　シュテッティン(ステッティン)　　b　トリエステ　　c　鉄のカーテン　　問3　ユーゴスラヴィア　　問4　ウォルター＝リップマン　　問5　ディエンビエンフー　　問6　ラオス・カンボジア
　　問7　エ　　問8　マハティール

[解説]　問1　(1)　1944年8月21日～10月7日にかけてワシントン旧市街のジョージタウンの一角にあるダンバートン＝オークス邸で行われたのでこの名前がついた。　　問2　1946年3月5日の演説。社会主義圏と資本主義圏との境界線を指して用いられる。
　　問3　ティトーの抵抗運動が大戦末期に自力解決したことから，ユーゴスラヴィアは戦後ソ連に対しても自立的な姿勢を示した。そのため，ユーゴスラヴィアは1948年コミンフォルムから除名され，東欧社会主義圏から離れて独自の道を進んだ。　　問4　ウォルター＝リップマンは，ドイツ系ユダヤ人移民の子孫としてニューヨークに生まれる。ウィルソン大統領のアドヴァイザーを務め，平和に関する14か条の原案作成に関わる。マッカーシズムとベトナム戦争に対し，鋭い批判をおこない，ジョンソン政権と「リッ

プマン戦争」と呼ばれる激しい論争をおこした。　問6　1953年カンボジアは完全独立を達成し，シハヌークのもとで中立政策を進めた。ラオスも53年独立したが左右の対立による内戦が始まった。

━━━━━ 例題2 ━━━━━

以下の文章を読み，問いに答えよ。

　第二次世界大戦後，米ソを中心とした東西陣営による冷戦が繰りひろげられ，両国は最大の核保有国として核兵器の開発をすすめた。そのような中，東側陣営では1956年にソ連が西側との平和共存路線を示したが，ソ連と中国との関係が悪化していった。

問　下線部について，中ソ対立が中華人民共和国のアメリカ合衆国など西側諸国への接近を促した結果，中華人民共和国の国際社会における位置付けはどのように変化したか，次の語句を必ず用いて，説明せよ。

　　語句　　| 代表権 |

|解答| 国際連合における中国の代表権を，台湾に代わって中華人民共和国が獲得した。

|解説| スターリン批判を契機とした中ソ対立は，1959年の中ソ技術協定の破棄によって，1958年から始まっていた大躍進政策の失敗とともに中国経済に大きな痛手を与えた。このため中国が西側との関係改善を望んだ一方で，ベトナム戦争の泥沼化に苦しんでいたアメリカ合衆国はベトナム民主共和国の後ろ盾であった中国との関係改善を通じてベトナム和平を模索した。結果，両者の思惑が一致して，1971年に国際連合における代表権が中華民国から中国人民共和国に交代させられて，中国の国際的発言権が強まった。

例題3

次の略年表を見て，下の各問いに答えよ。

年代	ヨーロッパ	アフリカ	アジア	日 本
1945〜1954	ドイツ東西分裂 (1949)	① ↕	朝鮮戦争勃発 (1950)	（ ア ）平和条約締結(1951)
1955〜1964		アジア・アフリカ会議 (1955) ② ↕ （ イ ）(OAU)結成 (1963)		日ソ共同宣言調印 (1956)
1965〜1974	拡大EC発足 (1973)	③ ↕	ヴェトナム戦争勃発 (1965)	沖縄復帰 (1972)
1975〜	（ ウ ）の壁崩壊 (1989)	④ ↕		日中平和友好条約締結 (1978)

問1 略年表中の（ ア ）〜（ ウ ）に適する語句をそれぞれ答えよ。

問2 1947年3月，全世界に共産主義の封じ込め政策を宣言したアメリカ大統領の名を答えよ。

問3 エンクルマを指導者として，ガーナが独立した時期を，略年表中の①〜④から1つ選び，記号で答えよ。

問4 1973年にECに加盟した3国として該当しない国を，次のア〜エから1つ選び，記号で答えよ。

ア スペイン　　イ イギリス　　ウ アイルランド

エ デンマーク

問5 日ソ共同宣言の内容として誤っているものを，次のア〜エから1つ選び，記号で答えよ。

ア ソ連の賠償請求権の放棄

イ ソ連による日本の国連加盟の支持

ウ 平和条約締結後の日本への北方4島の返還

エ 平和条約締結交渉の継続

解答 問1　ア　サンフランシスコ　　イ　アフリカ統一機構
ウ　ベルリン　　問2　トルーマン　　問3　②　　問4　ア
問5　ウ

解説 問2　この年，トルーマン大統領はあらゆる場所でソ連の影響を
阻止することを宣言し，ギリシアとトルコへの援助を表明した。
(＝トルーマン・ドクトリン)　　問3　1957年に英連邦内の独立
国となった。　問4　1973年にイギリス・アイルランド・デンマー
クが加盟して拡大ECとなり，更に1986年にはスペイン・ポルト
ガルも加盟した。　　問5　北方領土について，日本は固有の領土
として4島の返還を要求していたが，ソ連は国後島・択捉島の帰
属については解決済みとの立場をとり，平和条約の締結は持ち越
された。1956年に鳩山一郎首相は領土問題を棚上げにして，色丹
島・歯舞諸島を平和条約締結後に日本に引き渡すということで共
同宣言に署名した。

第 5 章

高校公民
（公共）

高校公民（公共） 現代社会の特質と課題

ポイント

　今回の学習指導要領の改訂によって新設された「公共」は，人間と社会の在り方についての見方・考え方を働かせ，現代の倫理，社会，文化，政治，法，経済，国際関係などに関わる諸課題を追究したり解決したりする活動を通して，グローバル化する国際社会に主体的に生きる平和で民主的な国家及び社会の有為な形成者に必要な公民としての資質・能力を育成することを目標としている。

　「現代社会の特質と課題」では，主に現代社会の諸問題を取り扱う。一口に諸問題といっても内容は多彩だが，従来の学習指導要領「現代社会」では，少子高齢化に代表される人口問題，社会保障の意義と課題，労働法と労働問題などがよく出題されている。他にも，情報化社会の進展と課題，行政の肥大化と効率化，我が国の食料の供給・安全の問題，男女共同参画社会への推進も取り上げられている。これらには，時事的内容も多分に含まれているので，ニュースをこまめにチェックし，新しい展開や統計が出てくれば，その都度頭の中のノートを書き換えるつもりで学習を行うと効果的だろう。また，参考書などでの勉強を進めながら，時折，図書館や書店などへ行って時事問題を扱った近刊の書籍も読むようにすれば尚更時事に強くなることだろう。

　そして教員採用試験である以上，教職教養の学習は不可欠である。少なくとも最新の学習指導要領には必ず目を通しておくべきである。また，「実際にどのような授業を行うのか，教師としての観点から意見を述べよ」という設問も出ているので，受験者としての学習だけではなく，教師としての立場からの考え方も予め自分なりにまとめておくとよいだろう。

□**社会保障**　かつて貧困や生活不安などの問題は個人の責任と見なされ国家は関与しなかったが，19世紀頃から一定の保障を行う制度の整備が国内外で始まった。我が国では高度経済成長期に制度の拡充が進められ，1973年には老人医療無料化などが実現して「**福祉元年**」を迎えた。しかし，この年に起こった第1次石油危機によって財政基盤が大きく揺らぎ，社会保障政策の見直しを余儀なくさせられることになった。

□**日本の社会保障制度**

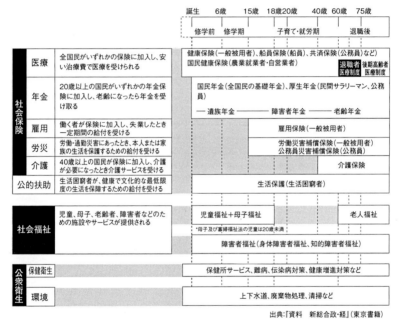

出典：『資料　新総合政・経』（東京書籍）

□**二階建て方式**　日本の年金制度の特徴。一階は全国民共通の基礎年金（国民年金）とし，二階部分に厚生年金を上乗せする方式。

□**社会保険庁**　厚生労働省の外局で保険に関する業務を主に行う。業務上の不祥事が多数露呈したことにより，2008年に政府管掌の健康保険を分離し，2010年には日本年金機構という新組織に業務を移行して，社会保険庁は廃止されることになった。

□日本の少子高齢化

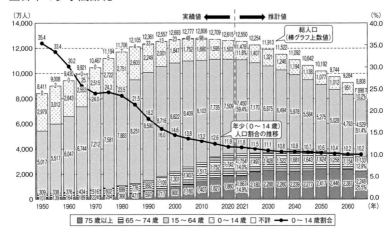

資料：2020年までは総務省「国勢調査」（2015年及び2020年は不詳補完値による。），2021年は総務省「人口推計」（2021年10月1日現在（令和2年国勢調査を基準とする推計）），2025年以降は国立社会保障・人口問題研究所「日本の将来推計人口（平成29年推計）」の出生中位・死亡中位仮定による推計結果から作成。

注1：2015年及び2020年の年齢階級別人口は不詳補完値によるため，年齢不詳は存在しない。2021年の年齢階級別人口は，総務省統計局「令和2年国勢調査」（不詳補完値）の人口に基づいて算出されていることから，年齢不詳は存在しない。2025年以降の年齢階級別人口は総務省統計局「平成27年国勢調査　年齢・国籍不詳をあん分した人口（参考表）」による年齢不詳をあん分した人口に基づいて算出されていることから，年齢不詳は存在しない。なお，1950～2010年の年少人口割合の算出には分母から年齢不詳を除いている。ただし，1950年及び1955年において割合を算出する際には，下記の注釈における沖縄県の一部の人口を不詳に含めないものとする。

注2：沖縄県の1950年70歳以上の外国人136人（男55人，女81人）及び1955年70歳以上23,328人（男8,090人，女15,238人）は65～74歳，75歳以上の人口から除き，不詳に含めている。

注3：百分率は，小数点第2位を四捨五入して，小数第1位までを表示した。このため，内訳の合計が100.0%にならない場合がある。

出典：『少子化社会対策白書　令和4年版』（内閣府）

□**高齢化**　WHOと国連の定義では，65歳以上人口の割合が7%を超えると**高齢化社会**，14%を超えると**高齢社会**，21%を超えると**超高齢社会**となる。我が国の場合，2022年現在で29.0%となっている。

□**ノーマライゼーション**　高齢者も若者も，障害者もそうでない者も，全て人間として普通の生活を送るため，ともに暮らし，ともに生きる社会こそノーマルであるという考え方あるいは運動。

□**バリアフリー**　障害者や高齢者が安心して暮らせるようにするため，障壁(バリア)となるものを撤去した状態のこと。現在，国や地方で制度的拡充がそれぞれ図られている。

□日本の出生数

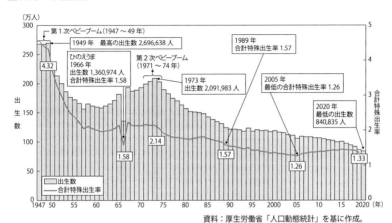

資料：厚生労働省「人口動態統計」を基に作成。

出典：『少子化社会対策白書　令和4年版』（内閣府）

□**合計特殊出生率**　1人の女性が生涯に産む子どもの数の平均。日本の場合は，2021年で1.30。長期的に人口を維持できる数値（人口置換水準）とされる2.08を下回っているので，人口減少が懸念されている。

□政府の少子化対策

エンゼルプラン (1995年度 〜1999年度)	1994年 12月	保育所拡大や多様な保育サービスの充実など保育対策が中心。「緊急保育対策等5か年事業」も策定。
新エンゼルプラン(2000年度 〜2004年度)	1999年 12月	従来のエンゼルプランと緊急保育対策等5か年事業を見直したもの。これまでの保育関係に加え，雇用，母子保健，相談，教育等の事業も加えた幅広い内容。
子ども・子育て応援プラン (2005年度〜)	2004年 12月	少子化社会対策大綱に基づき，青年の就労支援や地域・企業が子育てを支援する風土醸成など社会的な整備。
新たな大綱(子ども・子育てビジョン) (2010年1月 〜2015年3月)	2010年 1月	少子化社会対策基本法に基づく新たな大綱。子ども・子育て支援施策を行う際の3つの大切な姿勢「生命(いのち)と育ちを大切にする」，「2　困っている声に応える」，「3　生活(くらし)を支える」を示すとともに，これらを踏まえ，「目指すべき社会への政策4本柱」と「12の主要施策」に従い，具体的な取組を進めることとされた。
子ども・子育て関連3法	2012年 8月	幼児期の学校教育・保育，地域の子ども・子育て支援を総合的に推進。「1　認定こども園，幼稚園，保

		育所を通じた共通の給付(「施設型給付」)及び小規模保育等への給付(「地域型保育給付」)の創設」,「2　認定こども園制度の改善(幼保連携型認定こども園の改善等)」,「3　地域の実情に応じた子ども・子育て支援(利用者支援,地域子育て支援拠点,放課後児童クラブなどの「地域子ども・子育て支援事業」)の充実。
子ども・子育て支援新制度(2015年4月～)	2015年4月	子ども・子育て関連3法に基づく。幼児教育・保育・地域の子ども・子育て家庭を対象に,幼児教育,保育,地域の子ども・子育て支援の質・量の拡充を図る。市町村が,地方版子ども・子育て会議の意見を聴きながら,子ども・子育て支援事業計画を策定し,実施する。
ニッポン一億総活躍プラン(2016年6月～)	2016年6月	「希望出生率1.8」の実現に向け,若者の雇用安定・待遇改善,多様な保育サービスの充実,働き方改革の推進,希望する教育を受けることを阻む制約の克服等の対応策を掲げ,2016年度から2025年度の10年間のロードマップを示す。
子育て安心プラン(2017年6月～)	2017年6月	女性就業率の上昇に伴い,保育の受け皿を整備。待機児童の解消と,待機児童ゼロを維持しつつ,5年間で「M字カーブ」の解消を目指す。
子ども・子育て支援法の一部を改正する法律等の成立(2019年5月～)	2019年5月	幼児教育の負担軽減を図るため実施された。原則3歳から(幼稚園は満3歳から)5歳までの子どもを対象に,2015年の「子ども・子育て支援制度」における教育・保育の場に加え,企業主導型保育(国・公・私立)の利用費を無償とする。
新たな大綱(第4次大綱)の策定(2020年5月～)	2020年5月	「希望出生率1.8」の実現を目指し「結婚・子育て世代が将来にわたる展望を描ける環境をつくる」,「多様化する子育て家庭の様々なニーズに応える」,「地域の実情に応じたきめ細かな取組を進める」,「結婚,妊娠・出産,子供・子育てに温かい社会をつくる」,「科学技術の成果など新たなリソースを積極的に活用する」の5つの基本的な考え方に基づく。
新子育て安心プラン(2021年度～2024年度)	2020年12月	4年間で約14万人分の保育の受け皿を整備するほか,「1　地域の特性に応じた支援」,「2　魅力向上を通じた保育士の確保」,「3　地域のあらゆる子育て資源の活用」を柱として,各種取組を推進。
こども基本法(2023年4月～)	2023年4月	日本国憲法及び児童の権利に関する条約の精神にのっとり,全てのこどもが将来にわたって幸福な生活を送ることができる社会の実現を目指し,こども政策を総合的に推進することを目的とする。こども施策の基本理念のほか,こども大綱の策定やこども等の意見の反映などについて定めている。

□**大衆社会**　現代社会の特徴とされる，大衆が支配的である社会のこと。
普通選挙によって大衆が政治に参加する制度や社会を**大衆民主主義**と
いう。

市　民	教養と財産を持つ，近代市民社会の中核的存在。
公　衆	公共問題に積極的な関心を持つ理性的な存在。
群　衆	匿名の存在である個人の密集体。暗示にかかりやすく，非合理的な行動をとり，爆発的なエネルギーを持つ。
大　衆	原子化した個人の総称で，多様性がありながら異質的であり，また密集的にも分散的にもなる存在。受動性・非合理性・情緒性を持ち，マスメディアによって結びつけられるのが特徴。

□**世論**　社会で一般的な合意に達しているとみられる意見。

□**マスメディア**　マス・コミュニケーション(マスコミ)の媒体のこと。
大衆に大量の情報を伝達する役割を担い，新聞や雑誌などの印刷媒体
と，ラジオ・テレビなどの非印刷媒体とがある。国民に様々な情報を
提供し，国民相互の意見発表・形成の場をつくるという重要な役割を
持つが，大量の情報の氾濫や情報の一方通行といった課題も抱える。
大衆への影響力はかなり強く，「**第四の権力**」と称される。

□**オピニオン・リーダー**　集団の意思形成に大きな影響力をもつ人。ま
たは，世論の形成に大きな影響を与える文筆家，学者，ジャーナリスト，
評論家などをいう。

□**アナウンス効果**　予測や計画などの公表が，人々の行動に影響を与え，
当初の予想と異なった結果になってしまうこと。マスメディアによる
選挙報道が典型的である。

□**ＩＴ革命**　情報通信革命のこと。1990年代における**インターネット**の
世界的な普及によって情報伝達のあり方が大きく変わり，更には社会
の構造をも変えてしまったことをいう。

□**デジタルデバイド**　情報格差のこと。情報機器の有無や情報技術の利
用機会の多寡などにより，情報を得られる者と得られない者との間に
生じる不平等不均衡をいう。

□**知的財産権**　知的所有権・無体財産権ともいう。発明・意匠・著作な
どの知的活動によって形成された無形の経済的価値に対する権利。

□**夜警国家**　経済は自由放任であるべきという考えのもと，国家の役割を秩序の維持や国家の防衛など最小限のものに限った国家観を指す。

□**福祉国家**　社会国家ともいい，夜警国家と対比される言葉。国民の福祉の増進と確保を政治目標とするためにこう呼ばれる。完全雇用と社会保障制度の充実のために政府の役割が大きくなるのが特徴。しかし，財政負担が非常に大きくなって経済に悪影響を及ぼす傾向がある。

□**大きな政府**　財政規模が非常に大きな政府のこと。政府が社会政策を強力に推進し，積極的に経済への介入を行うためにこうなる。財政赤字や経済の非効率化，行政機構の肥大化といった弊害をもたらすため，1970年代末から「小さな政府」への転換を進める動きが出てきた。

□**小さな政府**　経済活動への積極的な介入を行わず，財政規模を小さく抑えようとする政府のこと。**アダム＝スミス**が提唱した「安価な政府」に通じる。20世紀後半から欧米諸国や日本で「小さな政府」への転換の動きが現れたが，福祉切り捨て，格差拡大との批判がある。

□**行政国家**　行政権が他の二権に優越している現象が起こっている国家をいう。政治の高度化・専門化にともなう行政機能の拡大が背景にある。立法府は大綱のみを定め，具体的な内容は行政府(行政官僚)に委ねられるという**委任立法**が増えるようになったり，許認可権や行政指導による行政の裁量権が拡大するようになったりする。

□**オンブズマン**　国民や住民の立場から行政を監視する専門員のこと。スウェーデンで始まった制度で，行政監察官などと訳される。我が国でも一部の地方自治体に設けられており，また民間団体が市民オンブズマンとして行動している例も多い。

□**労働基本権と法体制**

憲法	内　容	関　係　法
憲法第27条 第1項	勤労の権利	職業安定法，雇用保険法，雇用対策法，男女雇用機会均等法，障害者雇用促進法など
同条第2項	勤労条件の基準	**労働基準法**，最低賃金法，労働安全衛生法，育児・介護休業法など
同条第3項	児童酷使の禁止	**労働基準法**，児童福祉法など
憲法第28条	労働三権	**労働組合法**，**労働関係調整法**，国家公務員法，地方公務員法，スト規制法など

※枠内の太字は労働三法。

□**男女雇用機会均等法**　1985年制定。女子差別撤廃条約の批准を受けて法制化され，1997年の改正により，男女の平等待遇が努力義務から禁止規定に強化され，事業主のセクハラ（セクシャルハラスメント）の防止義務，2006年の改正では，男女双方に対する差別の禁止，差別規定の強化，間接差別の禁止の導入，妊娠・出産を理由とした不利益取扱いの禁止等が新たに加わった。また2016年の改正では，不利益取扱いの禁止に加えて防止義務が，2019年の改正では職場におけるセクハラ被害を相談した労働者に対する不利益な取扱いを禁止した。

□**男女共同参画社会基本法**　1999年制定。「男女が，社会の対等な構成員として，自らの意思によって社会のあらゆる分野における活動に参画する機会が確保され，もって男女が均等に政治的，経済的，社会的及び文化的利益を享受することができ，かつ，共に責任を担うべき社会」を男女共同参画社会と定義し，国・地方に施策の制定を求めている。

□**行政監察官制度**　行政機関に資料の提出を求めたり，立ち入り調査などを行って，行政の監察を行う制度。国レベルでは総務省行政評価局が中心となって機能し，地方レベルでは行政相談委員の制度が設けられているが，オンブズマン制度と比べると権限が弱くなっている。

□**情報公開制度**　政府や地方自治体が保有する各種の情報について，請求があった場合に開示する制度。「知る権利」や行政の説明責任とも関係があり，1980年代から地方自治体で情報公開条例を制定する動きが始まり，1999年には国によって**情報公開法**が定められた。

例題1

次の文章を読み，あとの(1)～(4)の問いに答えよ。

　少子化に伴う人口減少社会の到来により，生産年齢人口も減少している。そこで多様な働き方を可能にするため，働く人の立場や視点から「働き方改革」が政府によって提唱されている。それでは，労働環境をめぐる動きはこれまでどのようなものがあったのだろうか。

　産業革命が起こったイギリスでは19世紀初めに，（　A　）の導入で失業の危機にさらされた労働者がラッダイト運動を起こした。アメリカでは世界恐慌時のニューディール政策の下で，ワグナー法が制定され

た。しかし第二次世界大戦後の1947年には，労働運動の(B)を意図
してタフト・ハートレー法が制定された。日本では戦後，日本国憲法
によって労働三権が確立され，それを保障するために労働三法が制定
された。その結果，労働組合を中心とした「春闘」により，賃金上昇
など労働環境の改善が進められた。一方で，女性の社会進出は1960年
代から増加しているものの，男女間格差や①女性の社会進出を抑制する
諸課題が顕在化するようになった。2000年代に起きた戦後最長の景気
回復は，中国など新興国や②アメリカへの輸出に支えられたものであっ
た。また，それまでの好況期と比較して経済成長率が低く，③「実感な
き景気回復」といわれている。

　労働と権利，いずれか一方ばかりに偏るのではなく，経済成長と健
康で豊かな生活の両立や，多様な働き方の選択ができるよう，「ワーク・
ライフ・バランス」が政労使三者の間で模索されている。

(1)　文章中の(A)，(B)にあてはまる語句の組合せとして最も
　　適切なものを，ア～エのうちから1つ選び，記号で答えよ。

　　ア　A－移民労働者　　　B－推進

　　イ　A－移民労働者　　　B－規制

　　ウ　A－機械　　　　　　B－推進

　　エ　A－機械　　　　　　B－規制

(2)　下線部①について，男女雇用機会均等法が2016年に改正され，事
　　業主にはどのような措置が義務付けられたか。その措置の内容を説
　　明せよ。

(3)　下線部②について，1980年代のアメリカにみられるように，財政
　　赤字と経常収支赤字が併発している状態を何と呼ぶか答えよ。

(4)　下線部③について，内閣府の定義における景気動向指数に影響を
　　与える指標のうち，特に景気の変化に先立って動くとされる指標に含
　　まれるものはどれか。ア～エのうちから1つ選び，記号で答えよ。

　　ア　家計消費支出　　　イ　完全失業率　　　ウ　東証株価指数

　　エ　有効求人倍率

解答　(1)　エ　　　(2)　女性を含めた多くの人材の活用や，仕事と家庭生
　　　　　活との両立を支援するため，妊娠や出産を理由とした，上司や同

僚からのハラスメントの防止措置を事業主に義務付けた。

(3)　双子の赤字　　(4)　ウ

解説　(1)　A　ラッダイト運動とは，熟練労働者による機械打ち壊し運動のこと。　B　ワグナー法では，労働者の団結権や団体交渉権を認められたが，米ソ冷戦を背景に制定されたタフト・ハートレー法によって，労働運動への規制が強まった。　(2)　妊娠・出産，育児を理由にした職場などでのいやがらせ行為は，マタニティ・ハラスメント(マタハラ)と呼ばれ，社会問題化している。このため，2016年の法改正により，マタハラ防止措置が義務化された。

(3)　ドル高は，アメリカにとって輸出に不利となるが，輸入品の国内価格は安くなる。また，この当時のアメリカは，レーガノミクスによる減税，軍事費拡大のために国債が大量発行されており，これが金利上昇と一層のドル高を招いた。　(4)　景気動向指数には，先行指数，一致指数，遅行指数の3つがある。東証株価指数のほか，新規求人数や実質機械受注などが先行指数とされている。なお，アとイは遅行指数，エは一致指数である。

例題2

次の文を読み，下の問1〜問6に答えよ。

　現代は，国際化が進展し，交通手段や通信技術の発達により，①ヒト・モノ・カネ・情報などが国境を越えて移動する(A)の時代である。例えば大震災などの時の②NGOの活動にも見られ，地球規模での一体化の流れが一層強まっている。

　その一方で，一体化の流れに逆行するような，国際紛争や③民族紛争，人種差別などの問題が依然として存在し，多くの人々の生活を脅かしている。これらは一国で解決することは難しく，④世界全体で取り組んでいかなければならない問題である。

　現代のような(A)の時代には，自国の生活習慣や文化に誇りを持ちながらも，それだけを絶対視する(B)に陥らず，他国の習慣や文化を尊重する⑤異文化理解を深めていくことが重要である。

問1　(A)，(B)にあてはまる語句を，ア〜オからそれぞれ選べ。

　　ア　マイノリティ　　イ　ボーダレス　　　ウ　エスノセントリズム
　　エ　エスニシティ　　　オ　ディスクロージャー

問2　下線部①に関して，1986年に交渉開始が宣言されたウルグアイ・ラウンドでは，自由貿易の拡大を目指して新しい貿易ルールをつくる交渉が行われた。この交渉において合意された内容を3つ書け。

問3　下線部②について，1971年にフランスの医師ベルナール＝クシュネルらによって設立され，70か国を超える地域に医師や看護師，助産師らを派遣して，危機に瀕した人々の救援活動を行っている民間の医療・人道援助団体の名称を書け。

問4　下線部③の一つに北アイルランド紛争がある。この紛争の背景になっている宗教的な対立について，簡潔に書け。

問5　下線部④にかかわって，次の文は1948年に国連総会で採択された，あらゆる国家，国民の基本的人権についての規範を示した宣言の一部である。この文を読み，(1)，(2)に答えよ。

　　第1条　すべての人間は，生れながらにして（　a　）であり，かつ，尊厳と権利とについて平等である。人間は，（　b　）と良心とを授けられており，互いに同胞の精神をもって行動しなければならない。

　　第3条　すべて人は，（　c　），（　a　）及び身体の安全に対する権利を有する。

　　(1)　（　a　）～（　c　）にあてはまる語句を，漢字2字でそれぞれ書け。

　　(2)　宣言の名を書け。

問6　下線部⑤に関して，アメリカの文化人類学者ルース＝ベネディクトは「菊と刀」の中で，西洋文化と日本文化とをどのように説明しているか，次の語句を用いて説明せよ。

　　〔　恥の文化　〕

解答　問1　A　イ　　B　ウ　　問2　・サービス貿易・知的財産権など広範な分野における国際的ルールの確立　　・農業分野における関税化，輸出補助金の削減など自由化の促進　　・紛争解決手続きの大幅な強化(世界貿易機関(WTO)の設立)　　問3　国境な

き医師団　問4　北アイルランドのカトリック系住民が，イギリスからの分離・独立を求めてプロテスタント系住民と対立した。問5　(1) a 自由　b 理性　c 生命　(2) 世界人権宣言　問6　ベネディクトは，西洋文化が神の教えに背くことを罪と考える「罪の文化」であるのに対して，日本文化は他人から非難を受ける行為をさけようとする「恥の文化」であると説いた。

| 解説 | 問1　アは少数民族，エは民族集団が示す特性，オは企業が必要な情報を開示すること。　問2　2002年1月に新たな多角的貿易交渉(ドーハ・ラウンド)がスタートした。　問3　1999年にノーベル平和賞を受賞した医師のNGO組織である。　問4　1998年に北アイルランド和平協定の合意が成立した。　問5　さらに1976年に法的拘束力を持たせた「国際人権規約」が発効した。問6　日本のことわざ「旅の恥はかき捨て」がこのことを表している。

━━━━━━━━━━━━━━━ 例題3 ━━━━━━━━━━━━━━━

次の各問いに答えよ。

(1)　我が国の公的介護保険制度および介護休暇制度の仕組みに関する記述として誤っているものを，次の①～④から1つ選べ。

①　介護保険料は，40歳から納め始め，64歳で払い終える。

②　介護保険は，特定疾病が原因で介護が必要になった場合には，40歳であっても給付の対象となる。

③　介護保険のサービスの利用にあたっては，各区市町村に要介護認定を申請し，認定を受けた後，ケアプランに基づき，サービスを利用する。

④　育児・介護休業法には，介護が必要な家族1人につき，1年度に5日まで，対象家族が2人の場合は1年度に10日まで，介護休業や年次有給休暇とは別に休暇を取得できる介護休暇制度が定められている。

(2)　生殖技術の発達について述べた文として最も適当なものを，次の1

～4のうちから1つ選べ。

① 出生前診断によって，胎児の健康状態だけでなく，異常の有無を診断することができる。これに関しては，生命の選別ではないかという指摘があり，日本では着床前診断は認められているが出生前診断は禁止されている。

② リプロダクティブ＝ヘルス／ライツ(性と生殖に関する権利)とは，「子どもをもつか，もたないか」，「もつとしたらいつ，何人の子どもをもつか」を女性がみずから決定することができる権利をいう。妊娠中絶や受胎調節の権利も含まれていると解釈される。

③ 体外受精とは，精子を人為的に子宮に注入して卵子と受精させる技術であり，人工授精とは，女性の体外で精子と卵子を受精させ，受精卵を作る技術である。

④ 出産できない女性のために出産後に子を渡す約束で子を妊娠(出産)することを代理懐胎(代理出産)という。代理懐胎(代理出産)は，日本でも認められるようになった。

(3) 情報社会について述べた文として適当でないものを，次の1～4のうちから1つ選べ。

① コンピュータやインターネットを使いこなせる者とそうでない者との間に，雇用の機会や収入の差がうまれている。情報能力の違いからうまれるこのような格差をデジタル・デバイドという。デジタル・デバイドは，国際社会において新たな南北問題をうみ出している。

② プライバシーとは，私的なことがらに関する自己決定権，あるいは他人や社会による干渉を受けない私的な領域のことである。情報化の進展にともない，自分に関する情報にだれがアクセスしてよいかを自分で決めることのできる権利(自己情報コントロール権)をさすようになった。

③ ネチケットは，ネットワークとエチケットからつくられた造語である。インターネット利用者の間で共有されねばならないとされる慣習，礼儀，してはいけない行為などをさす。一般社会と同様，ネットワーク社会においても最低限，守らなければならないもの

がある，という考えにもとづいている。

④　個人情報保護法は，個人情報の利用と個人の権利の保護の両立を目的として2003年に制定された。行政機関の保有する個人情報の取り扱いについての基本的事項を定めており，民間の事業者は適用されない。

解答　(1)　①　　(2)　②　　(3)　④

解説　(1)　40歳から64歳は第2号被保険者だが，65歳以降も第1号被保険者として介護保険料を支払う。　(2)　①は，着床前診断より出生前診断のほうが広く行われている。日本においては，着床前診断は一定の条件を満たした場合にのみ認められている。③は，体外受精と人工授精の説明が逆。④について，日本での代理出産は，法整備が進んでいないため原則的には行わないことになっている。　(3)　④の個人情報保護法は，個人情報を取り扱うすべての事業者に適用される。法人・個人の別や営利・非営利の別は問わない。

━━━━━━━━━━━━ **例題4** ━━━━━━━━━━━━

次の文章を読んで，あとの各問いに答えよ。

　社会保障制度の源は，イギリスの公的扶助とドイツの社会保険にある。イギリスでは，1601年に（　ア　）が社会保障の先駆けとして制定された。一方，19世紀後半になると，激しくなった労使の対立を緩和するために，労働者に対する社会保険制度が，ドイツの（　イ　）によってつくられたが，この制度は①「アメとムチの政策」と呼ばれた。

　こうした中，社会保障制度に大きな転機をもたらしたのは，1930年代の大不況である。アメリカではニューディール政策の一環として1935年に（　ウ　）が制定された。そして，第二次世界大戦後，イギリスでは，1942年の（　エ　）に基づき②総合的な社会保障制度が実現された。

　日本における社会保障制度は，第二次世界大戦後，憲法第25条の③生存権の規定によってその基本理念が確立し，社会保険をはじめとする④4つの制度から成り立っている。

しかし, 現在の日本では, 急速に⑤少子化, ⑥高齢化が進んでおり, ⑦解決すべき課題も多い。

(1) (ア)〜(エ)に適する語句を入れよ。

(2) 下線部①の「ムチ」にあたる法律は何か答えよ。

(3) 下線部②を表すスローガンは何か答えよ。

(4) 下線部③について, 憲法第25条の規定は, 国のとるべき政策上の方針を定めたものであって, 実際に生活に困っている国民が, 国に対して何らかの給付を請求することができるというような, 具体的な権利を保障するものではない, とする見解があるが, これを何というか答えよ。

(5) 下線部④について, 社会保険以外の3つの制度を答えよ。

(6) 下線部⑤を表す数値で, (a)「一人の女性が一生の間に平均して出産する子供の数」, (b)その数値がいくつを下回ると人口が減少に向かうといわれているか, それぞれ答えよ。

(7) 下線部⑥について, 我が国の社会保障制度の改正内容を示した次のA〜Dを, 実施された順に並び替えよ。

A 国民年金を基礎年金とし, 厚生年金と共済組合年金を報酬比例年金として基礎年金に上積みする, いわゆる二階建て方式となった。

B 介護の必要な家族のいる労働者が, 3ヶ月を限度に休職して介護に当たることができる介護休業制度が始まった。

C 国と地方自治体で負担していた高齢者の医療費を一部, 患者の自己負担とすることなどを内容とする老人保健制度が始まった。

D 40歳以上の国民を対象に保険料を徴収し, 介護が必要になったときに, その程度に応じて一定の金額を限度に公費で介護サービスを提供する介護保険が始まった。

(8) 下線部⑦について, 公的年金の財政方式のうちの賦課方式に関する記述として適切なものを, 次のA〜Dから1つ選べ。

A 現役期のうちに保険料を拠出し, 運用された基金を年金給付の財源とするため, 世代間の所得の移転を想定しておらず, 財政収支上各世代が独立している。

B　その年の年金給付総額を，在職中の被保険者・雇用者・国が各々の負担割合に応じて拠出するもので，高齢化が進行すると，現在働いている被保険者の負担が大きくなる。

C　高齢化の進行等により人口構成の変化が生じても，各世代が年金の負担・給付に関して影響を受けないという利点がある。

D　予測しえないインフレといった不確実性への対応や，年金制度創設時にすでに高齢に達していた世代には年金給付が与えられないなどの課題がある。

(9)　「ノーマライゼーション」について，「高齢者」「障害」「バリアフリー」という言葉を使って説明せよ。

解答 (1)　ア　（エリザベス）救貧法　イ　ビスマルク　ウ　社会保障法　エ　ベバリッジ報告　(2)　社会主義者鎮圧法

(3)　「ゆりかごから墓場まで」　(4)　プログラム規定説

(5)　公的扶助・社会福祉・公衆衛生　(6)　(a)　合計特殊出生率　(b)　2.07(2.08)　(7)　C→A→B→D　(8)　B

(9)　若者も高齢者も，障害のある人もない人も，バリアフリーを徹底させることによって一緒に生活していくこと。

解説 社会保障の歴史と，日本の場合についての設問である。

(1)　ア　エリザベス1世が制定。　イ　ドイツ帝国の鉄血宰相。　エ　経済学者ベバリッジがイギリス政府に提出した報告書。

(3)　ベバリッジ報告をもとに，戦後の労働党政権が推進した社会保障政策の標語。膨大な財政支出が問題となって，後にサッチャー保守党政権で見直された。　(4)　憲法第25条の生存権をめぐる最高裁の見解。　(5)　この四本柱はすべて覚えておきたい。

(6)　(b)　統計によって推定が異なるが，大体2.07〜2.08とされている。　(7)　A　1986年施行。　B　1999年施行。　C　1983年施行。　D　2000年施行。　(8)　年金の財政方式は大きく2つに分かれている。各年度にわたって納められた保険料を積み立てた原資から支給するのが積立方式。その年度の現役労働者が納めた保険料から支給するのが賦課方式。Aは積立方式，Bは賦課方式の説明。C・Dは積立方式の長所と短所。

第 6 章

高校公民
（政治経済）

高校公民（政治経済） 政治のしくみと流れ

ポイント

　政治・経済とは，その名称が表すように，政治分野と経済分野を取り扱う科目である。高等学校の公民科では，新設された「公共」という科目もある。教員採用試験では，公共は独立した科目として出題されることもあれば，政治・経済または高校公民科に統合して出題されることもある。政治・経済と公共は内容上の関連性も大きいので，できれば並行して学習することを勧めたい。

　「政治のしくみと流れ」の出題傾向を見てみると，その内容は次の5つに分けられる。第1は，政治の基本原理。ここでは民主政治の発達過程およびその基盤たる社会契約論などの諸思想，人権尊重への取り組みについての設問が多い。第2は，日本国憲法の基本原理。ここでは三大原理，特に基本的人権の内容についての設問が多い。また憲法の条文が出題されることもあるので，その対策が必要だろう。第3は，日本の政治機構。ここでは三権や地方自治，選挙制度などが問われる。注意しておきたい事項として，司法では判例を取り上げた問題があること，地方自治体が行う教員採用試験では地方自治や地方分権の問題が割合として多いこと，選挙については現行の制度や選出のしくみを問う問題が多いこと，を挙げておく。第4は，国際政治。ここでは国際連合の機能と諸機関の役割，国際連盟との比較，核兵器と軍縮の問題，第二次世界大戦後の国際情勢が頻出である。第5は，現代日本の政治。ここでは終戦から令和の現在までの我が国の動向が出題される。政治が主な内容となっているが，経済の動きと重ね合わせた設問も少なくない。また外交についての設問も多いので，それぞれに対応できるように学習されたい。

☐**マグナ・カルタ**　大憲章。1215年，イギリスのジョン王が封建貴族に認めさせられた文書で，初めて王権を制限したという点が画期的。

☐**権利章典**　1689年。**名誉革命**の後に成立。王権を制限し，議会の優位を確認した内容。これを受けて，18世紀のイギリスで議会政治が確立。

☐**バージニア権利章典**　1776年6月，アメリカのバージニア植民地でジョージ・メイソンによって起草された成文憲法。自然法の考えに基づく人権を初めて明文化。

☐**アメリカ独立宣言**　1776年7月，ジェファソンらが起草。民主主義の基本原理が述べられた内容で，13植民地の代表者によって可決された。イギリスの社会契約論者ロックの影響が見られる。

☐**フランス人権宣言**　1789年，フランス革命の最中，憲法制定国民議会で採択。ラファイエットらが起草。正式名称は「人および市民の権利宣言」。近代民主主義思想を集大成した内容。

☐**奴隷解放宣言**　1863年，アメリカ南北戦争の際，北部のリンカン大統領が宣言。戦後に憲法の修正を行ってこの宣言を反映。

☐**「人民の，人民による，人民のための政治」**　同じくリンカン大統領。1863年のゲティスバーグ演説での一節。民主主義の本質を言い表した言葉として有名。

☐**ワイマール憲法**　1919年制定のドイツ共和国憲法のこと。憲法制定議会の開催場所がワイマールだったためにこう称される。主権在民，男女平等の普通選挙，**社会権**の規定などを盛り込み，当時の世界で最も民主的な憲法とされた。

☐**世界人権宣言**　1948年，第3回国連総会(パリ)で初代人権委員長，故ルーズベルト大統領夫人によって提案されて採択。国境を越えた，人類普遍の理念としての人権尊重を宣言。

☐**国際人権規約**　1966年，第21回国連総会で採択。世界人権宣言を条約化したもの。社会権的なA規約，自由権的なB規約，B規約に関する選択議定書，の三つで構成。日本は公務員の争議権などの留保付きで1979年に批准。

□主要判例

事件・訴訟	争 点	判 決
砂川事件 (1959.12-最高 裁判決)	憲法第9条と日米安 保条約の整合性など	**統治行為論**=高度の政治性を有する 案件は，違憲審査の対象ではなく，国 民の政治的批判に委ねられるべき。
三菱樹脂事件 (1973.12-最高 裁判決)	思想・信条を理由に 企業は採用を拒否で きるか	憲法の保障する人権は私人相互の関 係を直接規律するものではなく，企 業にも経済活動の自由の一環として 契約の自由があるので，採用拒否を 違法とすることはできない。
津地鎮祭訴訟 (1977.7-最高 裁判決)	地鎮祭への公金支出 は政教分離の原則に 反するか	**目的効果基準**=宗教的行為について は，行為の目的と効果という2つの 基準で判断。地鎮祭はこれに照ら して宗教的活動ではないと判断。
チャタレイ事 件(1957.3-最 高裁判決)	表現の自由への制限 は可能か	**公共の福祉**のために表現の自由を刑 法第175条によって制限することは 合憲。(この事件は出版物の内容がわ いせつとして訴えられたもの)
朝日訴訟 (1967.5-最高 裁判決)	憲法第25条の生存権 の保障と生活保護の 基準	**プログラム規定説**=憲法第25条の規 定は具体的な権利や政府の義務を定 めたものではなく，政治の指針(プロ グラム)を述べたに過ぎない。実際の 保障は立法・行政の社会政策に委ね る他はない。
猿払事件 (1974.11-最高 裁判決)	国家公務員の政治的 行為の制限規定は違 法か	国家公務員の政治的行為は公務員の 政治的中立性を損なうおそれがある ため，合理的で必要やむをえない限 度にとどまるものであれば制限は合 憲。
西山事件 (1978.5-最高 裁判決)	知る権利や報道の自 由はどこまで保障さ れるか	知る権利に奉仕する報道・取材の自 由は尊重されるべきだが，強引な手 段や道義に反する手段を用いて外務 省の機密を漏洩させた取材行為は違 法。
宴のあと事件 (1964.9-第一 審判決)	ある個人をモデルに して私事を描いた小 説は表現の自由にあ たるか	表現の自由は無差別・無制限に私生 活を公開することを許していないと して，初めて**プライバシーの権利**を 認め，「私生活をみだりに公開され ない権利」と定義。

□主要な違憲判決

※すべて最高裁

事例	憲法上の根拠	違憲の理由	立法府の対応
尊属殺人の重罰規定(1973)	第14条(法の下の平等)	刑法第200条の尊属殺人重罰規定は不合理な差別。	刑法第200条を削除。
薬局の距離制限(1975)	第22条(職業選択の自由)	薬事法第6条の薬局開設の距離制限は必要かつ合理的ではない。	当該条項を廃止。
衆議院の「一票の価値」(1976・1985)	第14条(法の下の平等)・第44条(選挙人の資格)	議員1人あたりの有権者数の格差が合理的に許される範囲ではない。(但し, 選挙結果は有効)	公職選挙法の改正で定数是正。
共有林の分割制限(1987)	第29条(財産権の保障)	森林法第186条は不必要なもので, 財産権を制限。	当該条項を廃止。
玉串料への公費支出(1997)	第20条(政教分離)・第89条(公の財産)	玉串料への公費支出は宗教的活動としての意義を持つために違憲。	公金支出の前首長に賠償命令。
書留郵便の免責規定(2002)	第17条(国家賠償請求権)	郵便法第68条の免責規定は合理性・必要性なし。	郵便法を改正。
在外邦人選挙(2005)	第15条(選権の保障)他挙	在外邦人の選挙権制限は投票機会の平等に反す。	公職選挙法を改正。
国籍法婚姻条件(2008)	第14条(法の下の平等)	父母の婚姻を国籍取得の条件とするのは違憲。	国籍法を改正。
神社市有地無償提供(2010)	第20条・第89条	空知太神社に市有地無償提供は政教分離に違反。	市有地を有償貸与。
婚外子相続差別(2008)	第14条(法の下の平等)	婚外子の遺産相続分が嫡出子の半分なのは違憲。	民法を改正。
女性の再婚禁止期間(2015)	第14条(法の下の平等)	100日を超える禁止は過剰な制約とする。	民法を改正。
孔子廟公有地無償提供(2021)	第20条・第89条	市が管理する土地の無償提供は政教分離に違反。	市が土地使用料を要求。

□地方自治の直接請求制度

(　)内の数字は地方自治法の条数

種　類	必要署名数	請求先	取　扱
条例の制定・改廃の請求(74)	有権者の50分の1以上	首長	首長が20日以内に議会にかけ, 結果を公表
監査の請求(75)		監査委員	監査結果を公表し, 首長・議会などに報告

リコール	議会の解散 (76・79・85)	有権者の3分の1以上 (有権者が40万人超の場合その8分の1を合算)	選挙管理委員会	住民投票を実施，過半数の同意で解散
	議員・首長の解職(80〜85)			住民投票を実施，過半数の同意で解職
	主要公務員の解職(86〜88)		首長	議会にかけ，3分の2以上の出席・4分の3以上の同意で解職

□レファレンダム　住民投票または国民投票。地方では議会解散・議員と首長の解職請求の成立後に行われる投票，地方自治特別法の制定の投票があり，国政では憲法改正の国民投票がある。

□国際連合のしくみ

総会	国連貿易開発会議(UNCTAD) 国連難民高等弁務官事務所(UNHCR) 世界食糧計画(WFP) 国連児童基金(UNICEF) **関連機関** 化学兵器禁止機関(OPCW) 国際原子力機関(IAEA) ※注1	経済社会理事会	アジア太平洋経済社会委員会(ESCAP) 国連森林フォーラム **専門機関** 国際労働機関(ILO) 国連教育科学文化機関(UNESCO) 世界保健機関(WHO) 国際通貨基金(IMF)
安全保障理事会	国連平和維持活動(PKO) 国際刑事裁判所メカニズム **専門機関** 国際原子力機関(IAEA) ※注1	事務局　国際司法裁判所　信託統治理事会	

※注1　IAEAは総会・安全保障理事会の双方へ報告義務あり

―――――――――――　例題1　―――――――――――

日本の政治機構について，次の(1)〜(3)の問いに答えよ。

(1)　内閣が総辞職しなければならない場合を，日本国憲法の規定に基づいて3つ述べよ。

(2)　地方公共団体の議会と長の関係について，「議院内閣制における議会と内閣の関係の特徴」と「大統領制における議会と大統領の関係の特徴」に関連させて，具体的に説明せよ。

(3)　日本の司法制度における裁判の公開並びに裁判の種類と法廷手続きについて，1時間の授業を行うときの学習指導案を作成せよ。

解答　(1)　内閣が総辞職しなければならないのは，①衆議院が内閣不信

任の決議案を可決し，または信任の決議案を否決したときに，10日以内に衆議院が解散されないとき(日本国憲法第69条)，②内閣総理大臣が欠けたとき(日本国憲法第70条)，③衆議院議員総選挙の後に初めて国会の召集があったとき(日本国憲法第70条)である。　(2)　地方公共団体の議決機関である議会も，執行機関である長もそれぞれ住民の直接選挙で選出される点で，議会と長が対等な関係であること。そして，長が議会の議決した条例・予算に対して再議請求権を行使できることなど，地方公共団体においては大統領制を基本としている。ただ，完全な大統領制ではなく，議会は長の不信任決議を行うことができ，これに対して長が議会解散権を有するなど，議院内閣制に類似した制度も一部とりいれられている。

(3)

本時の目標	国民の自由と権利を保障する制度である裁判の公開並びに裁判の種類と法廷手続きについて学ぶ。		
段階	学習活動・学習内容	指導上の留意点	評価の観点
導入	・裁判所の種類や配置について学ぶ。 ・法廷の意味と法廷内でのメモの是非などについて考える。	・自分が知っている裁判所の種類をノートに書かせる。その後，自分の住んでいる地域にはどのような裁判所があるかを発問し，裁判所の配置を確認させる。 ・裁判に関するクイズを出し，生徒に答えさせて，それぞれの意味を考えさせる。	・裁判所を身近に感じ，関心や意欲を持ったか。(関心・意欲)
展開	・国民の自由と権利を守るために裁判は公開され，かつ三審制がとられていることを学ぶ。 ・裁判の種類とその内容について学ぶ。 ・法廷での手続きの流れについて学ぶ。	・裁判を公開する目的や三審制の仕組みについて理解させる。 ・刑事裁判は，罪を犯した疑いで起訴された人が有罪か無罪か，有罪の場合には刑罰を決める裁判であること。民事裁判は，日常生活で起こる法律上の争いを判断して解決する裁判であること。行政裁判は，政府や地方公共団体の行った決定に対して国民が異議を申し立てる裁判であることを理解させる。 ・刑事裁判の冒頭手続きや証拠調べ手続き，弁論手続き，民事裁判の和解などについて理解させる。	・憲法の条文を読み取り理論的に整理できたか。(資料活用の技能・表現) ・身近な出来事と裁判の関係について理解できたか。(思考・判断)
まとめ	・本時の内容を振り返りながら裁判制度についてまとめる。	・裁判の公開や法廷手続きなどは，国民の自由と権利を保障するための制度であることを理解させる。	・授業の内容を理解しているか。(知識・理解)

解説 (1) 内閣の総辞職は，衆議院総選挙との関連が深い。衆議院が解散になった場合40日以内に総選挙を行い，総選挙後30日以内に特別国会を召集することも把握しておく。数字がキーワードとなるものが多い。 (2) 議院内閣制は，内閣が議会に対して責任を負い，その存立が議会の信任に依存する制度である。特徴は，議会の多数派が内閣を形成し，政権の座に就くことにより立法と行政との間に協力関係が築かれることにある。立法と行政は内閣によって結ばれ，両者は一体不可分の関係におかれる。この点において立法と行政を厳格に峻別しようとするのが大統領制である。
(3) 裁判所の種類や配置など形式的なことを「導入」するよりも，司法制度は何のためのものであるか(なぜ裁判があるのか，必要なのか等)を考えさせることが必要である。裁判の種類や仕組みについては，それに派生して生徒自身が問題意識をもって取り組めるようになる。まずは，生徒自身が個々の学習問題を見いだせるような資料(素材)提示等が大切になる。教師から学ぶ内容を一方的に指示する説明調ではなく，あくまでも生徒自身が自ら問題解決を図っていく授業が望ましい。

例題2

日本国憲法に関する次の文章を読んで，下の問いに答えよ。

　日本国憲法は，①大日本帝国憲法を改正するという形で第90回帝国議会において審議され，1946年11月3日に公布，翌年5月3日に施行された。

　日本国憲法はその前文で，「国政は，国民の厳粛な信託によるものであつて，その権威は国民に由来し，その権力は国民の代表者がこれを行使し，その福利は国民がこれを享受する」と主権在民を宣言し，また，②基本的人権の性格については，その第11条及び第97条で「(a)」として保障されるべきものであるとしている。

　政治権力については，③国会・内閣・裁判所が相互に抑制と均衡を図ることにより，民主政治がより徹底したものとなるように権力分立制を採用している。

1　文章中の（　a　）に適する言葉を書け。

2　下線部①に関連して，大日本帝国憲法では，天皇は国の元首であり統治権を総攬する旨が規定されている。天皇によって立法・行政・司法の各権限が行使される時に，同憲法では，どのような形で行使されると規定していたか，それぞれ書け。

立法権：

行政権：

司法権：

3　下線部②に関連して，次の問いに答えよ。

(1)　職業選択の自由について争われた裁判で，最高裁判所が経済活動の自由に反するとして違憲立法審査権を行使し，法律の規定を無効とした裁判の名称を書け。

(2)　憲法で規定されている基本的人権の各権利の具体的内容を次のア，イの判例を使って授業で説明したい。どのように説明したらよいか，裁判の概要についてもふれながら，それぞれについて簡潔に書け。

　　ア　三菱樹脂訴訟　　　イ　チャタレイ事件

4　下線部③に関連して，次の問いに答えよ。

(1)　国会議員は「国民の代表者」であるということから，憲法上いくつかの特権が付与されている。このうち，日本国憲法第50条で定められている「不逮捕特権」について，説明せよ。

(2)　わが国の衆議院及び参議院の比例代表区の議席を各政党に配分する際，ドント方式という計算方法が用いられている。いま，比例代表区の各政党の獲得票が次のような場合，ドント方式で計算すると，各政党の獲得議席はそれぞれいくつになるか，求めよ。計算の過程も書け。なお，全議席数は11議席とする。

A党：5000票　　　B党：6000票　　　C党：3000票

D党：1700票

(3)　日本国憲法第69条は，衆議院による内閣不信任決議権を規定しているが，現行憲法の下で提出された内閣不信任案の多くは否決され，可決されたのは過去に4例しかない。

　　ア　このうち，1990年代に内閣不信任案が可決された時の内閣総
　　　理大臣の名前を書け。

　　イ　前問アの内閣不信任案が可決されたのはなぜか。当時の政治
　　　状況と内閣不信任案可決に至った背景について説明せよ。

(4)　行政権から司法権の独立を守った事例として「大津事件」が有
　　名だが，現行憲法の規定からみると問題点を指摘することができ
　　る。どのような問題があると考えられるか，書け。

解答　1　侵すことのできない永久の権利　　2　立法権〔帝国議会が協
賛する〕　　行政権〔各国務大臣が輔弼する〕　　司法権〔裁判所
が天皇の名において裁判を行う〕　　3　(1)　薬事法違憲訴訟

(2)　ア　民間企業に採用された学生が，学生時代の学生運動の活
動歴などを隠したとして試用期間後会社側から本採用を拒否され
たことに対し，地位保全と賃金の支払いを求めて争われた裁判。
最高裁は企業側の経済活動の自由を認めるとともに，憲法第19条
で保障する思想及び良心の自由は私人間には適用されないとし，
会社側の決定は違法とは言えないという判決を下した。

イ　D.H.ロレンスの小説『チャタレー夫人の恋人』を翻訳し出版
したところ，わいせつな表現があるとして，翻訳者と出版社がわ
いせつ物頒布違反で起訴されたことに対して，表現の自由に反す
るとして争われた裁判。最高裁は，憲法第21条で保障する表現の
自由はきわめて重要だが，公共の福祉により制限される場合もあ
り得ると判断，最小限度の性道徳を維持することが公共の福祉の
内容であることを認め，翻訳書をわいせつ文書と認める判決を下
した。　　4　(1)　国会議員は国会の会期中逮捕されず，会期前
に逮捕された場合であっても当該の議院の要求があれば釈放され
る。　　(2)　A党：4　　B党：4　　C党：2　　D党：1

	A党	B党	C党	D党
÷1	(5000)	(6000)	(3000)	(1700)
÷2	(2500)	(3000)	(1500)	850
÷3	(1666)	(2000)	1000	566
÷4	(1250)	(1500)	750	425
÷5	1000	1200	600	340

(3)　ア　宮沢喜一　　イ　議院内閣制では，基本的に議会で過半数を占める政党が内閣を組織するため，内閣不信任案は与党の議員が賛成票を投じなければ可決されない。宮沢内閣の下で，不透明な政治献金や汚職事件など政治と金に関わる事件が発生し，政治改革が必要であるという世論が高まる中，野党は内閣不信任案を提出した。これに対し，与党内からも賛成票を投じる議員が現れて不信任案は可決，自民党は分裂した。　　(4)　大津事件では，大審院長児島惟謙が，政府からの圧力に屈することなく判決を下すよう担当裁判官を説得し，司法権の独立を守ったことで有名だが，日本国憲法第76条では，裁判官は，独立して職権を行い，憲法及び法律にのみ拘束されるとして裁判官の独立が保障されており，児島の行為はこの点から問題とされる。

解説　1　憲法の第11条及び第97条には「侵すことのできない永久の権利」と書かれている。　　2　立法権については大日本帝国憲法第5条に「天皇ハ帝国議会ノ協賛ヲ以テ立法権ヲ行フ」，国務大臣については第55条「国務各大臣ハ天皇ヲ輔弼シ其ノ責ニ任ス」，司法権については第57条「司法権ハ天皇ノ名ニ於テ法律ニ依リ裁判所之ヲ行フ」と，それぞれ規定されている。　　3　(1)　薬事法第6条第1項は，「薬局の設置の場所が配置の適正を欠くと認められた場合には」許可を与えないことができるとし，第2項でその配置の基準を「都道府県が条例で定める」ことを規定していた。原告は広島県で薬局の営業を企画し知事に許可の申請をしたが，不許可とされたため，憲法第22条の職業選択の自由に違反するとして，提訴したものである。最高裁は，薬局開設の地域的制限の規定はその必要性と合理性を肯定しうるには遠く，立法府の判断は合理的な裁量の範囲を超えるとして違憲判決を下した。

(2)　ア　三菱樹脂訴訟の争点は人権の私人間効力であり，最高裁は，憲法の規定は「もっぱら国又は公共団体と個人との関係を規律するものであり，私人相互の関係を規律することを予定するものではない」と直接適用を否定。本採用拒否を思想・信条による差別であると判断した控訴審判決についても，「企業は雇用の自

由を有し，思想・信条を理由として雇い入れを拒んでもそれを当然に違法とすることはできない」として，原判決を破棄，高裁へ差し戻している。　イ　D.H.ロレンスの小説『チャタレィ夫人の恋人』を出版した小山書店社長及び訳者である伊藤整について，最高裁は「性的秩序を守り，最小限度の性道徳を維持することが公共の福祉の内容をなすことについて疑問の余地がないのであるから，本件訳書をわいせつ文書と認め，その出版を公共の福祉に反するものとした原判決は正当である」とし，被告人を有罪としている。　4　(1)　憲法第50条は「両議院の議員は，法律の定める場合を除いては，国会の会期中逮捕されず，会期前に逮捕された議員は，その議院の要求があれば，会期中これを釈放しなければならない」と規定している。この規定を不逮捕特権と呼んでいる。　(2)　ドント方式は，まず各政党の得票数を1，2，3…と名簿登載者数までの整数で割り，その商を一番大きい数値から順に数えて，選挙すべき議員の数まで各政党に配分する方法で，有権者の政治的意志が議席数にかなり正確に反映される長所がある。　(3)　戦後，衆議院で不信任決議が可決されたのは4例しかない。1948年吉田内閣の「なれあい解散」，1953年吉田内閣「バカヤロー解散」，1980年大平内閣「ハプニング解散」。そして，1993年の宮沢内閣である。1980年の解散は，自民党の反主流派が本会議を欠席したため野党提出の不信任案がハプニングで可決されてしまったものだが，1993年は，与党からも賛成票を投じる議員が出たために，可決されたもので，自民党は分裂。総選挙後，非自民8党派連立の細川内閣が誕生することとなった。　(4)　「大津事件」とは1891年，ロシア皇太子が大津市で警備の巡査に刺されて負傷した事件である。日本国憲法第76条第3項は「すべて裁判官は，その良心に従ひ独立してその職権を行ひ，この憲法及び法律にのみ拘束される」と規定している。この規定を裁判官の独立という。大審院長児島惟謙は，政府の干渉から司法権の独立を守ったとして評価が高いが，大審院長として担当裁判官に指示したことは，裁判官の独立の侵害であると，指摘されることもある。

■■■■■■■■■■■ 例題3 ■■■■■■■■■■■

次のⅠ～Ⅳの文を読んで，下の各問いに答えよ。

Ⅰ ①政治が行われる最も重要な場は②国家である。国家は一定の③領域をもち，そのもとにある国民やすべての団体を，（　a　）とよばれる最も強大な政治権力で統制している。国民が守るべき④一定のルール(法)を定めたり，他国との関係を処理したり(外交)，警察力によって治安を維持したり，それらの活動に必要な経費(税金)を徴収するのも（　a　）である。そのため，わたしたち一人ひとりの生活は，国家の政治のあり方によって，重大な影響を受けることになる。

Ⅱ 国際法は，国と国との関係を調整し，国際社会を規律する法である。最初に国際法を理論的に体系づけたのは，今日，「国際法の父」として知られるオランダの（　b　）である。国際法には，主権国家同士が文書によって合意を定めた（　c　）と，経験的に繰り返されることによって慣行となった合意である（　d　）がある。

Ⅲ 17世紀から19世紀のヨーロッパでは，（　e　）を基本原理として秩序を維持してきた。（　e　）とは，一つの国家もしくは同盟が突出した勢力をもたないように，同盟を結ぶなどして各国間の軍事力に一定の釣り合いをもたせて秩序を維持する方法である。それに対して，第一次世界大戦後には，国際社会はより組織化され，⑤国際連盟の創設を通じて集団安全保障が試みられた。

Ⅳ 国家間の紛争は，武力による対立や抗争に発展しやすい。国際連合には，国家間の紛争を法的に解決するための機関として（　f　）[ICJ]がおかれている。そのほか，常設の国際海洋法裁判所(1996年)，国際刑事裁判所(2003年)が設立された。

(1) 文中の（　a　）～（　f　）に入る適切な語句を答えよ。

(2) 下線部①に関連して，「人間は政治(ポリス)的動物」であると述べた古代ギリシャの哲学者を答えよ。

(3) 下線部②に関連して，ドイツのラッサールが，国家の経済活動に果たす役割を治安維持など必要最低限にとどめた安価な政府を批判

して用いた名称は何か答えよ。

(4)　下線部③について，領海は12海里，排他的経済水域は200海里と定められた1982年に国連で採択された条約を答えよ。

(5)　下線部④に関連して，法の支配の原則に基づきイギリスで発達した近代の立憲主義とはどのような考え方か，目的を明確にしながら説明せよ。

(6)　下線部⑤の創設を提唱したアメリカ合衆国大統領を答えよ。

解答　(1)　a　国家権力　　b　グロティウス　　c　成文国際法　　d　不文国際法　　e　勢力均衡　　f　国際司法裁判所

(2)　アリストテレス　　(3)　夜警国家　　(4)　国連海洋法条約

(5)　人権の保障を目的とし，そのために国家権力を制限し，国の最高法規である憲法に基づいて政治が行われること。

(6)　ウィルソン

解説　(1)　a　国家権力とは，国家が持つ権力のこと。　　b　『戦争と平和の法』において，自然法に基づく国際法について論じたことから，「自然法の父」や「国際法の父」と呼ばれている。　　c　成文国際法は条約ともいう。「パリ協定」や「国連憲章」，「国際人権規約」も条約である。　　d　不文国際法は，慣習国際法(国際慣習法)ともいう。例えば公海自由の原則など，慣習国際法は後に明文化されたものもある。　　e　ヨーロッパにおける絶対的な力が確立される状態を防ぐことを意味している。　　f　国際司法裁判所は，領土問題などの国家間の紛争を平和的に解決するために設置された国際司法機関である。　　(2)　アリストテレスは，ソクラテスやプラトンと並ぶ古代ギリシャ最大の哲学者の一人。その著書『政治学』において，「人間はその本性においてポリス的動物である」とし，共同体においてこそ人間は完成に至るとした。　　(3)　ラッサールは19世紀ドイツの国家社会主義者である。福祉などの社会問題に取り組まない当時の国家を，皮肉を込めて夜警国家と呼んだ。　　(4)　国家は領土の基線から12海里までを領海，200海里までを排他的経済水域(EEZ)とすることができる。また，領土の基線から24海里までの領海の外縁を接続水域とすることができ

る。　(5)　「法の支配」とは，市民の自由と権利を守るために，権力を法で束縛しようという考え。また，形式的には憲法を定めつつも，その憲法は，人権を十分に保障するものではなく，為政者に絶大な権力を認めている場合がある。こうした憲法による統治は，外見的立憲主義と呼ばれることがある。　(6)　「14カ条の平和原則」において，ウィルソンは国際連盟の設立を提唱した。だが，上院の承認を得られなかったため，アメリカは国際連盟には加盟できなかった。

例題4

次の各問いに答えよ。

(1)　次の(ア)～(エ)の著作の，それぞれの著者を答えよ。

　(ア)　『市民政府二論』　　　(イ)　『リヴァイアサン』

　(ウ)　『法の精神』　　　　(エ)　『社会契約論』

(2)　イギリスとアメリカの政治制度について，以下の各問いに答えよ。

　①　イギリスで「国王は君臨すれども統治せず」という制度が定着したのは，何世紀の何王の頃からか。

　②　イギリスで議院内閣制が始まった契機を，「ウォルポール　国王　下院」の3つの語句を用いて説明せよ。

　③　イギリスの現在の二大政党をあげよ。

　④　イギリスの野党が，政権担当に備えるために設けている，内閣を模した制度を何というか。

　⑤　1911年にイギリスで「下院の優越」を定めた法をあげよ。

　⑥　イギリスの国会で，法案を3回審議する制度を何というか。

　⑦　アメリカの大統領選挙の特徴をあげよ。

　⑧　「ゲリマンダー」について説明せよ。

　⑨　アメリカの大統領は何選が禁止されているか。

　⑩　アメリカの大統領が議会の協力を求めるために出すものは何とよばれているか。

(3)　諸外国の政治制度について述べた文として誤りを含むものを，次の①～⑤から1つ選べ。

① アメリカでは，行政を担当する大統領の所属する政党と議会内の多数政党は，必ず一致している。

② イギリスでは，首相が指名する閣僚は原則的に議員なので，立法府と行政府は独立したものではなく相互に関連している。

③ 中国では，権力の分立を否定し，一院制の議会である全国人民代表大会にすべての権力を集中させる民主集中制を特徴としている。

④ フランスでは，大統領のほかに内閣を代表する首相がおかれているが，大統領は首相の任免，国民議会の解散などの強大な権限を持っている。

⑤ イスラエルでは，首相のリーダーシップを強化するために首相公選制が導入されたが，かえって議会の多党化を招き，政権基盤が弱体化したため，2001年に廃止された。

解答 (1) (ア) ロック　　(イ) ホッブズ　　(ウ) モンテスキュー　(エ) ルソー　　(2) ① 18世紀，ジョージ1世　　② ウォルポール内閣は下院の信任を失うと，国王の信任を得ていたにもかかわらず総辞職した。　　③ 保守党・労働党　　④ 影の内閣(シャドー＝キャビネット)　　⑤ 議会法　　⑥ 三読会制　⑦ 一般有権者が選出した大統領選挙人による間接選挙の形をとる。　　⑧ 特定の集団に有利なように選挙区割りを操作すること。　　⑨ 三選　　⑩ 教書　　(3) ①

解説 (1) 基本事項である。全問正解を目指したい。　　(2) ① 18世紀にハノーヴァー朝(現ウィンザー朝の前身)を開いたジョージ1世はドイツ出身のために英語を話せず，またドイツ滞在が多かったため，内閣に政治を任せるようになり，これが制度として定着した。　　② 1742年のこと。　　③ 第一次世界大戦までは保守党と自由党。　　⑤ 貴族院の法案拒否権が否定された。　⑥ イギリス議会は本会議中心，アメリカや日本の国会は委員会中心主義を採用している。　　⑧ 1812年にアメリカのマサチューセッツ州知事ゲリーが自党に有利な選挙区の区割りを行ったところ，いかにも変な形になったため，神話の怪物サラマンダーに例

えてゲリマンダーと呼んだのが語源。　(3)　① 「必ず一致して
いる」ではなく，「必ずしも一致しない」。

━━━━━━━━ 例題5 ━━━━━━━━

人権についての条約や法律に関する記述として誤っているものを，次
の①～⑤から1つ選べ。
① 2006年に国連総会で障害者権利条約が採択され，日本はこの条約
　の批准に先立って，障害者差別解消法を制定した。
② 1997年にアイヌ文化振興法が成立し，2008年には，国会で「アイ
　ヌ民族を先住民族とすることを求める決議」が採択された。
③ 近年，職場におけるパワーハラスメントが問題となっているが，
　パワーハラスメントの防止を事業主に義務付ける法律は，現在，一
　切制定されていない。
④ 特定の民族や国籍の人々に対する差別的言動(ヘイトスピーチ)が
　問題となっており，こうした行為を規制するために，2016年にヘイ
　トスピーチ対策法が制定された。
⑤ 1979年に国連総会で女子差別撤廃条約が採択され，日本はこの条
　約の批准に先立って，男女雇用機会均等法を制定した。

解答　③

解説　パワーハラスメントについては，改正労働施策総合推進法(通称：
　　　パワハラ防止法)が2020年6月1日に施行された。これにより，
　　　ハラスメント対策は事業主の義務となった。また，厚生労働省は
　　　「職場のパワーハラスメント」を6つに分類し，その典型例を示し
　　　ている。

高校公民（政治経済） 経済のしくみと流れ

ポイント

　「経済のしくみと流れ」では経済分野を取り扱うが，教員採用試験での出題の範囲はかなり広いものとなっている。その中でも頻出なのは，資本主義経済のメカニズム，市場経済の機能と限界，国民所得や景気，財政と租税，戦後の日本経済，貿易と国際収支，地域的経済統合などだが，それ以外からの出題も決して少なくはない。幅の広い学習を行いつつ，重要な領域は徹底的に学習するようにすれば効果的だろう。

　全体を通して言えることとしては，表やグラフで示された統計資料および数値などのデータ問題に強くなること，様々な経済用語について明瞭かつ簡潔に説明ができること，上辺だけの知識ではなく経済が動く仕組みそのものを理解できていることが求められていることである。経済は取っつきにくく，苦手とする高校生が多いかも知れない。そんな彼らに分かりやすい授業を行える資質が教師に必要である。そのためには，教員採用試験を受験しようとする者がまず理解していなければならない。このことを念頭に置いて，多くの参考書や関連資料にあたりながら学習を進めるようにされたい。

□独占の形態

カルテル (企業連合)	同種産業の複数の企業が市場での競争を避けて協定を結ぶこと。この場合，互いの独立性は保たれる。
トラスト (企業合同)	同種産業の複数の企業が規模拡大や市場支配を目指して合併・買収により合同すること。この場合，互いの独立性は失われ，単一の企業となる。
コンツェルン (企業連携)	複数の産業にわたり，株式の保有などで他の企業の支配権を獲得すること。親会社を筆頭に子会社が重層的に支配される形態が多く，親会社は持株会社となることが多い。

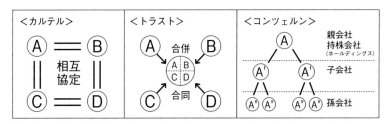

□**独占禁止法**　1947年制定。市場の独占や不公正な取引を制限・禁止し、公正・自由な競争を促進するのが目的。1997年の改正では**持株会社**が原則解禁された。

□**公正取引委員会**　独占禁止法の運用のために設けられた行政委員会。現在は内閣府の下に置かれているが、他からの指揮・監督を受けず、独立して職務を行っている。

□**株式会社**　株式(必要な資本を細分化したもの)を発行して、不特定多数の人々に購入してもらう形で資金を調達する会社。株主は出資の範囲で責任を負えばよく、また出資額に応じて会社の利益の一部を配当として受け取る。

□**所有と経営の分離**　出資者である株主は会社の所有者だが、経営には直接携わらないこと。「**資本と経営の分離**」ともいう。

□**M＆A**　企業の合併と買収。事業の再編成や技術獲得を目指したり、または企業売買による利益を得たりするために行われる。

□**多国籍企業**　複数の国にまたがって、支店や現地法人(子会社)を展開して活動する企業のこと。多国籍企業の行動原理は、①最大の利益が得られる所に投資し、②最も安い時・場所で原材料を購入し、③最も生産性の高い所で生産し、④最も高く売れる所で販売すること。つまり世界的視野から最大利潤を追求できるのが長所である。

□**ベンチャー企業**　先端技術や独自の戦略などを活用し、未開拓の分野に参入する創造的な中小企業のこと。

□**国富**　ある国の経済活動で蓄積された純資産の残高。ストックの概念。

□**国内総生産(GDP)**　ある国で1年間に生産された財・サービスの付加価値の総計。フローの概念。

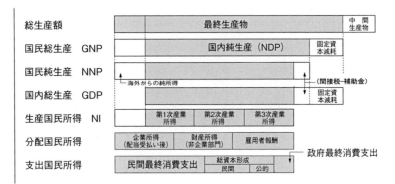

※GNPは2000年からGNI(国民総所得)に名称変更された。

□戦後の日本経済

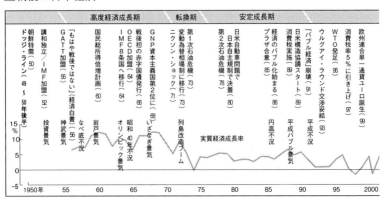

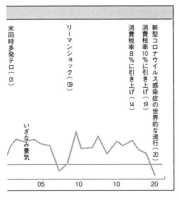

□日本の国際収支の推移

単位：億円 (年度)	2020	2021	2022	2023
経常収支	159 917	214 667	114 486	213 810
貿易・サービス収支	−8 773	−24 834	−210 665	−94 167
貿易収支	27 779	−17 623	−155 107	−65 009
輸出	672 629	823 526	987 688	1 003 546
輸入	644 851	805 903	1 143 688	1 068 555
サービス収支	−36 552	−42 457	−55 558	−29 158
第一次所得収支	194 387	263 788	350 477	349 240
第二次所得収支	−25 697	−23 591	−25 326	−41 263
資本移転等収支	−2 072	−4 232	−1 144	−4 001
金融収支	141 251	167 680	64 253	233 037
直接投資	93 898	191 731	168 228	228 423
証券投資	43 916	−219 175	−191 993	−278 262
金融派生商品	7 999	21 685	50 850	65 026
その他投資	−16 541	104 539	107 739	−381 117
外貨準備	11 980	68 899	−70 571	42 444
誤差脱漏	−16 594	−42 755	−49 089	23 228

（『日本国勢図会2024/25』より）

□国際通貨制度の変遷

1944	ブレトン＝ウッズ協定　（ブレトン＝ウッズ体制） 金・米ドル本位制(固定為替相場制) ―　米ドルの国際通貨化 国際通貨基金(IMF)・国際復興開発銀行(IBRD)の設置が決まる 日本1949年　1ドル＝360円(ドッジライン)，1952年IMF加盟
1971	ニクソンショック 金・米ドル兌換停止 スミソニアン協定(金・米ドル兌換率の引上げ・米ドルの切下げ)
1973	変動相場制への移行始まる
1976	キングストン協定 IMF暫定委員会により変動相場制の正式承認 ―　固定相場制から変動相場制へ(IMF体制の崩壊)
1985	プラザ合意 G5によるドル安・円高への協調介入
1987	ルーブル合意 プラザ合意によるドル安を沈静化するための協調介入
	クリスマス合意

315

1993	欧州連合（EU）発足
1999	EU通貨統合・ユーロ使用開始
2007	サブプライムローン問題発生
2008	リーマンショック
2009	ギリシャ通貨危機
2011	ギリシャ財政危機→ユーロ危機

□GATT 「関税と貿易に関する一般協定」の略称。1947年のジュネーヴ協定に基づいて設立され，自由貿易の推進が主目的。自由・無差別・多角を原則とし，断続的に貿易交渉を行ってきた。WTOの発足とともに発展的に解消。

□WTO 世界貿易機関の略称。GATTの後継機関として1995年に発足。サービス貿易や知的財産権も扱うようになり，紛争処理機能が強化されたのが特徴。本部はジュネーヴ。

		GATT	WTO
存在		国際協定	国際機関
対象		モノの貿易	国際サービス貿易や知的財産権を追加
紛争処理	パネル*・対抗措置	全会一致の承認 (コンセンサス方式)	1国の支持で承認 (ネガティブ-コンセンサス方式)
	制裁	モノの分野のみ	モノ・サービス・知的財産権 (異分野への制裁も可能)
	再審	×	○

*パネル＝紛争処理小委員会。提訴があった事項の審理を行う。

□地域的経済統合

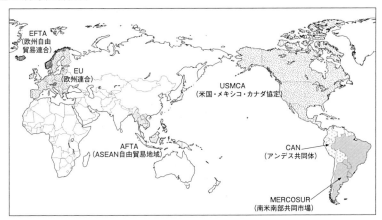

EFTA ─────── アイスランド，ノルウェー，リヒテンシュタイン，スイス

EU ──────── オーストリア，ベルギー，キプロス，チェコ，デンマーク，エストニア，ドイツ，ギリシャ，フィンランド，フランス，ブルガリア，ハンガリー，アイルランド，イタリア，ラトビア，リトアニア，ルーマニア，ルクセンブルク，マルタ，ポーランド，ポルトガル，スロバキア，スロベニア，スペイン，スウェーデン，オランダ，クロアチア

AFTA ─────── インドネシア，フィリピン，ベトナム，タイ，ミャンマー，マレーシア，カンボジア，ラオス，シンガポール，ブルネイ

米国・メキシコ・カナダ協定─ アメリカ，カナダ，メキシコ

CAN ─────── ボリビア，コロンビア，エクアドル，ペルー

MERCOSUR ─── アルゼンチン，ブラジル，パラグアイ，ウルグアイ

□ＦＴＡ　自由貿易協定のこと。国家または地域の間で関税などの障壁を低くすることにより，より自由な経済活動が行えるようにするのが目的。地域的経済統合の緩やかな形態とされ，GATT/WTOの例外規定になっている。現在，100を超える協定が締結または推進中である。

□ＥＰＡ　経済連携協定のこと。FTAに類似しているが，単に貿易にとどまらず，労働市場や投資分野など様々な経済領域での連携強化や協力促進の内容も盛り込んだ協定である。

━━━━━━ 例題1 ━━━━━━

次の各問いに答えよ。

問1　1960年代から70年代にかけてのIMF体制の動揺と変容について説明せよ。

問2　戦後日本の経済民主化における３つの改革について説明せよ。

解答　問1　1960年代，アメリカの貿易黒字が減少する一方で，対外経済援助や軍事支出が膨張し，資本輸出が増加した。そのため，アメリカの国際収支の赤字が恒常化し，ドル価値に対する信頼がゆらぎはじめた。各国はドルの金への交換を要求するようになり，アメリカから金が流出して，金の保有量が減少した。このためアメリカは交換に応じられなくなるドル危機が発生した。これに対してアメリカは，1971年8月，新経済政策を発表し，金・ドル交換を停止した。これをニクソンショックという。同年12月にはスミソニアン協定が結ばれ，金価格に対するドルの切り下げ，円の対ドル切り上げなどの調整が行われた。しかし，ドル価値の下落は止まらず，1973年には主要国が変動相場制に移行し，IMF体制は大きく変容した。　問2　①　財閥解体…1946年に設立された持株会社整理委員会の指示にもとづき，財閥支配の手段であった持株会社から株式を政府が買い取り，一般に売却することで，財閥が解体された。財閥復活を防ぐために独占禁止法が制定され，企業間競争が促進された。さらに1947年に成立した過度経済力集中排除法によって11の財閥系企業が分割された。　②　農地改革…寄生地主制を解体するため，1946年から1950年までに政府が地主から農地を強制的に買収し，小作人に安く売り渡した。農民は自作農になって生産意欲が高まり，農業技術も進歩して生産性が向上した。　③　労働三権の確立…労働運動を弾圧した治安警察法や治安維持法が廃止され，労働組合の発達が促進された。新憲法によって労働三権が保障され，その権利を具体化するために労働三法が制定された。

解説　問1　ブレトンウッズ体制では，金1オンスあたり35ドルの交換が保証され，ドル・円相場は1ドル＝360円とされていた。これに対し，スミソニアン体制では，金1オンスあたり38ドルとされ，またドル・円相場も1ドル＝308円とされた。　問2　純粋持株会社の設立は，財閥復活につながることから，独占禁止法によって長らく禁止されていた。しかし，国際競争力の強化の必要性な

どから，1990年代に解禁された。農地改革については，1946年10月に作成された第2次農地改革案の結果，自作地をもたない農家は26％から4％に減少した。また，労働三権とは労働者の団結権，団体交渉権，団体行動権(争議権)のこと。労働三法とは労働基準法，労働組合法，労働関係調整法のことをいう。

例題2

次の(1)〜(3)の問いについて，答えよ。

(1) 「円高・ドル安」について，例を示しながら，次の語句を用いて説明せよ。なお，指定された語句には下線を付して使用すること。

> 為替レート　　変動相場制

(2) 「円高・ドル安」になる場合のメカニズムについて，次の語句を用いて説明せよ。なお，指定された語句には下線を付して使用すること。

> 輸出　　外国為替市場　　需要

(3) 「円高・ドル安」が日本経済に及ぼす影響について，次の二つの観点からそれぞれ説明せよ。

① 輸出・輸入　② 国内産業

解答 (1)　例えば，「1ドル＝120円」とは「1ドルと120円が同じ価値をもっている」という意味で，このような自国通貨と外貨との交換比率を為替レートという。為替レートは変動相場制のもとでは時々刻々と変化するが，「円高・ドル安」とは「円の価値が高まり，ドルの価値が低くなった」ことを意味するから，為替レートが「1ドル＝120円」から「1ドル＝100円」のように変化したことを表している。　(2)　日本企業が輸出をし，代金として外貨を受け取ると，それを外国為替市場で円に換える。従って，日本の輸出が増加すれば，外国為替市場での円買いの動きが高まる。つまり，円の需要が高まる。円を商品と考えれば，一般に，需要が高まった商品の価格は上昇するから，円の価格も上昇することになり，

円高となる。　　(3)　①　日本が輸入をする場合にはドルで代金を支払うが，円高では，支払うべき代金を円に換算すると安くなるため，海外のモノやサービスが安く買える。しかし，輸出をする場合には，相手はより多くのドルを払わなければならず，買い手が減ることになる。　　②　円高の状態では輸出産業が打撃を受けることになるから，企業は海外に工場をつくって，現地の人たちに安い給料で働いてもらう方が有利となる(企業の海外進出・現地生産)。しかし，それによって国内の「産業の空洞化」が進み，日本の経済力がどんどん弱まってしまうことが懸念される。

解説　「円高・ドル安」とは対ドル円相場が上昇することである。

(1)　「変動相場制」は外国為替相場を外貨の需要と供給により自由に変動させる制度である。「為替レート」とはある国の通貨と外国通貨との交換比率のことである。

例題3

次の文を読んで，下の(1)〜(4)の問いに答えよ。

　現在わが国の経済活動は，(　①　)・企業・政府(地方公共団体を含む)が主要な(　②　)となっており，この三者の間を貨幣を媒介として財・サービスが循環している。(　①　)は(　③　)を提供し，代償として所得を得る。これ以外に資産・事業によって所得を得ている。A企業のなかでも私企業は(　④　)を最大とするように行動することを原則とし，資本の蓄積をはかる。その際に生産規模の拡大を繰り返しはかることを(　⑤　)と呼び，その結果，経済成長が可能となる。また，政府は経済活動の循環が発展するように調整し，経済の安定や成長，完全雇用をうながすなどの役割を持つ。

　市場経済においては，B市場価格の変動によって，社会全体の生産や消費が調整される。このしくみを(　⑥　)と呼ぶ。また，C不完全競争市場においては，上記のようなしくみが働かない恐れがある。そのためわが国では，1947年に(　⑦　)法が施行され，その運用機関として(　⑧　)が設置されている。

(1)　文中の(　①　)〜(　⑧　)にあてはまる適切な語句は何か。

(2) 下線部Aについて，企業形態の中での代表的な私企業の一つが株式会社である。現在の株式会社では，出資者である株主が会社経営を専門的経営者にゆだねる傾向が強い。このことを何というか。

(3) 下線部Bについて，

(ア) 価格が需要・供給の法則によって変動することで，需要と供給が一致する方向に動いていくことを何というか。

(イ) 中学校「公民的分野」の授業において，需要量と供給量の関係で市場価格が決まることを具体例を挙げて説明する。この時の板書図と具体例を挙げた説明をそれぞれ記入せよ。

(4) 下線部Cについて，

(ア) 少数の企業が生産や販売の大部分を占め，支配が行われているような市場を何というか。

(イ) 上記(ア)の市場において形成された管理価格は，需要が減少しても価格が低下しにくい特徴を持つ。この特徴を何というか。

解答 (1) ① 家計　② 経済主体　③ 労働力　④ 利潤
　　　⑤ 拡大再生産　⑥ 市場メカニズム　⑦ 独占禁止
　　　⑧ 公正取引委員会　(2) 所有と経営の分離
　　(3) (ア) 価格の自動調節機能
　　(イ) 板書図…

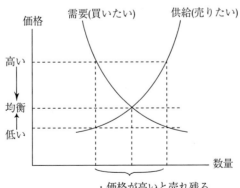

説明…パンの価格が高過ぎる場合，買いたい人が少なく売れ残り

がでるので，売れ残りを解消するため価格は下がる。一方でパンの価格が低過ぎた場合，買いたい人が多くなり，パンが不足するので利益をあげるため価格は上がる。こうして高過ぎた価格は下がり，低過ぎた価格は上がり，需要と供給が一致するところに価格は定まる。　　(4)　(ア)　寡占市場　　(イ)　価格の下方硬直性

解説 (1)　①～③　「三者の間を貨幣を媒介として財・サービスが循環」がヒント。どの公民教科書でも扱われている経済主体間の国民経済の循環図からの出題。　　①　家計とは経済主体のうち，家庭における経済単位のこと。　　④　企業の経済活動は，商品の生産・販売として展開され，目的は利潤獲得であり，原則として採算に合わない商品の生産・販売活動はしない。　　⑤　「生産規模の拡大」がヒントで拡大再生産。　　⑥　社会の資源の配分が最適に行われる機能で，価格機構ともいう。　　⑦　独占禁止法は正式には「私的独占の禁止及び公正取引の確保に関する法律」。財閥解体・経済民主化の一環として制定されたが，その後の改定によって規制が緩和され，持ち株会社の禁止条項も1997年には原則解禁へと改定された。　　⑧　違法カルテルの排除など準司法機能を持つ行政委員会。　　(2)　株式会社の巨大化・株式の分散化・株主の大衆化などを背景に，株主が会社の支配権を喪失し，経営の実権が経営者である取締役に移行すること。　　(3)　(ア)　価格が市場での需要と供給の関係で決まる完全自由競争市場が前提。財・サービスの需給の不均衡が市場価格の変動によって増減しながら最終的に一致均衡させていく価格のもつ機能をいう。　　(イ)　需要超過は市場価格が均衡価格よりも下落した場合に発生し，供給超過は市場価格が均衡価格よりも上昇したときに発生。

(4)　(ア)　1社ではなく少数の企業であるので独占ではなく寡占市場。　　(イ)　管理価格は，寡占市場において同一業種の有力企業が価格を設定してその他の企業がそれに追随する価格。競争が阻害されるので市場メカニズムの機能不全になる。

■■■■■■■■■■ 例題4 ■■■■■■■■■■

企業に関する各問いに答えよ。

　現代の企業においては，「（　1　）＝複合企業」とよばれる巨大企業が登場しており，産業や業種を超えて収益性の高い企業の_A合併・買収(M&A)が進められている。さらには，企業のなかには国境を越えて世界中に活動を展開する（　2　）も少なくない。

　現代の経済では，法人の企業の役割が大きく，なかでも株式会社が代表的な企業形態である。株式会社の最高意思決定機関は（　3　）であり，そこで選任された取締役が取締役会を構成し，会社の経営にあたる。出資者である株主は，会社のあげた利潤の一部を配当として受け取る。このように，出資者と，実際の経営にあたる者とが別であることを（　4　）といい，現代の株式会社の特徴となっている。

　企業は人々を雇用し，社会の必要とする財や（　5　）を生産し，流通させるという重要な役割を担っており，現代の企業は規模が巨大化し経済力が強まっているだけに，その活動が社会全体に及ぼす影響が大きくなっている。

　例えば，公害や_B薬害問題，_C欠陥商品等の消費者問題などの問題である。これに対して企業への世論の厳しい批判や補償要求の運動も起きている。こうして，今日では，企業自らが経営や行動のあり方に関して一定の範囲で社会に対して果たすべき責任をもっているとする考え方が広まってきている。

　経済活動は自由が原則となっているが，企業は経済活動を営むにあたりコンプライアンスやモラルの維持が求められているばかりでなく，_D文化・芸術やスポーツ活動への支援や_E障害者の積極的雇用を推進するなどにより社会の一員としての活動が期待されることが多くなっている。

問1　空欄（　1　）〜（　5　）に適する語句を記入せよ。

問2　下線部Aに関連して，「TOB」について簡潔に説明せよ。

問3　下線部Bに関連して，1960年代に起きた睡眠薬イソミンにより四肢などに先天的な障害を受けた新生児が生まれた薬害事件名を答えよ。

問4　下線部Cに関連して，次の問いに答えよ。

(1)　1994年に制定された欠陥商品による被害者の救済を目的として制定された法律名を答えよ。また，この法律について簡潔に説明せよ。

(2)　1962年にアメリカ合衆国大統領ケネディが示した「消費者の4つの権利」はその後の消費者運動に大きな影響を与えたが，その権利のうちから1つを答えよ。

問5　下線部Dに関連して，企業のこうした活動を指す言葉をカタカナ3文字で答えよ。

問6　下線部Eに関連して，次の問いに答えよ。

(1)　1960年に障害者の能力を開発し，雇用を促進するために制定された法律名を答えよ。

(2)　(1)の法律の改正により，2018年4月から障害者の法定雇用率が引き上げられた。何％に引き上げられたか。小数点第1位まで答えよ。

解答　問1　1　コングロマリット　　2　多国籍企業(世界企業)
3　株主総会　　4　所有と経営の分離(資本と経営の分離)
5　サービス　　問2　一定期間内に一定数以上の株式を時価を上回る価格で買い付けることを公表して株式を取得する方法
問3　サリドマイド薬害事件　　問4　(1)　法律名…製造物責任法(PL法)　　説明…消費者が製品の欠陥を証明すれば，製造した企業の過失が立証されなくても，損害賠償を受けられるとする法律　　(2)　安全である権利(知らされる権利，選択できる権利，意見を聞いてもらえる権利)　　問5　メセナ　　問6　(1)　障害者雇用促進法　　(2)　2.5％

解説　問1　1　コングロマリットとは種々の業種の企業を吸収・合併して巨大になった企業のこと。　　問2　M&AはMerger & Acquisition(企業の合併・買収)の略称。TOBは「株式公開買い付け」と訳され，買い取る株数と買い取り価格，買い付け期間を公表して，それに応じた株主から市場を通さずに直接株式を買い集める手法をいう。アメリカでは企業買収の手段としてTOBが

広く利用されている。TOBには友好的なTOBと敵対的TOBとがあり，前者は被買収企業が株式の購入に同意する協力的なケースで，M&A(企業の合併)などをする際によく利用される。敵対的TOBは自社のメリットを勘案して市場相場よりも株価を高く設定し強引に買収しようとするもので，わが国ではタブー視されてきたもので成功例は少ない。　問4　(1)　PL法は企業の無過失責任を明記しており，商品に欠陥があり，それで被害を受けたことを明らかにすれば賠償責任を問えるようになった。対象は製造物(モノ)であり，サービスは含まれない。　(2)　ケネディの特別教書による「消費者の4つの権利」は，消費者主権の基本原理として確立された。　問5　カタカナ3文字がヒント。メセナが企業の芸術・文化支援活動であるのに対して，企業の社会的貢献活動や慈善活動はフィランソロピーという。　問6　当初は「身体障害者雇用促進」と称していたが，1987年に「障害者の雇用の促進等に関する法律」と改称した。法定雇用率に達しない企業は納付金が徴収されるほか，改善がみられない場合は企業名が公表される。身体障害と知的障害が対象だが，精神障害者も雇えば雇用率に含めることができる。

━━━━━━━━ 例題5 ━━━━━━━━

次の各問いに答えよ。

問1　規模の経済について，20字〜30字で説明せよ。

問2　寡占市場では，価格支配力のある企業に他社が追随するため，横並びの価格が形成されることがあるが，このような価格を何というか，答えよ。

問3　国内総生産(GDP)が，国民生活の豊かさを示す指標として限界がある理由について，50字〜70字で説明せよ。

問4　デフレスパイラルについて，20字〜30字で説明せよ。

問5　当初預金が100万円，支払準備率が20％のとき，信用創造によってどれだけの預金通貨を創造しうるか，答えよ。

解答 問1　生産規模が大きくなると，単位当たりのコストが安くなること。(29字)　　問2　管理価格　　問3　GDPは市場で取引されている財・サービスの総量を示したものであり，社会全体からみれば，その生活水準の一部を示しているにとどまるため。(66字) 問4　物価の下落と不況の進行が悪循環しながら進行する状態。(26字)　　問5　400万円

解説 問1　「規模の経済」は大規模な工場を持つ大企業がとる方法であり，大企業による資本の集中が進む要因のひとつ。　　問2　「価格支配力のある企業」のことをプライスリーダーともいう。不況時でも価格が下がりにくくなるなどの要因となる。　　問3　国内総生産(GDP)は，国内で1年間に生産され，市場で取引された財・サービスの合計金額から中間生産物を差し引くことで算出されるので，市場で取引されない余暇や家事労働などは反映されず，一方で戦争による軍事支出などは増加要因となる。　　問4　「スパイラル」とはらせんのこと。　　問5　信用創造後の預金総額は，「当初預金÷支払準備率」で求められる。本問の場合は100〔万円〕÷0.2 = 500〔万円〕となり，ここから当初預金額である100万円を引いた額が創造額となる。

第 7 章

高校公民
（倫理）

高校公民（倫理）　青年期の特質と課題

ポイント

　高校倫理は人間の生き方や在り方，及び先哲の思想などを学習する科目であるが，これも教員採用試験という性格上，教職教養についての学習は外すことができない。最新の学習指導要領をきちんと見ておくことは基本だが，倫理が生徒に「考えさせる」科目であるゆえに，教師として実際にどういう指導を行うつもりなのかを尋ねる実践的な設問も行われている。自分が教壇に立った場合を想定して，指導計画なり学習指導案なり，あらかじめ考えをまとめておくことも対策として重要である。

　「青年期の特質と課題」。対象となる生徒がまさにその青年期にある。したがって，教師としても青年期について学んでおくことは不可欠である。その上でどう指導するかを問われることがあるので，基本となる事項を学習した上で，その知識をいかに現場で応用して役立てるかということまで，シミュレーションをしておくとよいだろう。

　出題の内容としては，青年期の意義・課題に関する事項や自己実現の仕方，及び心理学や精神分析学が主なものになっている。

□**第二の誕生**　ルソーが『エミール』の中で青年期の特徴を言い表した言葉。第一の誕生は生物的な誕生，第二は精神的な誕生だと捉えた。

□**心理的離乳**　幼児期が母親から肉体的に離乳する時期とすれば，青年期は親から精神的に離乳する時期とみなせることを表現した言葉。精神的離乳ともいう。心理学者ホリングワースの造語。

□**アイデンティティ**　自我同一性などと訳される。自分が何者であるかを知り，自分が自分であるのを確信すること。心理学者エリクソンは青年期の課題としてアイデンティティの確立を挙げた。

□**マージナル＝マン**　境界人とか周辺人と訳される。青年期は子供でもなく大人でもない曖昧で中間的な時期であることを，心理学者レヴィンはこのように表現した。

- □モラトリアム　本来は災害や戦争などの緊急時に金融機関が預金の支払いを猶予するという経済用語。心理学者エリクソンは，青年が社会への参加を猶予されていることを表す言葉として転用した。青年はこの社会的猶予期間に様々なことを学び，自分の生き方(進路)を選択し，自立していく。このような自己探求のための期間と位置づけて，彼はモラトリアムに肯定的な見方をした。
- □モラトリアム人間　日本の心理学者・小此木啓吾の造語。人生の選択を避け，猶予状態にいつまでも浸る人間をこう呼び，自己選択ができない現代型の青年の未熟さとして，否定的に分析した。
- □フリーター　「フリーアルバイター」を略したもの。15～34歳のパートやアルバイトに従事する者や無職だが働く意志のある者を指すとされている。
- □パラサイト＝シングル　学校を卒業しても親と同居を続け，基礎的な生活の条件を親に依存している未婚者をいう。日本の社会学者・山田昌弘の造語。
- □ニート(ＮＥＥＴ)　イギリス政府が定義した言葉の頭文字をつなげた造語で，日本では15～34歳の通学・労働などを行っていない若者のことを指すとされている。
- □人生周期(ライフサイクル)　心理学者エリクソンは人生を8つの時期に分け，それぞれに乗り越えるべき関門があるとした。

段階	発達課題	失敗	段階	発達課題	失敗
乳児期	基本的信頼	不信	青年期	自我同一性	同一性拡散
幼児期	自律性	恥・疑惑	成人期	親密さ	孤立
児童期	自主性	罪悪感	壮年期	世代性	停滞
学童期	生産・勤勉	劣等感	老年期	統合性	絶望

- □パーソナリティ　人格ともいう。その人の全体的な特徴のこと。能力・性格・気質がパーソナリティの三要素とされている。

▼心理学者オルポートによる「成熟した人格」の特徴

> 1．社会的領域への自己意識の拡大
> 2．他者との暖かい人間関係
> 3．情緒的安定と自己受容
> 4．現実世界と接触する知覚と技能と課題
> 5．自己の客観視(自己洞察)とユーモア
> 6．人生を統一する人生哲学

□**フロイト**　オーストリアの精神科医。人間の心理は無意識の部分に眠るリビドー(性的衝動)によるものが大きいとして，**精神分析学**を創始した。主著は『精神分析学入門』。

□**欲求**　人間の行動の原動力となる内的な状態・原因。食欲や睡眠欲・性欲などの一次的欲求(**生理的欲求**)と，自由や名誉，自己実現などの二次的欲求(**社会的欲求**)に分けられる。

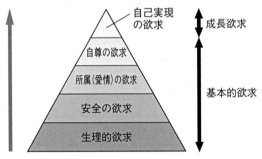

□**適応**　環境に対して最も適した行動をとり，欲求を充足させること。人間の欲求と環境とは必ずしも調和しないが，人間は自分の行動や態度を改めたり，または環境を変えたりするなどして，調和していこうとする。環境と不調和の関係にある状態では欲求が満たされなくなり，情緒的に不安定となって心身に様々な不適応現象が現れる。

□**葛藤**　コンクリフトともいう。心の中で複数の欲求が対立している状態のこと。青年期には，自己の欲求と親や周囲の考え方とが衝突することによる葛藤を経験しながら，その解決を通じて子供から大人へと成長する。

□**防衛機制**　欲求不満から生じる心の不安や緊張を避けるため，自我が色々な非常手段をとる自動的な働きのこと。フロイトが明らかにした。

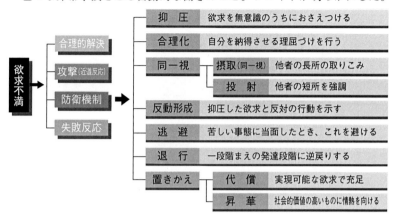

━━━━━━━━━━ **例題1** ━━━━━━━━━━

次の条件にしたがって板書案を作成せよ。

> ・単元名「アイデンティティの確立」
> ・アイデンティティの定義を示し，「アイデンティティの拡散」についても説明すること。
> ・生徒の言語活動の充実を導く発問を示すこと。

解答

　アイデンティティ（自我同一性）
　　エリクソン（アメリカの精神分析学者）
　　　①自己の斉一性：以前の自分も今の自分も同じ自分
　　　②時間的な連続性と一貫性：固有な存在である自覚
　　　③帰属性：社会集団との一体感
　　　　　　の3つの基準によって定義される自己の総体
　　　→「自分が自分であること」を肯定的に受容
　（発問例）
　　　青年期における不安・悩みとは？
　　　　…具体的な例をグループで考えて発表しよう
　　周囲に流されやすい、将来が不安、何をしてよいかわからない
　　　→「アイデンティティの拡散（危機）」の状態かも！

　…さまざまな悩みや葛藤・劣等感を経験すること
　特徴：自分を見失う、反社会的なモデルを好む

　自分が何者であるかを確立、自己の生き方・価値観を形成
　　　　　　　　　　　↓
　　　　　　┌─────────────────┐
　　　　　　│「アイデンティティの確立」│
　　　　　　└─────────────────┘

解説 まずアイデンティティを定義づける。アイデンティティは，エリクソンが青年期の発達課題として説いた，自分が何者であるかについての確信を得ることを意味し，主体性や自己同一性と訳される。その特徴として，自己の斉一性，時間的な連続性・一貫性と社会集団との一体感である帰属性が挙げられる。青年期において，人は大人や社会の価値観と対立しながら葛藤や劣等感を経験して，アイデンティティの確立が図られる。他方で，アイデンティティの確立が不確かであると，自己認識が揺らいでアイデンティティの拡散が生じることを説明する。また自己を肯定的に受け入れられず，反社会的言動に走る否定的アイデンティティに陥る危険性もある。解答条件として生徒の言語活動の充実が目指されているので，具体例を通じてアイデンティティの確立と拡散について生徒に発表させる課題を課すことなどを挙げる。

━━━━━━━━━━━━ 例題2 ━━━━━━━━━━━━

マズローの欲求階層説について説明せよ。

解答 マズローは，人間の欲求を五段階に分類し，それらが階層をなしているという欲求階層説を唱えた。最も低次の欲求は睡眠や飲食に関わる生理的欲求であり，これが満たされると身体の安全を求める安全欲求が生じ，これがかなえば集団への所属や愛情に満ちた関係性の構築を求める所属・愛情欲求，さらに他者による承認を求める承認欲求（自尊の欲求）へと進む。第1層から第4層までを欠乏欲求といい，これら下位の欲求が満たされると，最も高次の自己実現の欲求が生じるとした。

解説 マズローはアメリカの心理学者。マズローによれば，人間の欲求

には自己実現の欲求，他者による承認・自尊心の欲求，集団への所属・愛情に満ちた関係の欲求，身体の安全の欲求，呼吸・睡眠・飲食・性などの生理的欲求の5つの階層がある。下位の欲求が満たされることで上位の欲求が生じ，最も高次の自己実現の欲求を満たすことによって，人間は健全で幸福な人生を送ることができるとした。

■■■ 例題3 ■■■

次の文を読んで，下の問いに答えよ。

> 人間の心に対する興味とその探究は，世界中で見られる。西洋では，理性を中心にした哲学が構築されてきたが，<u>フロイト</u>の精神分析は，その後の西洋の文化や思想に大きな影響を与えた。

問　下線部に関連して，葛藤や欲求不満から自己を守る防衛機制とその例の組合せとして適当でないものを，次のA～Dから1つ選び，記号で答えよ。

A　合理化　－　資格試験に落ちてしまったが，来年の合格をめざして勉強をやり直す。

B　同一視　－　成功した母校の先輩の愛読書を自分も読み，先輩がやったように自分も行動する。

C　退行　－　弟が生まれた兄が，親の愛情を得ようとして，幼児のような行動をとる。

D　昇華　－　高校生が，失恋したことを忘れようとして，大学に進学しようと勉学に集中して励む。

|解答|　A

|解説|　合理化とは，欲求や目標を達成できないことを理屈で正当化すること。Aの内容は合理的解決である。Bの同一視とは自己の憧れの対象の真似をすること。Cの退行とは幼児に戻ること。Dの昇華とは，満たされない欲求よりも社会的価値の高いことに目標を切り替え，その実現を目指すこと。

高校公民（倫理） 様々な宗教や思想

ポイント

　高校倫理で最も出題の分量が多いのが，この「様々な宗教や思想」である。内容は，過去から現代にわたる諸外国や日本の宗教・思想と幅広い。文献からの引用も多く，その出典も多種多様である。文献を直接当たるのも一つの学習方法だが，いかんせん数が多いので，まずは倫理という科目で教える事項をきっちりと学んで基礎を固めておくのがよいだろう。確固とした学習ができていれば，読んだことがない文献が出題されても対応できる可能性が増すからである。各々の思想についてキーワードとなる用語や名言，主な著書の書名や概要を押さえておこう。

　次に内容を個別に見てみる。宗教については，出題は三大宗教が中心であり，その中ではキリスト教に関するものが比較的多く，仏教とイスラーム教がそれに次ぐ。三大宗教以外では，ユダヤ教や我が国の神道などに関する設問も見受けられる。

　哲学については，古代ギリシアと中国，西洋の近代思想と日本，及び現代の思想と分けて述べたい。

　まず古代ギリシアだが，分量的に大きな偏りはなく，自然哲学とソフィスト，及びソクラテス・アリストテレス・プラトンの三大哲学者の事項が主軸である。他にはヘレニズムの思想家を扱った設問が見られた。

　中国の思想については，諸子百家がやや多い。儒家，墨家，道家，法家の主な思想家を把握しておきたい。特に，後世の中国思想の主流となった儒家については，孔子・孟子・荀子はもとより，朱子学や陽明学が扱われることがあるので，用意周到な学習を心掛けられたい。

　西洋の近代思想では，ドイツ観念論（理想主義）が頻出である。特にカントとヘーゲルに関しては細かい内容の問いかけも多いので，

両人の思想を詳しく理解しておきたい。次いで16〜17世紀の近代科学精神の萌芽に貢献した思想家，17〜18世紀の市民革命を支えた啓蒙思想家が多い。

翻って我が国を見ると仏教思想が頻出である。仏教思想の中では空海と最澄，及び鎌倉新仏教が多い。次いで，近世（江戸時代）の諸思想がよく出題されている。儒学では朱子学や陽明学の受容・消化，古学・古義学・古文辞学など日本独自の学派などが扱われている。国学では賀茂真淵，本居宣長，平田篤胤の3人が多い。民衆の思想では，石田梅岩が始めた心学，農本主義を唱えた安藤昌益，報徳思想の二宮尊徳らが多い。近世と並んで多いのが近代の諸思想である。福沢諭吉などの開化期の啓蒙思想から，近代的自我を突きつめようとした夏目漱石まで，幅広く出題の対象となっているが，独自の哲学を立てた西田幾多郎，同じく倫理学の和辻哲郎の思想はおろそかにしないようにしたいところである。特定の思想ではなく，日本の文化や日本人一般の考え方に関する設問もよく出題されている。聖徳太子や世阿弥，松尾芭蕉らが残した，日本人としての倫理観が表れている文章を設問の対象にしているものが多い。

現代の思想では実存主義が頻出である。実存主義の考え方，有神論的な思想家と無神論的な思想家との相違点，文学としての実存主義などを学んでおきたい。他には，社会主義や構造主義，プラグマティズムからの出題も見られた。またロールズのような最近の思想家を扱うこともあるので注意が必要だろう。

□**三大宗教**　仏教・キリスト教・イスラーム教。いずれも世界宗教として民族や国家の枠を超越した普遍性を有する。

□**仏教**　前5世紀に**仏陀(ブッダ)**がインドで創始。

- **四法印**…仏教の真理を示す4つの命題。
  - →**一切皆苦・諸行無常・諸法無我・涅槃寂静**

- **縁起**…全てのものは相互に依存し合って成立し，無条件でそれ自体で存在するものはないということ。

- **四諦**…縁起の道理をまとめた4つの真理。四聖諦，苦集滅道ともいう。
  - →苦諦・集諦・滅諦・道諦

- **八正道**…涅槃に至る8つの正しい修行法。
  - →正見・正思・正語・正業・正命・正精進・正念・正定

- **五戒**…在家の信者が守るべき5つの戒律。
  - →不殺生・不偸盗・不邪淫・不妄語・不飲酒

- **煩悩**…真理が分からず，自分や物に執着する迷いの心。

- **我執**…煩悩の原因で，事物の真実を理解しないさま。

- **慈悲**…生きとし生けるものに対するいつくしみ。楽を与え，苦しみを取り除くこと。

□**キリスト教**　ユダヤ教を母胎としつつ，1世紀に**イエス**がユダヤ教の律法主義を批判したことに始まる。イエスが十字架上で犠牲になり人類の罪を贖ったと解釈したことと，イエスの復活の信仰などによって，キリスト教の教義が成立した。

- **神の愛(アガペー)**…無差別かつ平等の愛。

- **隣人愛**…神の愛を受けた人間による全ての人への平等の愛。

- **福音**…イエスが説いた「神の国」の到来や救いについての教え。

- **原罪**…アダムが神の意志に背いて禁断の実を食べたことにより，子孫の人間が生まれつき負うようになった罪のこと。

- **『新約聖書』**…キリスト教の聖典。2世紀頃にギリシア語で成立。キリスト教ではこれと，ユダヤ教の聖典を**『旧約聖書』**として重んじる。

□**イスラーム教**　7世紀にムハンマド(マホメット)がアラビア半島で創始した一神教。ユダヤ教やキリスト教の影響を受けている。

　・**アッラー**…イスラーム教の唯一神。ムハンマドはアッラーから啓示を受けた**預言者**としてイスラーム教を始めた。

　・**ムスリム**…神に帰依する者の意で，イスラーム教徒を指す。

　・**『コーラン(クルアーン)』**…アッラーの啓示を記した聖典。

　・**六信**…ムスリムが信仰すべき6つの項目。

　　　→アッラー・天使・聖典・来世・天命・預言者

　・**五行**…ムスリムが実践すべき5つの義務。

　　　→信仰告白・礼拝・断食・喜捨(ザカート)・巡礼(ハッジ)

□**自然哲学**　古代ギリシア人が，万物の根源(アルケー)について考察しようとして始まった哲学。

人　名	根　源	備　考
タレス	水	自然哲学の祖。イオニア(ミレトス)学派創始。
アナクシマンドロス	無限なるもの	無限から無限へと循環すると説く。
ピタゴラス	数	数学者としても有名。
ヘラクレイトス	火	流転する世界の根源は火であると説く。
パルメニデス	永遠不滅の『有るもの』	世界の永遠不滅の一体的な存在を説く。
エンペドクレス	4元素	土・水・火・風の4元素でできていると説く。
デモクリトス	原子(アトム)	物の様々な性質はアトムの配列の違いによる。

□**ソフィスト**　「万物の尺度は人間である」と説いたプロタゴラスを祖とする，人間を哲学の対象とした人々。各地を回って弁論術などを教えたが，次第に詭弁家という批判を受けるようになった。

□古代ギリシア哲学の大成者

人　名	内　容	著　書
ソクラテス (前469頃～前399)	無知の知…彼の思索の出発点。「汝自身を知れ」のソクラテス的理解。 問答法(産婆術)…問答の繰り返しによって無知を自覚させ，真の知に導く方法。 知徳合一…彼の主知主義の立場を表した言葉。	
プラトン (前427～前347)	イデア…理性によって認識される真の実在。様々あるうち，善のイデアを最高とした。 エロース…イデアへの憧れ。 哲人政治…善のイデアを認識する哲学者が統治する理想国家の政治。	『ソクラテスの弁明』 『饗宴』 『国家』
アリストテレス (前384～前322)	形相(エイドス)…事物に内在する本質。 質料(ヒュレー)…素材。形相と結合して個物を作るもの。 中庸(メソテース)…極端を避け適切な中間を選ぶこと。 「人間はポリス的動物である」	『政治学』 『形而上学』 『ニコマコス倫理学』

□経験論

人　名	内　容	著　書
F．ベーコン (1561～1626)	帰納法…個々の具体的な事実の観察・実験から一般法則を導く方法。 イドラ…物事の正しい認識を妨げる偏見や先入観。 「知は力なり」	『ノヴム＝オルガヌム(新機関)』
ロック (1632～1704)	白紙(タブラ＝ラサ)…生まれたばかりの人間の心の状態。生得(本有)観念を否定。名誉革命を擁護。	『人間知性論(人間悟性論)』 『統治論(市民政府二論)』
ヒューム (1711～76)	懐疑論…人間は経験を越えた事柄や真理を知ることができないという説。	『人間本性論』

□合理論

人　名	内　容	著　書
デカルト (1596〜1650)	**演繹法**…普遍的な原理から，理性的な推理によって結論を導く方法。 **方法的懐疑**…確実な真理を探究するために，あらゆるものを疑うこと。「我思う，故に我あり」 物心二元論…物体と精神はそれぞれ本質を異にし，独立的に実在するということ。	『**方法序説**』 『省察』 『情念論』
スピノザ (1632〜77)	汎神論…自然を無限の実体である神のあらわれとする説。「永遠の相のもとに」	『エチカ』
ライプニッツ (1646〜1716)	単子(モナド)…世界は分割不可能の単純な実体である単子(モナド)で構成。 予定調和…世界は神の予定調和により最善の秩序を形成している。	『単子論』

□ドイツ観念論(理想主義)

人　名	内　容	著　書
カント (1724〜1804)	**道徳法則**…理性によって立てられた普遍的な道徳の法則。 **定言命法**…無条件の命令。どのような場合の人間にも普遍的に当てはまるもの。 **仮言命法**…条件付きの命令。目的のために行うもので，道徳法則にはなり得ないもの。 **格率**…自分だけに妥当する主観的な行動原則。 **人格**…自らの理性が命じる道徳法則に従って，自律的に行為する自由な道徳的主体。 目的の王国…カントが理想とした道徳的共同体。	『**純粋理性批判**』 『**実践理性批判**』 『**判断力批判**』 『**永久平和のために**』
ヘーゲル (1770〜1831)	**弁証法**…全てのものは矛盾・対立を契機として変化・発展していくということと，その運動の論理。具体的には正(テーゼ)→反(アンチテーゼ)→合(ジンテーゼ)の3段階。 **止揚**…アウフヘーベン。対立する2つのものを統合すること。彼は矛盾が解消されて統一されることで，さ	『精神現象学』 『論理学』 『**法の哲学**』

	らなる高みに登ると考えた。 **人倫**…自由な精神が組織や制度になって具体化したもの。家族→市民社会→国家へと発展する。	

□社会主義の思想

人　名	内　容	著　書
マルクス (1818～83)	友人のエンゲルスとともに資本主義社会の矛盾を歴史的にとらえて唯物史観を確立。疎外された労働，剰余価値の発見など，資本主義社会の矛盾を科学的に分析し，思想と実践面で大きな影響を与えた。	『経済学批判』 『資本論』 『共産党宣言』 (エンゲルスとの共著)
エンゲルス (1820～95)	生涯にわたってマルクスの家計と研究を援助し，マルクスの理論の普及に努めた。	『空想から科学へ』 『自然の弁証法』 『家族，私有財産および国家の起源』
レーニン (1870～1924)	労働者階級に権力を集中するプロレタリアート独裁を唱え，ロシア革命を指導した。	『帝国主義論』 『国家と革命』
ベルンシュタイン (1850～1932)	階級闘争を否定して平和革命論を唱え，議会主義，社会改良主義による社会民主主義の主張は西欧型社会主義に影響した。	『社会主義の諸前提と社会民主党の任務』

□実存主義

人　名	内　容	著　書
キルケゴール (1813～55)	人間は**絶望**を契機として，美的実存→倫理的実存→宗教的実存に至るという，**実存の三段階**を提唱。 **単独者**…神の前にただ一人で立つ，主体的真理に生きる者。	『死に至る病』 『あれかこれか』
ニーチェ (1844～1900)	**ニヒリズム**…虚無主義。彼の場合は新しい価値の創造という点で，能動的ニヒリズムと称される。 「**神は死んだ**」 **超人**…弱者の保身たるキリスト教を否定し，たくましい生命力を発揮して力への意志を体現する者。 **永劫回帰**…世界は意味も目的もなく永遠に繰り返す円還運動という考え。	『ツァラトゥストラはこう語った』 『善悪の彼岸』 『力への意志』

ハイデッガー (1889〜1976)	死への存在…人間は根本的に死へと向かう存在であり，そのことを自覚することで，自己の実存が深まる。 現存在…存在を了解する人間のあり方。	『存在と時間』 『ヒューマニズムについて』
ヤスパース (1883〜1969)	限界状況…人間が突き破ることのできない人生の壁。 超越者…全ての現象を包み込み，その根源となっている永遠の絶対者。	『哲学』 『理性と実存』
サルトル (1905〜80)	「実存は本質に先立つ」 「人間は自由の刑に処せられている」 投企…人間は単に在るのではなく，自ら実存を作っていき，未来へ自己を投げ出しているということ。 アンガージュマン…社会参加とか自己拘束と訳される。自分をあえて社会に投げこむこと。人間の社会参加の本来的形式であるとした。	『嘔吐』 『存在と無』

□新しい思想の動向

人　名	内　容	著　書
レヴィ＝ストロース (1908〜2009)	構造主義人類学を確立。文化に優劣の価値序列をつけることは誤りであり，文化は多様性において競合しあうべきものであるという文化相対主義を唱えた。	『野生の思考』 『悲しき熱帯』
ロールズ (1921〜2002)	功利主義が個人の選択原理を社会の意思決定に拡張し，個人の多様性を忘れたと批判し，社会正義の原理を全員の合意に求める社会契約説に立ち返り，「公正としての正義」を提唱して，政治的リベラリズムを押し進めた。	『正義論』

□中国の思想

孔　子	儒家の祖。人間の理想のあり方を仁に求め，その実践形式として礼を重んじた。政治では**徳治主義**を主張。 「己に克ちて礼に復するを仁と為す」
孟　子	**性善説**を主張。その根拠として四端を提示し，そこから四徳が育てられるとした。政治では**王道**と**易姓革命**を説く。
荀　子	**性悪説**を主張。政治では礼治主義を説く。
朱子(朱熹)	理気二元論を説いて，12世紀に朱子学を開いた。
王陽明	心即理・知行合一を説いて，16世紀に陽明学を開いた。
墨　子	墨家の祖。**兼愛**，**非攻**，**尚賢**などを説き，儒家を批判した。
老　子	道家。**無為自然**，柔弱謙下を説く。社会論では小国寡民を理想視。「**大道廃れて仁義あり**」「**上善は水のごとし**」
荘　子	道家。万物斉同を説き，自然と一体化した**真人**を理想とした。
韓非子	法家の大成者。法律と賞罰による**法治主義**を大成。

□**五経**　漢代から重んじられてきた儒学の根本的な経典。『**詩経**』『**書経**』『**易経**』『**礼記**』『**春秋**』。

□**四書**　朱子学で特に重んじられるようになった儒学の根本的な経典。『**論語**』『**孟子**』『**大学**』『**中庸**』。

□**清明心**　清き明き心。日本で古くから尊重されてきた，自然のように清らかで，神や人を欺くことのない態度。日本人の倫理・道徳の根本。

□**禊**　神聖な水に浸かって，心身の穢れを洗い清める行為。

□**八百万神**　日本人が崇め祀ってきた多種多様な神の総称。

□**ハレ**　日常とは異なる公の日や正式な日のこと。もとは農耕にまつわる年中行事や神に供物を捧げる神聖な日だった。漢字では「晴」。

□**ケ**　ハレに対する言葉で，日常生活を行う普段の日。漢字では「褻」。

□**花鳥風月**　自然を愛し，その微妙な変化の内に美を見出してきた日本人の美意識を表す言葉。雪月花も同様の意味で使われる。

□**重層性**　日本文化の特徴を表現する言葉。日本文化が外来文化を受容して形成されてきたことをいう。中国やインドなどの大陸，あるいは太平洋の島々などの様々な文化を吸収・消化して日本化することが連綿と積み重ねられてきた。

□日本の近代思想

人　名	内　容	著　書
福沢諭吉 (1834〜1901)	明治の啓蒙思想家の代表的存在。 独立自尊…個々の人間が他人や政府に依存せず，自主独立の生活を営む。「一身独立して一国独立す」 天賦人権論…人間は本質的に平等。「天は人の上に人を造らず，人の下に人を造らずと云えり」 実学…西洋の近代諸科学のこと。その実用性を強調し，日本への導入を主張。	『学問のすゝめ』 『文明論之概略』 『西洋事情』
中江兆民 (1847〜1901)	自由民権運動に影響を与えた啓蒙思想家。 『民約訳解』で「東洋のルソー」と呼ばれる。 恩賜的民権…政府が人民に与えた諸権利。 恢復的民権…人民が自ら勝ち取る諸権利。理想的だが，日本では恩賜的民権をこれと同程度に育てることを主張。	『民約訳解』 (ルソー『社会契約論』の抄訳) 『三酔人経綸問答』 『一年有半』
西村茂樹 (1828〜1902)	儒教による国民道徳を説いた思想家。安易な欧化主義を批判し，道徳再建を主張。	『日本道徳論』
内村鑑三 (1861〜1930)	キリスト教信仰を基盤とした思想家。 二つのJ…イエスと日本のこと。彼が生涯を捧げた対象。 無教会主義…教会や儀式を無用とし，直接聖書に向かう信仰の態度。 非戦論…キリスト教信仰から主張。日露戦争の時は『万朝報』紙上で展開。	『余は如何にして基督信徒となりし乎』 『代表的日本人』
新渡戸稲造 (1862〜1933)	キリスト教信仰を広めた教育者。国際連盟事務次長として働く。武士道を海外に紹介。	『武士道』
幸徳秋水 (1871〜1911)	大逆事件で刑死した社会主義思想家。日露戦争では内村鑑三らと非戦論を主張。議会主義を否定する直接行動論を展開。	『廿世紀之怪物帝国主義』 『社会主義神髄』

人　名	内　容	著　書
吉野作造 (1878～1933)	大正デモクラシーを理論的に指導。 **民本主義**…立憲君主制という日本の実情に即した民主主義の理論。天皇主権の目的を国民の幸福・福利とし，立憲政治・普通選挙を主張。	
北村透谷 (1868～94)	ロマン主義の詩人・評論家。 近代的自我の覚醒を促すが，理想と現実の乖離に悩んで自殺。	『内部生命論』
夏目漱石 (1867～1916)	近代日本を代表する作家。 **自己本位**…真の自我の確立を目指すこと。 **個人主義**…自己本位の立場に立って，自己の個性を発展させながら，同時に他人の個性も尊重すること。 **則天去私**…エゴイズムを除去し，自然に任せる東洋的・宗教的な心境。	『私の個人主義』 『こゝろ』 『明暗』
森鷗外 (1862～1922)	漱石と双璧をなす代表的作家。 **諦念**…レジグナチオンともいう。個人と社会の葛藤で，自己の立場を受け入れること。	『舞姫』
西田幾多郎 (1870～1945)	独自の**西田哲学**を確立した近代の哲学者。 **主客未分**…主観と客観がまだ区別されない状態。 **純粋経験**…主客未分での具体的・直接的な経験こそ真の実在である。	『善の研究』
和辻哲郎 (1889～1960)	独創的な倫理学を説いた学者。 **間柄的存在**…人間の存在は人と人との間柄(関係)にあるのであり，孤立したものではない。 **人間の学**…自分の倫理学を称した言葉。個人と社会との相互作用において倫理が成立することを示した。	『人間の学としての倫理学』 『風土』
柳田国男 (1875～1962)	日常生活の中で世代間に伝えられる民間伝承，口承文芸や社会慣習を保持している階層を常民とよび，その生活・文化に関心を注ぎ，日本民俗学の基礎をきずいた。	『遠野物語』 『海上の道』 『木綿以前の事』 『雪国の春』

□平安・鎌倉仏教

人　名	内　容	著　書
最　澄 (767〜822) 【伝教大師】	全ての人が仏性をもつ(一切衆生悉有仏性)として奈良仏教を批判。比叡山延暦寺で日本天台宗を開く。	『山家学生式』 『顕戒論』
空　海 (774〜835) 【弘法大師】	真言宗を開き，東寺と高野山金剛峯寺を拠点に布教。密教を最高の教えとし，即身成仏の道を説いた。	『三教指帰』 『文鏡秘府論』
法　然 (1133〜1212) 【源空】	浄土宗の開祖。阿弥陀仏への専修念仏こそが往生への道と説き，末法の時代の到来という機運を土台に，貴族階級を中心に広がった。	『選択本願念仏集』
親　鸞 (1173〜1262)	信心さえも阿弥陀仏の計らいにゆだねる絶対他力の立場に立ち，浄土真宗を開いた。悪人正機説を唱えた。農民層に信仰が広がった。	『教行信証』 『歎異抄』 （弟子の唯円著）
一　遍 (1239〜89)	時宗の開祖。念仏を唱えて踊る「踊念仏」を広げ，遊行上人といわれた。寺院を造らず，著作も残していない。	
栄　西 (1141〜1215)	宋に渡り禅宗を学び，臨済宗を広げた。坐禅による自力による悟りを唱えた。臨済禅は師から「公案」が出題される看話禅である。栄西は宋から持ち帰った茶を普及した。	『興禅護国論』 『喫茶養生記』
道　元 (1200〜53)	他力を信じる浄土門を批判し自力の修行による悟りへの道を唱え，只管打坐による自己放下によって悟りの境地・身心脱落に至るという，坐禅は悟りと一体であると「修証一等」を唱えた。	『正法眼蔵』
日　蓮 (1222〜82)	法華経を末法の世を救う最高の教えとし，その実践として「南無妙法蓮華経」の唱題を説き，法華宗を開いた。他宗を激しく批判した(折伏)のために，相次ぐ迫害を受け，日蓮はこれを法難とよんで法華経の行者としての自覚を強めた。日蓮の努力と容易な修行とで民衆の間に広がった。また外国からの侵略の危機に備えることを幕府に進言した。	『立正安国論』 『開目抄』

□江戸儒学・陽明学・古学・国学・民衆思想のあゆみ

	人 名	内 容	著 書
朱子学	藤原惺窩 (1561〜1619)	江戸儒学の祖。朱子学派。羅山の師。	『惺窩文集』
	林　羅山 (1583〜1657)	江戸上野に孔子堂を設立 (後の湯島聖堂・昌平坂学問所のもと)。幕府の教学者として「上下定分の理」などに拠り，封建体制の秩序を保持。	『春鑑抄』
	山崎闇斎 (1618〜82)	厳格な精神修行で畏怖された。神道を天道とする垂加神道を唱え，幕末，尊王攘夷を主張する水戸学派に影響。	
	新井白石 (1657〜1725)	将軍の補佐役を務め合理的・実証的な歴史研究に功績。	『西洋紀聞』 『折たく柴の記』
陽明学	中江藤樹 (1608〜48)	日本陽明学の祖。「孝」を人倫の基本とし，近江聖人と称えられた。陽明学は社会体制や権威に対し，批判的態度を育て，知行合一の実践的精神は，藤樹の弟子で朱子学批判と農民救済に尽力した熊沢蕃山や天保飢饉の際に大坂で蜂起した大塩平八郎らに引き継がれた。また吉田松陰も陽明学から改革の情熱を学んだ。	『翁問答』
古学	伊藤仁斎 (1627〜1705)	古義学派の祖。孔孟の教えの根本である仁・愛を重視し，仁を愛と捉え，誠を道の基本とした。	『童子問』
	荻生徂徠 (1666〜1728)	古学のうち，孔子が学んだ「先王の道」を学ぶ古文辞学派を提唱し，道を経世済民の術と説いた。	『弁道』
	山鹿素行 (1622〜85)	古学という日本独自の儒教を提唱。武芸や主君への忠誠のみを重視していたそれまでの武士道に替わり，礼節をわきまえ農工商の師となることこそ武士道であるとした。	『聖教要録』 『山鹿語類』
国学	賀茂真淵 (1697〜1769)	『万葉集』研究に取り組み，古代精神の基調を「高く直き心」と呼び，この心で歌われた和歌を「ますらおぶり」と表現した。仏教・儒教などの外来思想に影響されない日本人の固有の精神を明らかにしようとする	『万葉考』 『国意考』

国学		国学の基礎を確立した。国学は荷田春満にはじまり，日本古来の精神に帰るべきことを主張したが，幕末になると国粋主義論が強まり，尊王思想の形成に大きな影響を与えた。	
	本居宣長 (1730〜1801)	源氏物語など平安王朝文化を中心に研究し，「もののあはれ」を日本古来の文芸の根本精神とした。また新古今調の「たおやめぶり」，「惟神(かんながら)の道」の古道説を唱えて国学を大成した。	『古事記伝』 『玉勝間』
民衆思想	石田梅岩 (1685〜1744)	神道・儒教・老荘思想・仏教を折衷し，自らの心を磨く「心学」を創唱した(石門心学)。商人の売利を武士の俸禄と同等とみなして肯定し，正直・倹約などの商人倫理を，全ての人倫の基本とした。	『都鄙問答』
	安藤昌益 (1703?〜1762)	出羽の医師。階級差別に基づく封建社会を，不耕貧食の輩の支配する「法世」と呼び，万人直耕の「自然世」を理想とした。	『統道真伝』 『自然真営道』
	二宮尊徳 (1787〜1856)	江戸時代後期の農政家。人道を実現する努力と相互扶助の実践を説き，現実の生活改善に献身した。	『報徳記』 『二宮翁夜話』

※鎖国政策を採る厳しい制約の中でも，オランダ語を通じて西洋の事情や実用的な医学などは細々とではあったが「蘭学」として，我が国にもたらされていた。そして特に8代将軍吉宗の「享保の改革」期に，蘭学以外の英・仏・独の学術も含めた「洋学」として，著しい発展を見せるようになった。そうした中で，蘭学者で画家でもあった渡辺崋山(1793 - 1841)は『慎機論』で異国船打ち払いなどの鎖国政策を批判し，また長崎で学んだ蘭医・高野長英(1804 - 50)は西洋事情・兵制を研究し，『戊戌夢物語』を著して鎖国政策を批判した。洋学者・佐久間象山(1811 - 64，主著『省諐録』)は，洋学の研究を通じて，日本防衛の必要性を痛感し，「東洋道徳・西洋芸術」(西洋の科学技術を採りいれ，儒教的理想に従い政治を行う)と唱えた。これは，明治以降の近代化を推進する日本の指標となった。

■■■■■■ **例題1** ■■■■■■

次の文を読んで，下の(1)～(9)の問いに答えよ。

　古代ギリシャにおいて世界の形成はまず神話によって説かれた。古代ギリシャ人は，自分たちの人智を超えた現象を神のなせる業として考えた。ホメロスは叙事詩「イリアス」や「（　①　）」を著し，神の定めた運命に従いながら生きる人間を描いた。また，ヘシオドスは「神統紀」を著し，宇宙の生成と神々の発生について統一的な説明を試みた。

　やがてギリシャ人の知的探求は神話による解釈を脱却し，理性的思考による自然哲学が誕生した。彼らは万物の根源つまり（　②　）は何かという共通したテーマを探求していった。最初の哲学者とされるタレスは万物の根源を（　③　）と考えた。ピタゴラスは宇宙の調和と秩序の根源を数であるとし，ヘラクレイトスは（　④　）であるとした。さらに，ヘラクレイトスは「万物は流転する」という言葉を残し，後に，彼は(ア)弁証法の創始者とも言われるようになった。また，（　⑤　）はこれ以上分割できない原子こそ万物の根源であると考えた。

　紀元前5世紀ころアテネに民主政治が成立すると，人々は政治的知識や政治的技術としての（　⑥　）を身につけることを重視するようになった。学問の対象が(イ)自然から(ウ)人為，つまり法や社会制度に移っていったのである。こうして人々の要望に応える形で登場するのが（　⑦　）と呼ばれた職業教師たちである。「(エ)人間は万物の尺度である」という言葉に表されているように，（　⑦　）の思想は絶対的・普遍的なものを認めず，すべては（　⑧　）であるとしたが，あくまでも人間中心の思想であった。古代ギリシャには愛知の精神を意味する（　⑨　）という言葉や，心静かに理性を働かせて真理を探求する(オ)観想的態度があり，(カ)この理性主義とでもいうべき態度は，やがてヨーロッパの思想の大きな潮流の一つとなっていく。

(1)　本文中の（　①　）～（　⑨　）に適する語句を書け。

(2)　下線部(ア)について，ヘーゲルが唱えた弁証法とは何か，次の言葉をすべて使って簡潔に説明せよ。

　　矛盾・対立　　否定　　止揚(アウフヘーベン)

(3)　下線部(イ)，(ウ)それぞれに対応する言葉を次のa～dから選び，

記号で答えよ。

　a　ピュシス　　b　ノモス　　c　ロゴス　　d　ミュトス

(4)　下線部(エ)と語った人物名を書け。

(5)　下線部(オ)について，観想的態度と訳されるギリシャ語をカタカナで書け。

(6)　下線部(カ)に関連して，次の①～④からデカルトの思想について述べた文を1つ選び，その番号を書け。

　①　人間にはだれでも対象を認識できる理論理性が生まれつき備わっていると述べた。

　②　経験的な認識を退け，理性的思考によってのみ人間は真理に到達できるとする合理論を展開した。

　③　人間の理性は本来の役割を失った道具的理性におちいったと考え，あるべき理性の復活を主張した。

　④　個人の生命・自由・財産所有の権利は理性に基づく自然法によって守られていると考え，人間の理性を肯定した。

(7)　デカルトの自然観は機械論的自然観といわれるが，これはどういう意味か，簡潔に説明せよ。

(8)　デカルトは確実な真理に到達するため，あらゆるものを疑った。この真理探究の方法を何というか，書け。

(9)　デカルトについて，次の①，②に答えよ。

　①　デカルトが到達した「哲学の第一原理」といわれる言葉を書け。

　②　また，それはどのような意味か，簡潔に説明せよ。

解答　(1)　①　オデュッセイア　　②　アルケー　　③　水　　④　火　　⑤　デモクリトス　　⑥　弁論術　　⑦　ソフィスト　　⑧　相対的　　⑨　フィロソフィア　　(2)　〈解答例〉すべての存在は，矛盾・対立する要素を含みながら存在している。この矛盾・対立する要素が表面化することによって，その存在は否定され，両者を統一する，より高い次元へと止揚(アウフヘーベン)されて発展していくとみる考え。　　(3)　(イ)　a　　(ウ)　b　　(4)　プロタゴラス　　(5)　テオリア　　(6)　②　　(7)　〈解答例〉あらゆる自然現象を物体の機械的な運動に還元して説明しようとする自然

観。いっさいの事物の生起や変化は因果法則に従う物体の運動によって引き起こされるという考え。　(8)　方法的懐疑

(9)　①　我思う，ゆえに我あり(コギト・エルゴ・スム)

②　すべてを疑ってみても，なお，疑っている自我の意識(自分の存在)そのものは否定することはできないという意味。

解説 (1)　①　トロイア戦争の後，ギリシャの英雄オデュッセウスの10年に及ぶ帰国の旅を描いた物語。　②　神話的世界における始原とは異なり，ロゴスの論理的な必然性によって推測された根源。⑦　もともとは知恵のある人。賢者という意味。　⑨　ギリシャ語の「知恵(ソフィアsophia)」と「愛する(フィロスphilos)」との合成語。　(2)　止揚(アウフヘーベン)とは，二つの矛盾・対立する立場を総合・統一することを指す。　(3)　cは言葉・理性・理法，dは神話のこと。　(4)　プロタゴラスはソフィストの代表者。(5)　theoriaはtheory(理論)の語源となっている。　(6)　①はカント，③はフランクフルト学派，④はグロティウス，ロックら。(7)　機械論的自然観は，一定の目的によって物事を説明する目的論的世界観や，神の意志(摂理)による説明をしりぞける。(8)　方法的懐疑は，人間は確実な真理を知ることはできないという懐疑論とは異なる。　(9)　デカルトはこの明証的な「我」の存在を出発点にして，さまざまな知識を合理的な推理によって導く演繹法をとなえた。

例題2

次の文を読んで，あとの問いに答えよ。

明治維新以来，①西洋近代思想が流れ込んでくると，日本の伝統的思想と近代思想との関係をどう考えるべきかという問題が新たに起こってきた。そのような中で，日本の思想家たちは次第に自分自身の生き方について思索していった。

西田幾多郎は西田哲学とよばれる独自の哲学を築き上げた。②西洋哲学は，主観と客観を対立関係においてとらえるが，彼は③参禅体験を通して，主観と客観が未分化の状態を体験した。彼はこの境位を

④純粋経験と名付け，さらにこの思想を深化させて，⑤絶対無の思想に到達した。

　また，夏目漱石は，イギリス留学の経験などから，⑥自己本位の生き方を見いだし，さらに晩年には⑦「小我の私」を去って「普遍的な大我」の命ずるままに自分をまかせる境地を理想とした。

問1　下線部①について，1873年に設立され，福沢諭吉や西周らも参加し，西洋の思想・文化を紹介して啓蒙思想の普及に大きな役割を果たした団体を何というか，書け。

問2　下線部②に関連して，対象は主観によって構成されるとして，認識の主導権を客観から主観に変えた18世紀ドイツの哲学者は誰か，書け。また，このことの意義を彼自身が言い表した言葉は何か，書け。

問3　下線部③の禅に関連して，西田幾多郎の若いころからの友人でもあり，禅思想を海外に紹介した国際的な仏教哲学者は誰か，書け。

問4　下線部④に関連して，プラグマティズムの代表的人物で，認識における主観と客観の二元的対立は同じ経験の過程の中に含まれると解釈し，その経験を「純粋経験(根本経験)」として実在と考えたのは誰か，書け。

問5　下線部⑤について，50字程度で説明せよ。

問6　下線部⑥について，夏目漱石の見いだした自己本位とはどのようなものか，「エゴイズム」，「個性」という2つの語句を用いて60字以内で説明せよ。

問7　下線部⑦について，このような境地を何というか，漢字4文字で書け。

解答　問1　明六社　　問2　哲学者…カント　　言葉…コペルニクス的転回　　問3　鈴木大拙　　問4　ジェームズ　　問5　絶対無とは，「有」の否定としての「無」ではなく，有無の対立を超えてそれらの成立の根拠となる絶対的な無である。(54字)

　問6　他者を顧みないエゴイズムではなく，自分の義務と責任を果たし，他者の個性を尊重しつつ自己に忠実に生きること。(53字)　　問7　則天去私

解説 問1　明治6年に森有礼の発議によって結成されたので，明六社と名づけられた。　問2　カントはドイツ観念論哲学の代表的な哲学者。コペルニクス的転回の意味は，「認識が対象に従うのではなく，対象が認識に従う」ということ。　問3　鈴木大拙は，禅と浄土思想について独自の思想を展開した。　問4　ジェームズは，「神が存在するという命題は，人間に精神的安らぎを与えるから有用であり，そのかぎりにおいて真理なのである」と「真理の有用性」を説いたことでも有名。　問5　西田が存在の原理とした概念で，いっさいのものを存在させる絶対的な無のこと。問6　漱石は，旧来の日本人の生き方を，自己を見失い他者に迎合する浮き草のような他人本位の生き方と見て否定し，自我の追求に真正面から向き合うことを主張した。　問7　「普遍的な大我」とは，いわば「自然」のこと。近代的自我の確立に苦闘した末に到達した境地で，運命に甘んじて静かにいっさいを受け入れる態度をいう。

━━━━━━━━━━ **例題3** ━━━━━━━━━━

次の略伝の思想家を，下のa～dから1つ選べ。

・1902年，ユダヤ系の法律家を父にオーストリアで生まれた。

・ウィーン大学で数学や理論物理学を学んだ。

・著書『科学的発見(探究)の論理』で，反証可能性という方法を提唱した。

・ナチス迫害を逃れるためニュージーランドのカンタベリー大学に赴任し，『開かれた社会とその敵』を執筆し，プラトン，マルクスらのユートピア主義を，全体主義をもたらすものとして批判した。

---

a　クワイン　　b　クーン　　c　ポパー　　d　アドルノ

解答　c

解説　ポパーは，反証可能性を提唱し，反証方法のない仮説は科学的でないとした。なお，aのクワインはホーリズムを提唱した分析哲学者。bのクーンは，パラダイム概念を提唱した科学哲学者。d

のアドルノは，フランクフルト学派に属し，『啓蒙の弁証法』において，近代理性が自然や社会を搾取する道具的理性であることを批判した。

―――――――――――― 例題4 ――――――――――――

次の各問いに答えよ。

問1　キリスト教がその母体となったユダヤ教と異なり，世界宗教になった要因について説明せよ。

問2　仏教における解脱とはどのような境地をあらわしているのか説明せよ。

解答　問1　選民思想をもつユダヤ教とは異なり，権威や伝統にとらわれずすべての人に救いを与えたから。　問2　欲望によっておこる苦悩を脱して永遠の安らぎ(涅槃)を得ること。

解説　問1　ユダヤ教はユダヤ人の民族宗教である。ユダヤ人は神と契約を結んだ唯一の人々であり，契約を守ることによって終末において神の救済を受けられるという選民思想が根本にある。キリスト教はユダヤ教の一派として始まったが，ユダヤ教と異なり，全ての人を救済の対象としたことで世界宗教となった。

問2　仏教における解脱とは，本能に基づく迷いに心を縛られている煩悩の状態から解放され，永遠の平和である涅槃へいたること。仏教の実践において究極の境地とされる。

―――――――――――― 例題5 ――――――――――――

次の各問いに答えよ。

問1　日本の古代仏教について述べた文として，最も適当なものを次の①〜④から1つ選べ。

①　聖徳太子は仏教を本格的に理解した最初の人物とされる。本人は出家をしないものの，出家僧の仏教経典を中心に三経義疏などを講じている。

②　飛鳥時代には，仏は蕃神として八百万の神の上位に位置づけられる神となった。

353

③　奈良時代における仏教は，天皇の保護をうけ，鎮護国家仏教として盛んになった。

④　古来の仏への信仰は，神への信仰と分断されたままつづき，平安時代になると，本地垂迹説として対立が決定的になった。

問2　次のⅠ～Ⅳの文に該当する人物名とその著書の組合せとして，最も適当なものを下の①～④から1つ選べ。

Ⅰ　初め天台宗の教学を学んだが，比叡山の黒谷にこもって浄土教に対する思索を深め，念仏以外の一切を雑行として捨てる専修念仏の立場に達した。

Ⅱ　比叡山の堂僧であったが，越後に流され，のち関東に移った。東国で農民の間に20余年過ごし，新宗派を開き，寺院も持たず，弟子を同朋と称した。

Ⅲ　捨家棄欲を説き，全国を遍歴し賦算や踊りをとりいれたため，教団は急速に発展した。

Ⅳ　末法の現実を救うものは法華経であるとの確信に達し，専修念仏の影響をうけて唱題を主唱する一方，他宗派を激しく攻撃した。

①　Ⅰ－法然－『選択本願念仏集』

②　Ⅱ－日蓮－『開目抄』

③　Ⅲ－一遍－『教行信証』

④　Ⅳ－道元－『正法眼蔵』

問3　禅宗について述べた文として，最も適当なものを次の①～⑤から1つ選べ。

①　栄西は比叡山に学び，のち宋に修行し曹洞宗を開いた。

②　栄西は飲茶の修行は悟りを体得するための最良の手段であるとした。

③　道元は，坐禅し戒律を守ることで，国家に役立つ優れた人物の育成を説いた。

④　禅の起源はヨーガであり，禅宗は古代インドにおいて成立した。

⑤　道元は，ひたすら坐禅の修行をすることにより，身心脱落の悟りの境地に至れるとした。

問4　江戸時代の日本の思想家に関する語の組合せとして，最も適当な
　　ものを次の①〜④から1つ選べ。

①　伊藤仁斎 — 高く直き心 — ますらをぶり

②　安藤昌益 — 分度と推譲 — 報徳

③　林　羅山 — 孝 — 知行合一

④　本居宣長 — 惟神の道 — 真心

問5　明治期の日本の思想家について述べた文として，最も適当なもの
　　を次の①〜④から1つ選べ。

①　内村鑑三は，「二つのJ」に仕えることを念願し，「私共に取ては
　　イエスと日本国とは同一のものであります」と述べている。

②　福沢諭吉は，西洋近代の自然法思想を導入し天賦人権論を説き，
　　フランス系の自由主義を主張した。

③　中江兆民は，自由民権運動の理論的指導者として，主権在民の
　　立場から官民調和・富国強兵論を展開した。

④　新島襄・植村正久・新渡戸稲造らは，明治6年のキリシタン禁令
　　解除の後，西洋近代思想を支える精神としてのカトリックを広め
　　るべくキリスト教精神に基づく教育に力を注いだ。

解答　問1　③　　問2　①　　問3　⑤　　問4　④　　問5　①

解説　問1　③の鎮護国家仏教とは，仏教をさかんにして仏教の力によっ
て国家の安泰をはかろうとするもの。　問2　文章Ⅰは法然，Ⅱ
は親鸞，Ⅲは一遍，Ⅳは日蓮のこと。また選択肢中の『正法眼蔵』
は道元，『開目抄』は日蓮，『教行信証』は親鸞の著書。

問3　道元は，身体も精神も一切の執着を離れて悟りの境地に入
ることを説いた。　問4　それぞれ人物名を，①は賀茂真淵，②
は二宮尊徳，③は中江藤樹に直せば正しい。　問5　②は中江兆
民，③の官民調和・富国強兵論は福沢諭吉，④はカトリックでな
くプロテスタント。

高校公民（倫理） 現代社会における倫理

ポイント

「現代社会における倫理」では，生命倫理が頻出である。日々進歩を続けるバイオテクノロジーは，生命の営みにどこまで人間が立ち入ることが許されるかという倫理上の新しい問題を投げかけている。それが生命倫理(バイオエシックス)である。ごく最近の動向が出題されることが多いので，学習にあたっては基本的な事項を学ぶことの他，ニュースもこまめにチェックしておくことが必要である。生命倫理以外では，情報倫理や環境倫理，異文化理解などが，現代社会にまつわる倫理の問題として出ている。

□**バイオエシックス**　生命倫理と訳される。生命を意味する「バイオ」と倫理を意味する「エシックス」を組み合わせた造語で，1970年代頃から使用されるようになった。

□**生命の質**　英語の頭文字をとってＱＯＬともいう。その人の人生や生活の「質」という面に重点を置いて医療を行うという考え方。

□**インフォームド＝コンセント**　医師から病状や治療法について十分に説明を受けた上で，患者自身が選択なり同意なりを行うこと。患者の自己決定権を尊重する見地から現代の医療の大勢になりつつある。

□**末期医療**　ターミナル＝ケアともいう。治療の見込みがない末期の患者に対し，人間らしい死を迎えさせるために行う医療のこと。

□**ホスピス**　末期医療を行うための施設。治療ではなく，肉体的・精神的な苦痛を和らげて安らかな死を迎えさせる緩和ケアが中心となる。

□**リヴィング＝ウィル**　「生前の意思」という意味で，自分の死のあり方について，延命措置の拒否や死後の臓器提供など，本人があらかじめ自分の意思を表明しておくこと。

□**尊厳死**　リヴィング＝ウィルに基づいて，治療の見込みがない場合に延命措置を止め，自然な死を迎えさせること。自然死ともいう。

□**安楽死**　リヴィング＝ウィルに基づいて，治療の見込みがない場合に

医師が投薬などを行って死なせること。延命措置を行わないのは尊厳死と同様だが，尊厳死が概ね受け入れられる傾向にあるのに対し，安楽死には否定的な見方が多い。

□**脳死**　身体は活動しているが，脳の機能が不可逆的に停止した状態。生命維持装置を使えば心臓が止まらないため，「人の死」にあたるかどうか議論が重ねられている。

□**臓器移植**　病気や事故などによって十分に働くことができなくなった臓器を他人の正常な臓器と置きかえること。臓器を提供する者をドナー，受け取る者をレシピエントとよぶ。

□**臓器移植法**　臓器移植は提供される臓器が新しい程成功率が高いため，脳死者からの移植を認めるかどうかが問題となった。我が国では1997年に臓器移植法が成立。2009年に改正されて15歳未満者の場合も家族の承諾があれば臓器提供を可能とした。2010年施行。

□**人工授精**　精子と卵子を人工的に受精させること。子宮内に精子を人工的に注入する方法と，母体から卵子を一旦外に取り出して受精させる方法とがある。

□**代理出産**　何らかの事情で女性が妊娠できない場合，他の女性に代理母として妊娠・出産をしてもらうこと。人間関係が複雑になるため，我が国では代理出産は認められていない。

□**出生前診断**　生まれていない状態で，男女の性別や遺伝病・障害の有無を診断すること。受精卵の段階で行う**着床前診断**と，胎児の段階で行う胎児診断とがある。

□**ＤＮＡ**　デオキシリボ核酸のこと。遺伝子の本体であり，生命活動の根底となる働きをする。

□**ヒトゲノム**　人間の遺伝子情報の全体をいう。1990年代から解読作業

が国際的規模で進められ，2003年，すべての塩基配列が解読された。

□**遺伝子組み換え作物**　遺伝子の本体であるDNAに人為的な操作を加えて，品種改良あるいは新規開発した農作物のこと。人体や生態系への影響が未知なために警戒する向きも強く，我が国では食品に遺伝子組み換え作物の使用を表示することが義務づけられている。

□**クローン技術**　ある個体と全く同じ遺伝子を持つ個体を人為的に作る技術。1990年代にイギリスでクローン羊ドリーが作られて話題になった。人間へのクローン技術の応用は原則禁止される傾向にある。

□**ＥＳ細胞**　胚性幹細胞のこと。受精卵が分裂を始めた初期胚から作られ，あらゆる器官に分化する能力を持つ細胞。医療の可能性を広げることが期待されるが，ヒトとなりうる受精卵を材料とするために倫理上の問題が生じ，各国で対応が割れている。我が国では条件を限って研究が認められている。

□**ｉＰＳ細胞**　人工多能性幹細胞のこと。皮膚細胞から作られ，ES細胞と同じような能力を持つ細胞。あらゆる器官に分化する能力を有するため，新しい医療方法の開拓や再生医療への応用が期待されている。2007年に日本の医学者・山中伸弥がヒト体細胞を用いて作製に成功したと発表した。

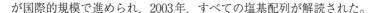

━━ 例題1 ━━

次の語句について説明せよ。

> 報道倫理とメディア・リテラシー

解答　マスメディアによるコミュニケーションは，不特定多数の受け手への一方向的な情報伝達という特徴から，多数の受け手に対して大きな影響力をもっている。そのためマスメディアには，内容の正確さや偏りのなさといった報道倫理が求められる。しかし，視聴率や購買部数を上げるために刺激的で感情的な報道を行うことがあり，また，報じられる量や詳しさ，表現のしかたには送り手の主観や評価が含まれていることがある。そこで受け手の側にも，送り手がどのような伝え方をしているかを批判的に読み説く力で

あるメディア・リテラシーが求められる。それは，メディアの情報そのものをうのみにせず，その背景や意図などを解釈し，評価判断する能力のことである。

解説　報道倫理は，マスメディアの社会規範(社会的ルール)であり，発信する情報には正確性はもちろん，不偏不党の公平性が求められる。メディア・リテラシーとは，メディアが発信する情報をそのまま受け入れるのではなく，送り手の伝え方の背景や意図を見極めたうえで，正しく理解することをいう。別の言い方をすれば，メディアからのメッセージを主体的・批判的に読み解く能力である。リテラシーには，「読み書きする能力」という意味がある。

━━━━━━━━ 例題2 ━━━━━━━━

次の語句について説明せよ。

> 地球環境問題と世代間倫理

解答　人間が豊かさや快適さを求める中で，世界各地で資源やエネルギーが大量に消費され，結果的に自然環境の破壊につながり，地球環境問題として顕在化してきた。フロンガスの使用によるオゾン層の破壊や，化石燃料の使用による酸性雨の被害等はそうした地球環境問題の例と言える。世代間倫理とは，現在の世代は将来の世代に責任があり，将来世代に際限なく責任を負わせてはならないという考え方である。現在の経済活動が将来世代に大きな影響を及ぼすことに配慮し，未来の地球環境を守っていこうとする姿勢が求められる。

解説　環境省は地球環境問題として，オゾン層の破壊，地球温暖化，酸性雨，熱帯林の減少，砂漠化，開発途上国における公害問題，野生生物の減少，海洋汚染，有害廃棄物の越境移動の9つを挙げている。これらの問題には，地球上の広範囲で発生しており一国の努力では解決が難しいという共通点がある。世代間倫理とは，環境保護において論じられる考え方。将来の世代の利益を保護するため，現代の世代には負わねばならない義務があるとする。

━━━━━━━━━ **例題3** ━━━━━━━━━

次の文章を読んで，下の問いに答えよ。

　_a生命の誕生や死に，人間はどこまで介入してよいのだろうか。科学技術の発達により，私たちは，生殖医療や延命治療，臓器移植，_b再生医療の場面で「倫理観」や「生命の質」が問われることが増えている。

問1　下線部aに関する記述として最も適当なものを，次の①～④までの中から1つ選び，記号で答えよ。

　①　着床前診断は，体外受精した受精卵の遺伝子や染色体を検査し，子宮に戻す方法のことで，重い遺伝病児の出産の場合に限り，対象の遺伝子や染色体の診断が認められている。

　②　尊厳死とは，死が不可避な末期状態の患者が，本人の意思に基づいて，延命治療を行わず，人間としての尊厳を保ったままの死を迎えることである。

　③　出生前診断は，2013年に血液検査のみで安全・高精度な検査も可能になったが，染色体異常の可能性が高い場合に限り，認められている。

　④　ホスピスとは，末期患者に対して積極的な延命治療を施し，残された死までの時間を有意義に過ごし，安らかな死を迎えるための施設のことである。

問2　下線部bに関する記述として適当でないものを，次の①～④までの中から1つ選び，記号で答えよ。

　①　ES細胞(胚性幹細胞)は，患者本人の細胞から作ることができないため，拒絶反応の危険性がある。

　②　山中伸弥教授は，iPS細胞(人工多能性幹細胞)の研究が認められ，2012年にノーベル医学・生理学賞を受賞した。

　③　iPS細胞(人工多能性幹細胞)は，すでに分化した体細胞を未分化状態にして作られるため，拒絶反応やガン化の危険性がない。

　④　ES細胞(胚性幹細胞)は，受精卵の成長過程の胚の一部からつくられるため，人間に成長する可能性のある胚を壊すという倫理的な問題がある。

問1 ②　　問2 ③

解説　問1　安楽死(積極的安楽死)では，患者を死に至らしめるための
医療的な処置が行われる。この点において，尊厳死(消極的安楽死)
とは異なる。なお，①は習慣流産のある妊婦も対象となる。③は
高齢妊婦も対象。④では完治や延命のための治療は行われない。
問2　iPS細胞にはガン化の危険性が指摘されている。よって，③
は誤り。ただし，ガン化する可能性のある細胞を除去する技術の
開発も進んでいる。なお，①のES細胞は受精卵から作製される。
②は体細胞を初期化する技術で，京都大学の山中伸弥教授がノー
ベル賞を受賞した。④については，iPS細胞ならば，こうした問
題は生じない。

■■■■■ 例題4 ■■■■■

生命倫理に関することとして最も適当なものを，次のア〜エから1つ選
び，記号で答えよ。

ア　ES細胞は体細胞からつくられるため，iPS細胞が抱えていた倫理
的問題を克服することができた。ES細胞は個体全体の再生ではなく，
組織や臓器の再生だけに限定されるが，難病克服や再生医療に新た
な道をひらくことになった。

イ　臓器移植に関しては，臓器提供者であるレシピエントあるいはそ
の家族と，移植希望者であるドナーの双方に移植に関する十分な説
明を行い，同意を得ることが求められている。これはインフォーム
ド＝コンセントとよばれ，患者の知る権利と自己決定権を重視しよ
うとする考え方である。

ウ　体外受精による出産には，配偶者が出産する場合と，配偶者以外
の女性に出産を依頼する代理出産とがありうる。特に後者の場合に
は，代理母との間の親権・養育権を巡る問題や女性の出産機能を商
品化しているのではないかという批判がある。

エ　医療は，生命や生きることに絶対的な価値を置く「QOL」の立場
に立つものであるが，苦痛を与えるだけの延命措置を患者が拒否す
るという尊厳死の考えは，限られた命を自分らしく生きたいという

「SOL」の考え方に基づいている。

解答 ウ

解説 アは「ES細胞」と「iPS細胞」の説明が逆。ES細胞は人の受精卵を利用する点で倫理的課題がある。イの「ドナー」は臓器提供者，「レシピエント」は移植希望者のこと。エは「QOL」と「SOL」が逆。QOLは「生命の質(quality of life)」，SOLは「生命の尊厳(sanctity of life)」を指す。

●書籍内容の訂正等について

　弊社では教員採用試験対策シリーズ（参考書，過去問，全国まるごと過去問題集），公務員試験対策シリーズ，公立幼稚園・保育士試験対策シリーズ，会社別就職試験対策シリーズについて，正誤表をホームページ（https://www.kyodo-s.jp）に掲載いたします。内容に訂正等，疑問点がございましたら，まずホームページをご確認ください。もし，正誤表に掲載されていない訂正等，疑問点がございましたら，下記項目をご記入の上，以下の送付先までお送りいただくようお願いいたします。

> ① **書籍名，都道府県（学校）名，年度**
>   （例：教員採用試験過去問シリーズ　小学校教諭 過去問　2026 年度版）
> ② **ページ数**（書籍に記載されているページ数をご記入ください。）
> ③ **訂正等，疑問点**（内容は具体的にご記入ください。）
>   （例：問題文では"ア～オの中から選べ"とあるが，選択肢はエまでしかない）

〔ご注意〕

○ 電話での質問や相談等につきましては，受付けておりません。ご注意ください。

○ 正誤表の更新は適宜行います。

○ いただいた疑問点につきましては，当社編集制作部で検討の上，正誤表への反映を決定させていただきます（個別回答は，原則行いませんのであしからずご了承ください）。

●情報提供のお願い

　協同教育研究会では，これから教員採用試験を受験される方々に，より正確な問題を，より多くご提供できるよう情報の収集を行っております。つきましては，教員採用試験に関する次の項目の情報を，以下の送付先までお送りいただけますと幸いでございます。お送りいただきました方には謝礼を差し上げます。
（情報量があまりに少ない場合は，謝礼をご用意できかねる場合があります）。

◆あなたの受験された面接試験，論作文試験の実施方法や質問内容

◆教員採用試験の受験体験記

- -

送付先	○電子メール：edit@kyodo-s.jp ○FAX：03-3233-1233（協同出版株式会社　編集制作部 行） ○郵送：〒101-0054　東京都千代田区神田錦町 2-5 　　　　　協同出版株式会社　編集制作部 行 ○HP：https://kyodo-s.jp/provision（右記の QR コードからもアクセスできます）

　※謝礼をお送りする関係から，いずれの方法でお送りいただく際にも，「お名前」「ご住所」は，必ず明記いただきますよう，よろしくお願い申し上げます。

教員採用試験「参考書」シリーズ

愛知県の
社会科 参考書

編　集　ⓒ 協同教育研究会

発　行　令和 6 年 7 月 25 日

発行者　小貫　輝雄

発行所　協同出版株式会社
　　　　〒 101 − 0054
　　　　東京都千代田区神田錦町 2 − 5
　　　　　電話　03 − 3295 − 1341
　　　　　振替　東京 00190 − 4 − 94061

印刷所　協同出版・POD 工場

落丁・乱丁はお取り替えいたします